高等职业教育"互联网+"新形态一体化系列教材
高职高专院校汽车类专业技术技能型人才培养教材

汽车维护与保养（第2版）

主　编　高洪一　于洪兵
副主编　赵文龙　陈　东　胡　翼　吕志强
主　审　左广成

华中科技大学出版社
http://www.hustp.com
中国·武汉

内 容 简 介

本书按照能力教育体系的要求,以项目、任务为载体,介绍了现代汽车的维护、保养及与之相关的实践操作技能。本书共分成5个项目:项目1为汽车维护保养基础,项目2为汽车维护保养工艺流程,项目3为汽车运行材料与选用,项目4为汽车行驶5 000 km维护保养,项目5为汽车行驶20 000～100 000 km维护保养。书中以广汽本田的03/08雅阁及05奥德赛车型为主,兼顾大众、中华、奥迪、现代、丰田等保有量较大的车型为例讲解,同时着重参考相关品牌车4S店的技术资料,以保证内容的准确和通俗易懂。

本书适合高职高专汽车检测与维修技术、汽车运用与维修、汽车电子技术、汽车技术服务与营销等专业使用,也可供汽车运输管理企业、汽车维修企业、汽车维修工、汽车驾驶员及私家车主等阅读和参考。

图书在版编目(CIP)数据

汽车维护与保养/高洪一,于洪兵主编. —2版. —武汉:华中科技大学出版社,2018.5(2023.1重印)
ISBN 978-7-5680-3038-0

Ⅰ.①汽… Ⅱ.①高… ②于… Ⅲ.①汽车-车辆修理 ②汽车-车辆保养 Ⅳ.①U472

中国版本图书馆 CIP 数据核字(2017)第 144073 号

汽车维护与保养(第2版)
Qiche Weihu yu Baoyang

高洪一　于洪兵　主编

策划编辑:张　毅
责任编辑:张　毅
封面设计:孢　子
责任监印:朱　玢
出版发行:华中科技大学出版社(中国·武汉)　　电话:(027)81321913
　　　　　武汉市东湖新技术开发区华工科技园　　邮编:430223
录　　排:武汉楚海文化传播有限公司
印　　刷:武汉中科兴业印务有限公司
开　　本:787 mm×1092mm　1/16
印　　张:13.75
字　　数:379 千字
版　　次:2023 年 1 月第 2 版第 3 次印刷
定　　价:42.00 元

随着汽车工业迅猛发展,目前我国汽车产销量已跃居世界第一位,中国正在由目前的汽车大国向汽车强国转变。汽车工业也已逐渐成为我国国民经济和发展的重要支柱,对我国综合国力的提升作用将日益凸显。我国汽车工业走的是"利用国外先进技术,合资经营为主,自主研发为辅"的发展道路。汽车种类繁多,技术含量高,现急需大量熟练掌握现代汽车维护保养操作技术的专门人才。

由于我国石油资源日趋紧缺,车用燃料进口依赖程度高,加上车辆排放控制越来越严格等因素,节能减排的理念越来越被人们接受并得到重视。同时,为确保行车安全,降低能耗,保护环境,大幅度延长汽车大修间隔里程和车辆使用寿命,"以养代修"的新观念逐渐被广大车主和汽车维修企业所接受并实施。

本书结合我国现行汽车"七分养护,三分修理"的维修理念,以现代汽车维护保养的"清洁、检查、紧固、调整、润滑和补给"等六大维护作业为主线,详细讲述了汽车定期维护和非定期维护的作业项目、操作要领、技术要求和注意事项等内容;并将与汽车维护保养中润滑、补给作业密不可分的汽车运行材料及其正确选用、使用注意事项,以及各项汽车维护作业所需的通用和专用工量器具、保养设备和为进行维护竣工检验、确定二级维护附加作业项目或小修项目而进行检测、诊断的通用和专用仪器设备的使用操作技术,作为汽车维护保养的基础性内容编入本书。结合密布全国各地的汽车4S店维修模式的成功实践,着重以具有维护保养广泛性的本田雅阁轿车为例,详细介绍了其在4S店里的维护操作项目、流程,并增加了现代汽车维护保养竣工后的检查内容。

本书根据不同的维护保养内容,分成5个项目,每个项目又分成若干个具体任务,每个任务里都包含学习目标、工作场景、基础知识、技能训练、相关拓展、复习延伸。这样,教师和学生都会很容易地了解每个任务的具体内容和安排,为教师教学和学生学习提供了极大的方便。

本书由高洪一(辽宁职业学院)、于洪兵(包头职业技术学院)担任主编,赵文龙(广东工贸职业技术学院)、陈东(湖北工业职业技术学院)、胡翼(武汉理工大学)、吕志强(南京航空技工学校)担任副主编。其中胡翼编写项目1,赵文龙编写项目2,于洪兵编写项目3,高洪一编写项目4、附录A,陈东、吕志强编写项目5,高洪一负责全书的统稿。辽宁职业学院左广成教授对本书进行了审定,并提出了很多宝贵意见。

本书在编写过程中得到了广汽本田汽车4S店的大力支持和帮助,同时参阅了许多国内外文献,对其作者在此一并表示感谢!

由于编者水平所限,书中难免会有疏漏甚至错误之处,恳请各位专家和广大读者给予指正!

编　者

项目 1
汽车维护保养基础

1

　　随着现代汽车制造水平和工艺的不断提高和进步,汽车上使用了越来越多的新技术和新材料,极大提高了汽车的技术性能和延长了其使用寿命。但因为汽车工作环境复杂,任何一辆汽车在运行过程中,由于使用时间、承受载荷、行驶速度、道路状况、燃料和润滑材料的品质、驾驶技术、环境和气温等多种因素的影响,各机构、零件必然逐渐产生不同程度的松动、磨损和机械损伤,车辆的动力性、经济性、可靠性、安全性等都会随之变差。因此,必须依据科学的保养方法和技术规范,定期或在一定里程内对车辆进行适时、合理的维护保养,使汽车各部件始终工作性能良好,使用寿命延长,并安全、优质、高效地运行。

◀ 任务1 汽车维护保养的目的和意义 ▶

【学习目标】

知道汽车的磨损规律,理解现代汽车维护保养的目的和意义,同时能够掌握保养与维修的区别。

【基础知识】

汽车由大量的零部件构成,受车辆的使用时间和使用条件的影响,其会受到磨损、老化或腐蚀而降低性能,导致这些零件的性能降低,从而需要定期保养,经过调整和更换来保持其性能。通过实施定期保养,可以使得今后可能发生的许多较大的故障都能得以避免,可使车辆保持在符合法规规章的状态中,并可延长车辆使用寿命,而且还能使乘客享受既经济又安全的驾车体验。

一、汽车磨损情况

随着现代汽车工业飞速发展,设计和制造工艺日新月异,电控技术广泛应用,使汽车上的精密部件的损坏率得到极大降低。但是,对汽车的内部环境和油品的要求也越来越高,汽车内部的胶质物等沉积引起的问题成为影响汽车性能的主要因素。作为机电产品,即使是性能极其卓越的汽车,随着行驶里程的增加,其零部件也会逐渐产生磨损,技术状况也会不断变差,这是不可避免的。

二、汽车磨损的三个阶段

图1-1所示为汽车零件磨损的三个阶段,磨损程度在其他条件(如材料、油品、路况、驾驶技术)相同的条件下,会因使用、保养情况的不同而有很大的差异。

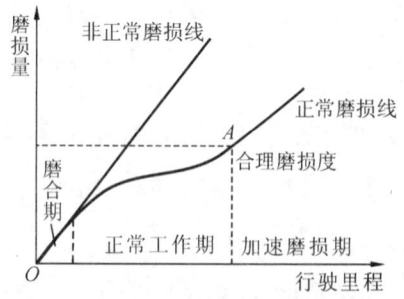

图1-2 汽车零件磨损曲线图

第一阶段是零件的磨合期(一般为1 000～1 500 km)。其特征是在较短的里程(或时间)内零件的磨损速度较快,当配合零件磨合良好后,磨损速度开始减慢。

第二阶段是零件的正常工作期。其特征是零件的磨损速度随汽车行驶里程的增加而减缓。

第三阶段是零件的加速磨损期。其特征是相配零件间隙已达到最大允许使用极限,磨损量急剧增加。由于间隙增大,润滑油膜难以维持,冲击负荷增大,磨损量也增大,即出现故障,如异响、漏气、振抖、温度异常等现象。此时,若继续使用,就会有异常磨损,使零件迅速损坏,只有经过大修才能恢复汽车的使用性能。

由此可见,只有根据零件的磨损规律采取切实可行的维护保养措施,才能使其保持完好的技术状态,这便是汽车维护保养的意义所在。

汽车行驶一定的里程和时间后,根据汽车维护技术标准,按规定的工艺流程、作业范围、作业项目和技术要求所进行的预防性作业即为汽车维护。汽车维护的目的就是通过及时、正确的保养保持车辆良好的技术状况,使汽车具有良好的使用性和可靠性,使用寿命得以延长,确保行车安全,降低使用成本,充分发挥汽车的使用效率并降低运行耗损,以便取得良好的经济效益、社会效益和环境效益。

【相关拓展】

一、保养与修理的区别

(1)作业技术措施不同。保养以计划预防为主,通常采取强制实施的作业。而修理是按计划视需要进行的作业。

(2)作业时间不同。保养通常是在车辆发生故障之前进行作业。而修理通常是车辆发生故障之后进行作业。

(3)作业目的不同。保养通常是降低零件磨损速度,预防故障发生,延长汽车使用寿命;而修理通常是对所出现的故障或失去工作能力的机件等进行作业,恢复汽车良好的技术状况、工作能力,保证汽车运行,延长汽车使用寿命。

二、保养与修理的关系

汽车保养和汽车修理是密切相关的。修理中有保养,保养中有修理。在车辆保养过程中可能发现某一部位或机件将要发生故障或损坏的前兆,因而可利用保养时机,对其进行修理。而在修理的过程中,对一些没有损坏的机件也要进行保养,这是很自然的事情。

因此,汽车保养和汽车修理的关系是辩证的。在日常活动中,一定要处理好两者之间的关系,坚持以保养为重点,克服"重修轻保"、"以修代保"的不良倾向。"三分修七分养"说的就是这个道理。

【复习延伸】

(1)汽车为什么要进行维护保养?
(2)汽车零件磨损有哪几个阶段?磨损规律是什么?

◀ 任务2 学会安全生产 ▶

【学习目标】

了解事故产生的因素,掌握维护保养安全生产的相关知识,正确着装,规范操作,文明生产。

【基础知识】

大部分汽车维护工作是在汽修车间内完成的,由于汽车的复杂性,在汽车维护中要使用很多的工具、设备和机器。通常在汽修车间内会有很多工作人员,加上复杂的工具、设备、机器和易燃、易爆的油品,使汽修车间成为一个事故易发地。汽修车间内的安全性已经成为汽车技术研究中的极为重要的问题。正确对待工作安全标准和规则,对安全工作提供了很好的帮助。

工作场地的安全是每一个人的责任,汽修车间内尽可能地保证安全。每一个车间都存在很多的事故隐患,事故的发生常常是由于人们做事不小心造成的。而有些事故的发生有可能是由于维修人员试图走捷径,不按照规范操作而导致的。因此,这些情况应当予以纠正。维修人员有责任确保在维修车间内没有危险情况,从而减少汽修车间的事故隐患。

一、事故因素

容易产生事故的因素有两类:一类是人为因素,由于不正确使用机器或工具,穿着不合适的衣物,或由于维修人员不小心造成的事故;另一类为自然因素,由于机器或工具出现故障,缺少完整的安全装置,或者工作环境不良造成的事故。

二、正确着装

(1)工作服。为防止事故的发生,工作服必须结实、合身,以便于工作。为防止工作时损坏汽车,不要暴露工作服的带子、扣、纽扣。防止受伤或烧伤的安全措施是不要裸露皮肤。

(2)工作鞋。工作时要穿安全鞋。因为穿着凉鞋或运动鞋危险,易摔倒并因此降低工作效率,还容易使穿戴者因为偶然掉落的物体而受到伤害。

(3)工作手套。提升重的物体或拆卸热的排气管及类似的物体时,建议戴上手套。对于普通的维护工作戴手套并非一项必需的要求,可根据工作的性质来决定是否必须戴手套。

着装标准如图 1-2 所示。

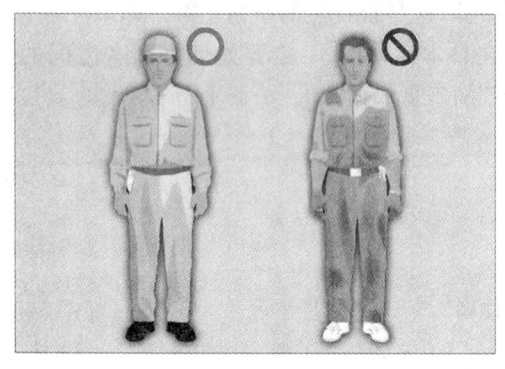

图 1-2　着装标准

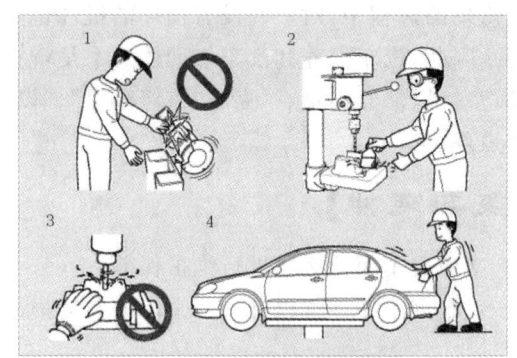

图 1-3　设备使用注意事项

三、使用设备安全

使用工具工作时,有如下的预防措施来防止造成伤害,如图 1-3 所示。

(1)正确地使用电气、液压和气动设备,可避免造成严重的伤害。

(2)使用可能产生碎片、碎屑的工具前,要戴好护目镜。

(3)使用过砂光机和钻孔机一类的工具后,要清除其上的粉尘和碎片。

（4）操作旋转的工具或工作在一个有旋转运动的地方时，不要戴手套。手套可能被旋转的物体卷入，使手受伤。

（5）用升降机升起车辆时，初步提升到轮胎稍微离开地面为止。然后，在完全升起之前，确认车辆牢固地支承在升降机上。升起后，千万不要试图摇晃车辆，因为这样可能导致车辆跌落，造成严重伤害。

四、工作场地安全

在车间内始终使工作场地保持干净，保护自己和其他人免受伤害，如图 1-4 所示。

（1）不要把工具或零件留在自己或其他人有可能踩到的地方。将其放置在工作架或工作台上并养成好习惯。

（2）立即清理干净任何飞溅的燃油、机油或润滑脂，防止自己或他人滑倒。

（3）工作时不要采取不舒服的姿态。这不仅会影响工作效率，而且有可能会使自己跌倒和受到伤害。

（4）处理沉重的物体时要极度小心，要防止重物跌落到脚上而使自己受伤。如果试图举起一个太重的物体，腰部可能会受伤。

（5）从一个工作地点转移到另外一个工作地点时，一定要走指定的通道。

（6）不要在开关、配电盘或电动机等附近使用可燃物，它们容易产生火花，造成火灾。

图 1-4　工作场地应保持干净

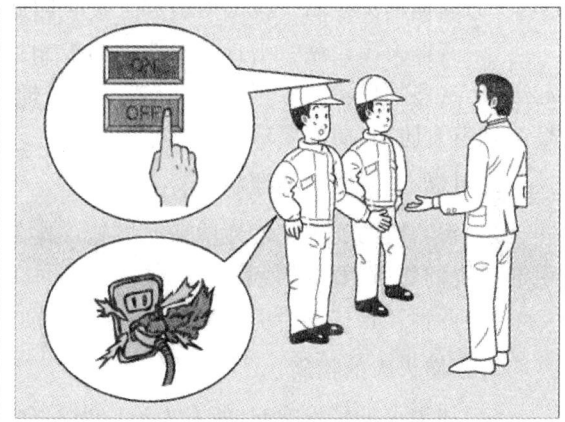

图 1-5　安全用电

五、用电安全

汽车维修车间里的电气设备通常用于举升、清洗、照明等。当使用这些电气设备时，常常可能出现严重的安全事故。电线磨损、设备上绝缘不良或线缆有缺陷都会造成触电，电击的严重程度与受害者被击电流的大小和电击时间有关。不正确地使用电气设备可能导致短路和火灾。因此，要学会正确使用电气设备并认真做好以下防护措施，如图 1-5 所示。

（1）如果发现电气设备有任何异常，立即关掉开关，并联系管理员或领班。

（2）如果电路中发生短路或意外火灾，在进行灭火之前首先关掉开关。

（3）向管理员或领班报告不正确的布线和电气设备安装。

（4）有任何保险丝熔断都要向上级汇报，因为保险丝熔断说明有某种电气设备故障。

警告：千万不要尝试以下行为，因为它们非常危险，如图 1-6 所示。

(1)靠近断裂或摇晃的电线。

(2)湿手接触任何电气设备。

(3)触摸标有"发生故障"的开关。

(4)拔下插头时拉电线(应当拉插头本身)。

(5)让电缆通过潮湿或浸有油的地方,通过炽热的表面,或者尖角附近。

(6)在开关、配电盘或马达等物附近使用易燃物,会容易产生火灾。

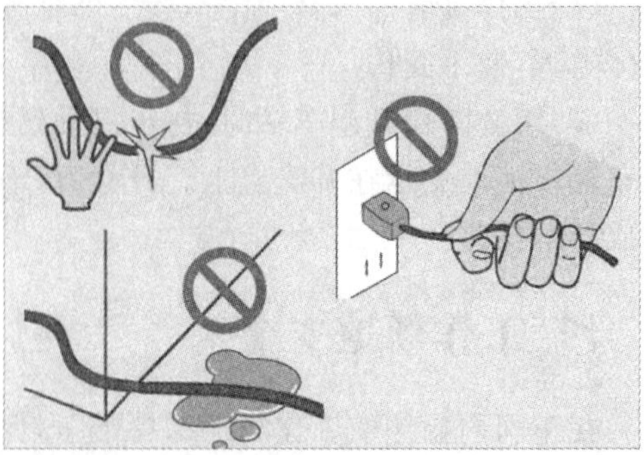

图 1-6　危险行为

六、防火与防爆

为了保证车间的安全工作,每一个员工都必须知道安全设备的放置地点和使用方法。

1. 火源控制

(1)加热使用的明火要严格控制。尽量采用蒸汽或其他载体加热,如果必须用明火加热时应远离易燃、易爆物。

(2)维修用火的控制。主要指焊接或切割用火的控制。卸装可燃物设备或在可燃、可爆区域用火时,应将周围工作物进行清理或清洗,如焊油箱。

(3)其他明火控制。吸烟可引起火灾。因此,在车间库房等场所须严格执行禁烟制度。

(4)其他火源控制。指自燃发热物的控制。维修企业使用的油抹布、油棉纱等物可自燃引起火灾,这些物质不能堆积过多,应装入金属桶、箱内,放置在安全地点并及时处理。所有照明灯必须符合防潮、防爆要求。

2. 可燃、可爆物质的控制

(1)按物质的物理化学性质采取措施。比如,空气能使其燃烧的物质,应隔绝空气;过热可引起燃烧的物质,要散热、通风。

(2)两种互相接触会引起爆炸、燃烧的物质不能混存,不可接触,要分别放置。

3. 预防火灾的措施

(1)如果火灾警报响起,所有人员应当配合扑灭火焰。要做到这一点,所有人员都应知道灭火器放在何处,应如何使用。

(2)除非在吸烟区,否则不要抽烟。

4. 在易燃易爆品附近应采取预防措施

在易燃易爆品附近应采取的措施如下。

(1)吸满汽油或机油的碎布有时有可能自燃,所以它们应当被放置到带盖的金属容器内。

(2)在机油存储地或可燃的零件清洗剂附近,不要使用明火。

(3)千万不要在处于充电状态的电池附近使用明火或产生火花。因为,它们将点燃爆炸性的气体。

(4)仅在必要时才将燃油或清洗溶剂携带到车间,携带时还要使用能够密封的特制容器。

(5)不要将可燃性废机油和汽油丢弃到阴沟里,因为它们可能导致污水管系统产生火灾。始终将这些材料倒入一个排出罐或一个合适的容器内。

(6)在燃油泄露的车辆没有修好之前,不要启动该车辆上的发动机。修理燃油供给系统,如拆卸化油器时,应当从蓄电池上断开负极电缆以防止发动机被意外启动。

七、险情报告

在险情讨论中,维修人员互相交流他们在日常工作中经历的身边的险情,互相陈述身边的险情是如何发生的,目的是为了防止他人重蹈覆辙;然后要分析导致这些危险情况发生的因素,以及采取适当措施来创造一个更安全的工作环境。有一些险情的事例,如脱开或将要脱开;撞上或将要撞上;夹住或将要夹住;卡住或将要卡住;跌倒或将要跌倒;提升工具断裂或将要断裂;爆炸或将要爆炸;被电击或将要被电击;起火或将要起火;其他等。如果遇到这些情况之一时,就必须采取如下措施。

(1)将情况汇报给管理员或领班。

(2)记录事情的发生经过。

(3)让每个人慎重对待这个问题。

(4)让每个人考虑应当采取的对策。

(5)记录以上的一切,并将清单放置在每个人都能够看得到的地方。

八、文明生产(5S 理念)

为了建立使顾客100%满意的质量保证体系,企业应改进业务流程,削减库存,遵守交期,强化成本竞争力,积累与提高生产力,提高新技术的推广速度,提高人才素养和环境安全及构筑企业文化基础等。目前,大部分汽车 4S(整车销售(sale)、零配件(spare part)、售后服务(service)、信息反馈(survey))店正在推行 5S 管理理念。5S 是由丰田汽车公司率先提出的,它是保持车间环境,实现轻松、快捷和安全工作的关键点。5S 管理是整理(seiri)、整顿(seiton)、清扫(seiso)、清洁(seiketsu)和自律(shitsuke)。

1. 整理

此过程将确定某项目是否需要,不需要的项目应立即丢弃以便有效利用空间。

(1)按照必要性,组织和利用所有的资源,不管它们是工具、零件或信息。

(2)在工作场地指定一处地方来放置所有不必要的物品。收集工作场地中不必要的东西,然后丢弃。

(3)小心存放物品很重要,同样,丢弃不必要的物品也很重要。

2. 整顿

这是一个整顿工具和零件的过程,目的是为了方便使用。

(1)将很少使用的物品放在单独的地方。

(2)将偶尔使用的物品放在工作场地。

(3)将常用的物品放在身边。

3. 清扫

这是一个使工作场地内所有物品保持干净的过程。永远使设备处于完全正常的状态,以便随时可以使用。要养成保持工作场地清洁的好习惯。

4. 清洁

这是一个努力保持整理、整顿和清扫状态的过程,目的是防止任何可能问题的发生。这也是一个通过对各种物品进行分类,清除不必要的物品使工作场所保持干净的过程。

(1)有助于使工作环境保持清洁的因素:各种物品的颜色、形状、布局,以及照明、通风、陈列架、个人卫生。

(2)如果工作环境清新明亮,就能够给客户带来良好的气氛。

5.自律

这是一个包括广泛培训,使员工自豪地成为汽车维修人员的过程。

(1)自律形成文化基础,这是确保与社会协调一致的最起码的要求。

(2)自律是学习规章制度方面的培训。

【相关拓展】

一、汽车维修人员工作更佳的十大原则

1.职业化的形象(见图1-7)

(1)干净的帽子。

(2)干净的连体工作服。

(3)干净的劳保鞋。

(4)不带饰品和手表。

(5)口袋中要有干净的抹布。

(6)必要时带护目镜、面罩、耳罩、手套等安全用品。

2.爱护车辆(见图1-8)

(1)使用坐垫布、翼子板布、前罩、方向盘罩和地板布。

(2)小心驾驶客户车辆。

(3)在客户车内不抽烟。

(4)切勿使用客户音响设备或车内电话。

(5)拿走留在车上的垃圾和零件箱。

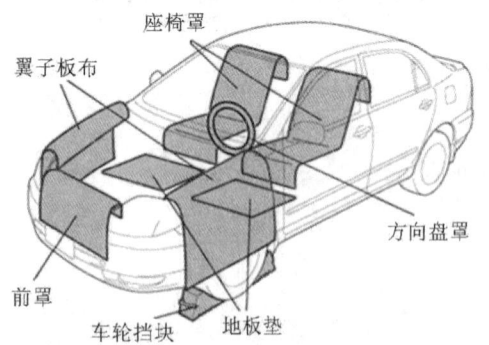

图1-8 爱护车辆

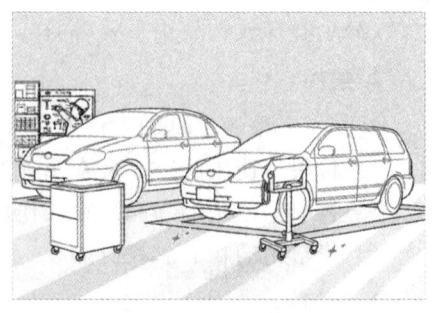

图1-9 整结有序

3.整洁有序(见图1-9)

保持车间(地面、工具台、工作台、仪表、测试仪等)的整洁有序。

(1)拿开不必要的物件。

(2)保持零部件和材料整齐有序。

（3）打扫、清洗和擦净。

（4）汽车停正后方可维修。

4. 安全生产（见图 1-10）

（1）正确地使用工具和其他设备（汽车举升器、千斤顶、研磨机等）。

（2）小心着火，工作时切勿抽烟。

（3）切勿搬运太重的物件。

图 1-10　安全生产

图 1-11　计划和准备

5. 计划和准备（见图 1-11）

（1）确认"主要项目"（客户进行维修的主要原因）。

（2）确认客户的要求及服务顾问的指示。

（3）若出现返工的情况，要特别注意沟通。

（4）如果除了规定的工作外还有其他工作，请报告给服务顾问，只有在得到客户的同意后方可进行。

（5）为工作做好计划（工作程序和准备）。

（6）确认库存有所需零、部件。

（7）根据维修单工作，避免出错。

6. 快速、可靠的工作（见图 1-12）

（1）正确使用 SST（专用维修工具）和测试仪。

图 1-12　快速、可靠的工作

（2）根据维修手册、电子线路图和诊断手册进行工作，以避免主观猜测。

（3）了解最新技术信息，如技术服务简报上的内容。

（4）如果有事情不清楚，请询问服务顾问或者管理人员或领班。

（5）如果发现车辆还有不包括在维修条款内的其他地方需要维修，请向服务顾问或管理人员和领班汇报。

（6）尽可能运用所学技能。

7. 按时完成（见图1-13）

（1）如果能按时完成该工作，请再检查一下。

（2）如果完成任务时间将推后（或者提前），或者需要做其他工作，请通知服务顾问或管理人员或领班。

8. 工作完成后要检查（见图1-14）

（1）确认主要项目已完成。

（2）确认已完成所有其他需要做的工作。

（3）确认车辆至少和刚接手时是同样清洁的。

（4）将驾驶座、方向盘和反光镜返回到最初位置。

（5）如果钟表、收音机等的存储数据、参数被删除，请重新设置。

图1-13　按时完成

图1-14　工作完成后要检查

9. 保存旧零件（见图1-15）

（1）将旧的零件放在塑料袋或空零件袋中。

（2）将旧零件放在预定的地方（例如，在前乘员坐椅前面的地板上）。

10. 后继工作（见图1-16）

（1）完成维修单和维修报告（例如，写下故障原因、更换的零件、更换原因、劳动时长等）。

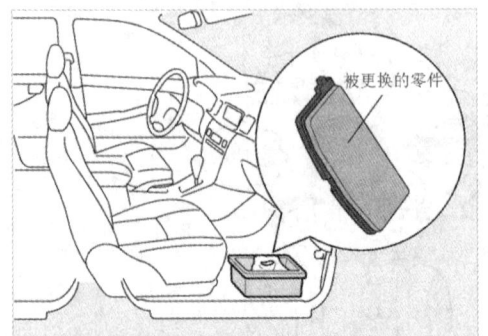

图1-15　保存旧零件

图1-16　后继工作

(2)未列在维修单上的任何其他信息,必须通知管理人员或领班,或者通知服务顾问。

(3)在工作中发现的任何异常情况请告知服务顾问或管理人员或领班。

二、汽车维修人员日常安全守则

(1)工具不使用时应保持干净,并放到正确的位置。

(2)各种设备和工具要及时检查和保养。

(3)手上应避免油污,以免工具滑脱。

(4)启动发动机的车辆应保证驻车制动正常。

(5)不要在车间内乱转。

(6)在车间内启动发动机要保持通风良好。

(7)在车间内穿戴、着装要合适,并佩戴必要的装备,如手套、护目镜、耳塞等。

(8)不要将压缩空气对着人或设备。

(9)尖锐的工具不要放到口袋里,以免扎伤自己或划伤车辆。

(10)常用通道上不要放工具、设备、车辆等。

(11)用正确的方法使用正确的工具。

(12)手、衣服、工具应远离旋转设备或部件。

(13)开车进出车间时要格外小心。

(14)在极疲劳或消沉时不要工作,这种情况会降低注意力,有可能导致自身或他人受伤。

(15)如果不知道车间设备如何使用,应先向明白人请教,以得到正确、安全使用方法。

(16)用举升器或千斤顶升起车辆时一定要按正确的规程操作。

(17)车间内不能见明火,禁止吸烟。

(18)应知道车间灭火器、医疗急救包、洗眼处的位置。

【复习延伸】

(1)为了加强汽车维护的工作安全,作为工作人员应从哪些方面做起?

(2)5S是由哪一家公司发起的?理念的含义是什么?

◀ 任务3 常用工具和量具的使用 ▶

【学习目标】

了解汽车的维护工具,掌握汽车维护中常用工具和量具的使用方法和注意事项,学会在汽车维护中正确选用合适的工具。

【基础知识】

一、常用工具

1.扳手

1)开口扳手

开口扳手是最常见的一种扳手,又称呆扳手,其开口的中心平面和本体中心平面成15°角,这样既能适应人手的操作方向,又可降低对操作空间的要求。其规格是以两端开口的宽度来表示的,如 8~10 mm、12~14 mm 等;通常是成套装备,有 9 件一套、10 件一套等,一般是由 45 号、50 号钢锻造,并经热处理,如图 1-17、图 1-18 所示。

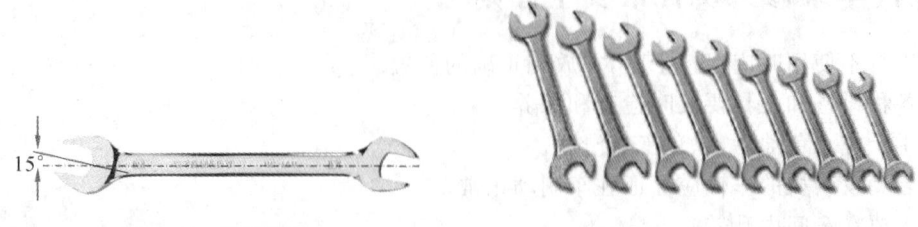

图 1-17 开口扳手   图 1-18 9 件套开口扳手

开口扳手的使用方法及注意事项如下,如图 1-19 所示。

(a)正确   (b)错误   (c)扳手方向

图 1-19 正确选择扳手的大小和方向

(1)扳手的规格应与所拆螺栓、螺母相适应。如果过大,扳手开口侧面就不能与螺栓头部或螺母贴紧,用力时扳手就会脱离螺栓头部或螺母,导致滑丝。

(2)用开口扳手时,为了使扳手不致损坏或滑出,在最初旋松和最后旋紧螺母时,拉力应施加在较厚一边的扳口上,但螺母松动后可以翻转使用。

(3)使用开口扳手时,最好的效果是拉动,若必须推动,只能用手掌来推并且手指要伸直,以防螺母松动时碰伤手指。

(4)扳手钳口以一定角度与手柄相连。这意味着通过转动开口扳手(扳手),可在有限空间中进一步旋转,防止相对的零件也转动,如在拧松一根燃油管时,用两个开口扳手去拧松一个螺母。不能在扳手手柄上接套管,因为这会造成超大扭矩,损坏螺栓或开口扳手。

2)梅花扳手

梅花扳手与开口扳手的用途相似,其两端是花环式的,如图 1-20 所示。它扭转力矩大,工作可靠,不易滑脱,携带方便。其孔壁一般是 12 边形,使用时可将螺栓和螺母头部套住,扳动 30°后,即可换位再套,因而适用于狭窄场合下操作。与开口扳手相比,梅花扳手强度高,因为扳手钳口是双六角形的,可以容易地装配螺栓/螺母,可以在一个有限空间内重新安装。其规格以闭口尺寸 S(mm)来表示,如 8~10 mm、12~14 mm 等;通常是成套装备,有 8 件一套、11 件一套等,通常由 45 号钢或 40Cr 锻造,并经热处理,如图 1-21 所示。

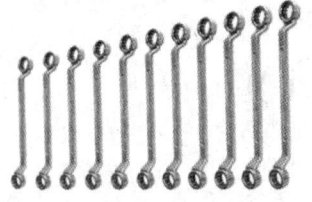

图 1-20 梅花扳手   图 1-21 11 件套梅花扳手

梅花扳手的使用方法及注意事项如下。

(1)使用梅花扳手时,扳手与螺母的尺寸必须相符。如果松动,就会损坏螺母及梅花扳手棱角,甚至会将手碰伤。

(2)在工作中遇到较紧的螺栓不易旋松时,禁止在扳柄上再增加力臂或用锤子锤击扳柄,以免折断扳手。

3)两用扳手

两用扳手兼有以上两种扳手的优点,用起来更方便,如图1-22所示。两用扳手就是把开口扳手和梅花扳手制成一体,即一端是开口扳手,另一端是梅花扳手,并且开口扳手和梅花扳手的公制尺寸相同。开口扳手一端适合快拧,梅花扳手一端可用于大力矩紧固操作,工作效率高。因此在汽车维护作业中,两用扳手的使用更加普遍,通常也是成套装备,如图1-23所示。两用扳手的使用方法及注意事项与开口扳手、梅花扳手的相同。

4)套筒扳手

套筒扳手的材料、环孔形状与梅花扳手的相同,适用于拆装位置狭窄或需要一定扭矩的螺栓和螺母。常用套筒扳手的规格是10~32 mm,有13件、17件和24件套等多种规格,如图1-24所示。套筒扳手主要由套筒头、手柄、接杆等组成。可根据需要,选用不同规格的套筒头和各种手柄进行组合。如活动手柄可以调整所需力臂,快速手柄用于快速拆装螺母、螺栓,同时还能配用扭矩扳手显示扭紧力矩。

图1-22 两用扳手

图1-23 11件套两用扳手

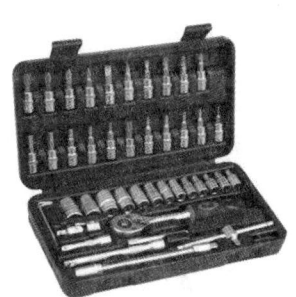

图1-24 成套套筒扳手

(1)套筒头。套筒头是圆筒形状,使用时环空紧套在螺栓或螺母的6个面上,所以不会打滑或脱落,是汽车维护中的常用工具。套筒头的环孔形状与梅花扳手的相同,有6角或12角,但二者的强度基本没有区别,可以随意选择,但是紧固小尺寸的螺栓式螺母时,为防止螺栓变形,建议选用6角,如图1-25所示。

(a)6角套筒头

(b)12角套筒头

(c)深套筒头

(d)机动套筒头

图1-25 套筒头的类型

(2)手柄。手柄有L形伸缩手柄、快速摇柄、滑行头手柄等,如图1-26所示。滑行头手柄的手柄头可沿扳杆滑动,力臂可以变化。L形伸缩手柄可倾斜一定角度旋转套筒头,快速摇杆能连续转动,使用方便,工作效率较高。

(a)L形伸缩手柄　　　　　(b)滑行头手柄　　　　　(c)快速摇柄

图1-26　手柄的类型

(3)接杆。接杆连接在套筒头与手柄之间,适合在狭窄空间作业,可用于拆下和更换装得太深、不易接触的螺栓和螺母,加长杆可将工具抬离平面一定高度。可根据使用情况,选择接杆的长度。

5)内六角扳手

内六角扳手也称为六角棒扳手,其断面形状为六角形。内六角扳手是用来拆装六角螺栓和螺钉的,有管套型、L形、T形等几种结构形式,如图1-27所示。内六角扳手规格以六角形对边尺寸表示,3～27 mm尺寸的有13种,汽车维修作业中使用成套内六角扳手来拆装M4～M30内六角螺栓。

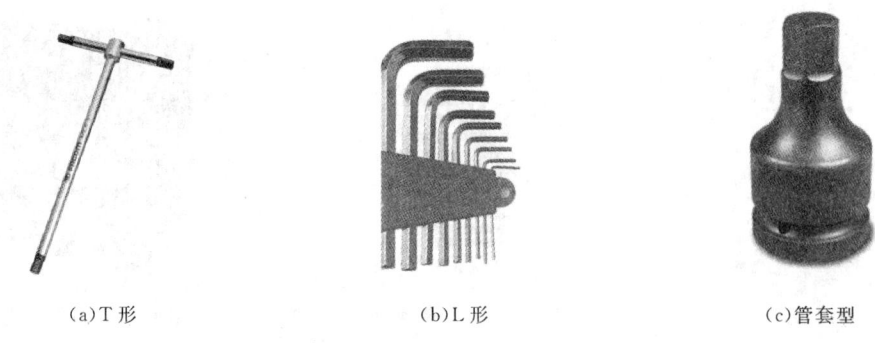

(a)T形　　　　　　　　(b)L形　　　　　　　　(c)管套型

图1-27　内六角扳手

6)活动扳手

活动扳手的开口尺寸能在一定的范围内任意调整,可用于拆装不规则的螺母或螺栓,使用场合与开口扳手的相同,但活动扳手操作起来不太灵活。其规格是以最大开口宽度(mm)来表示的,常用的有150 mm、300 mm等,通常是由碳素钢(T)或铬钢(Cr)制成的。

活动扳手的使用方法及注意事项如下,如图1-28所示。

(1)应将活动钳口调整合适,工作时应使扳手可动部位承受推力,固定部分承受拉力,并且用力应均匀。

(2)尽量使用梅花扳手和开口扳手,不得已使用活动扳手时,一定要调整好开口的尺寸与螺母棱角的配合,小心使用,以防破坏螺母棱角。

(3)使调节钳口在旋转方向上来转动扳手。如果不用这种方法转动扳手,压力将作用在调节螺杆上,使其损坏。

7)扭矩扳手

扭矩扳手是一种用于拧紧螺栓或螺母达到规定的转矩并可读出所施扭矩大小的专用工具。除用来控制螺纹件旋紧力矩外,扭矩扳手还可以用来测量旋转件的启动转矩,以检查配合、装配情况。

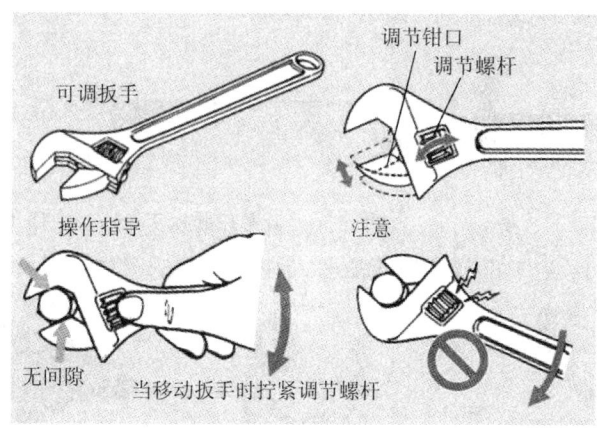

图 1-28 活动扳手使用注意事项

扭矩扳手可分为预置式、表盘式和板簧式等,如图 1-29 所示。预置式扭矩扳手通过旋转套筒可预设所要求的扭矩。板簧式扭矩扳手通过弯曲梁板,借助作用到旋转手柄上的力进行操作。表盘式扭矩扳手则最为常用。

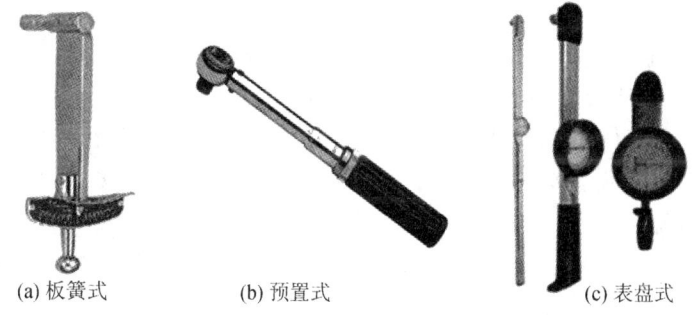

(a) 板簧式　　　　　　　(b) 预置式　　　　　　　(c) 表盘式

图 1-29 扭矩扳手

扭矩扳手的使用方法及注意事项如下。

(1)所选用的扭矩扳手的开口尺寸必须与螺栓或螺母的尺寸相符合,开口过大易滑脱并损伤螺母的六角。在进口汽车维修中,应注意扳手公英制的选择。

(2)为防止扳手损坏和滑脱,应使拉力作用在开口较厚的一边,这一点对受力较大的活动扳手尤其应该注意,以防开口出现“八”字形,损坏螺母和扳手。

(3)扭矩扳手是按人手的力度来设计的,使用时,当听到“啪”的一声,此时的力度是最合适的。对较紧的螺纹件,不能用锤击打扳手。

(4)如果拧紧几个螺栓,在每个螺栓上均匀施力,重复 2 次或 3 次。

(5)如果专用维修工具与扭矩扳手一起使用,则要按照修理手册中的说明计算扭矩。

(6)使用板簧式扭矩扳手时,使用扭矩扳手量程的 50%~70% 均匀施力,不要用力太大,使手柄接触到杆。如果压力不是作用在销上,则不能获得精确的扭矩测量值。

8)专用扳手

专用扳手是一类用途较为单一的特殊扳手的统称,通常以其用途或结构特点来命名。每一种专用扳手又可以按照不同的规格和尺寸进行分类。在使用专用扳手时,必须选用与零件相适应的扳手,以免扳手滑脱伤手或损坏零件。

(1)火花塞套筒扳手,用于拆装火花塞,根据火花塞的型号的不同而不同,如图 1-30 所示。

(2)L 形轮胎扳手,用于拆装轮胎,如图 1-31 所示。

（3）气门芯扳手，用于拆装气门芯，如图 1-32 所示。

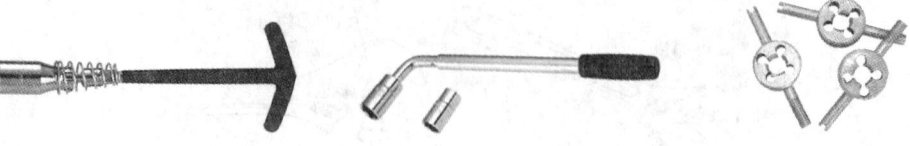

图 1-30　火花塞套筒扳手　　　图 1-31　L形轮胎扳手　　　图 1-32　气门芯扳手

（4）机油滤清器扳手，用于拆装机油滤清器，如图 1-33 所示。

　（a）皮带式　　　　　　　（b）链条式　　　　　　　（c）三爪式

图 1-33　机油滤清器扳手

2. 风动工具

风动工具利用压缩空气，用于拆卸和更换螺栓或螺母，能使工作很快完成。

风动工具的使用方法及注意事项如下，如图 1-34 所示。

（1）在正确的气压下使用，定期检查风动工具并用风动工具油润滑和防锈。

（2）如果用风动工具从螺栓上完全取下螺母，则旋转力可使螺母飞出，往往先用手将螺母对准螺栓，如果一开始就使用风动工具，则螺纹会被损坏。

（3）如果用风动工具拧紧螺母，注意不要拧得过紧。最后使用扭矩扳手检查紧固扭矩。

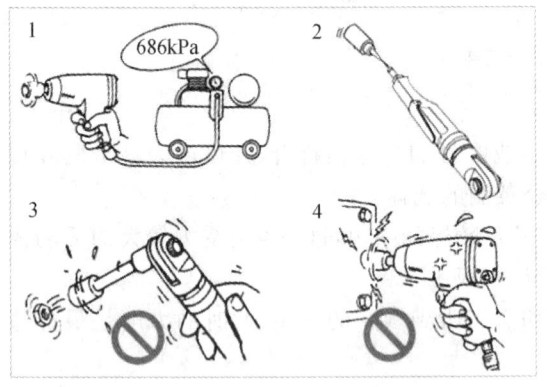

图 1-34　风动工具使用注意事项

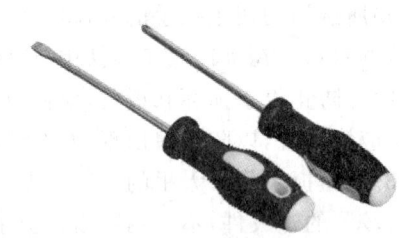

图 1-35　螺钉旋具

3. 螺钉旋具

螺钉旋具俗称螺丝刀，主要用于旋松或旋紧有槽螺钉，如图 1-35 所示。螺钉旋具有很多类型，其区别主要是尖部形状，每种类型的旋具都按长度不同分为若干规格。常用的螺钉旋具是一字螺钉旋具和十字槽螺钉旋具。

螺钉旋具的使用方法及注意事项如下。

（1）使用尺寸合适的螺丝刀，与螺钉凹槽的大小合适。

（2）保持螺丝刀与螺钉尾端成直线，边用力边转动。

（3）切勿过度施加扭矩，这会刮削螺钉的凹槽或损坏螺丝刀尖头。

4. 钳子

钳子多用来弯曲或安装小零件、剪断导线或螺栓等。钳子有很多类型和规格。

1）鲤鱼钳

鲤鱼钳如图 1-36 所示，钳头的前部是平口细齿，用于夹持一般小零件，中部凹口粗长，用于夹持圆柱形零件，也可以代替扳手旋小螺栓、小螺母，钳口后部的刃口可剪切金属丝，是汽车维护保养作业中使用最多的手钳。其规格一般有 165 mm、200 mm 两种，用 50 钢制造。

2）钢丝钳

钢丝钳如图 1-37 所示，其用途与鲤鱼钳的相仿，但其支销相对于两片钳体是固定的，故使用时不如鲤鱼钳灵活，但剪断金属丝的效果比鲤鱼钳要好。其规格有 150 mm、175 mm、200 mm 三种。

图 1-36　鲤鱼钳

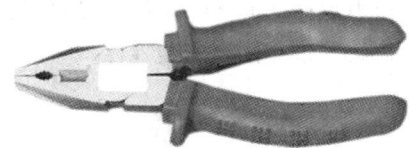

图 1-37　钢丝钳

3）尖嘴钳和弯嘴钳

尖嘴钳和弯嘴钳如图 1-38、图 1-39 所示，因其头部细长，所以能在较小的空间内工作，带刃口的能剪切细小零件，使用时不能用力太大，否则钳口头部会变形或断裂。其规格有 125 mm、150 mm、175 mm 三种。

图 1-38　尖嘴钳

图 1-39　弯嘴钳

4）挡圈钳

挡圈钳用于拆装弹性挡圈，分为孔用和轴用两种，每一种又可分为直嘴式和弯嘴式，如图 1-40、图 1-41 所示。汽车维护保养作业中用的较多的为 175 mm 规格的。

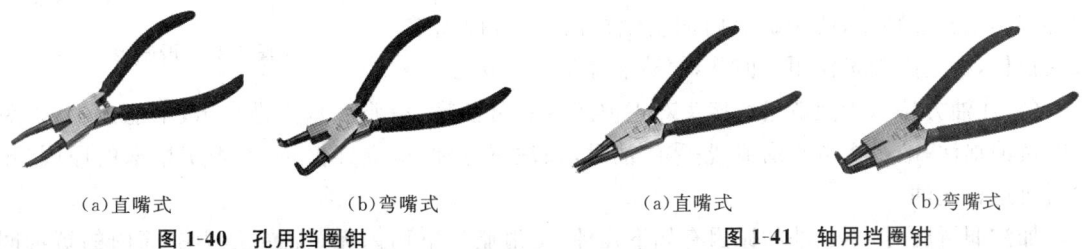

（a）直嘴式　　　（b）弯嘴式　　　　　（a）直嘴式　　　（b）弯嘴式

图 1-40　孔用挡圈钳　　　　　　　图 1-41　轴用挡圈钳

5. 锤子

汽车维护保养作业中常用锤子有手锤、木锤和橡胶锤三种，如图 1-42 所示。手锤通常由工具钢制成，规格按锤头质量划分，最常用的是圆头手锤。木锤和橡胶锤主要用于击打零件加工表面，以保护零件不被损坏。

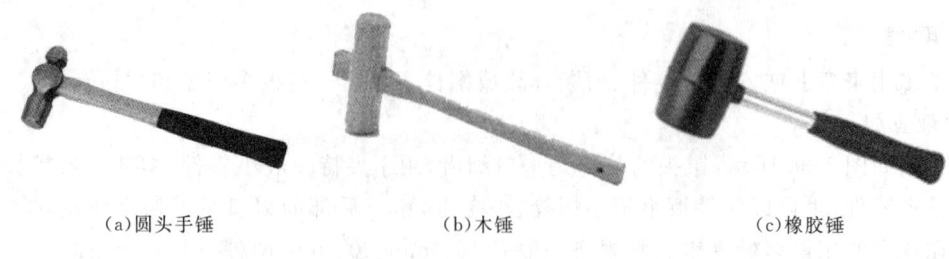

(a)圆头手锤   (b)木锤   (c)橡胶锤

图 1-42 锤子

6. 拉器

拉器是用于拆卸过盈配合安装在轴上的齿轮或轴承等零件的专用工具,有二爪与三爪之分,如图 1-43 所示。常用拉器为手动式,在一杆式弓形叉上装有压力螺杆和拉爪。使用时,在轴端与压力螺杆之间垫一块垫板,用拉器的拉爪拉住齿轮或轴承,然后拧紧压力螺杆,即可从轴上拉下齿轮等过盈配合安装零件。

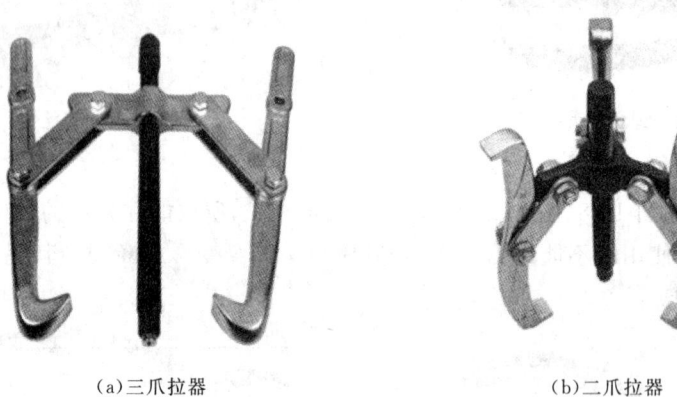

(a)三爪拉器   (b)二爪拉器

图 1-43 拉器

7. 滑脂枪

滑脂枪又称为黄油枪,是一种专门用来加注润滑脂(黄油)的工具,如图 1-44 所示。使用方法如下。

(1)填装黄油。①拉出拉杆使柱塞后移,拧下滑脂枪的缸筒前盖;②把干净黄油分成团状,徐徐装入缸筒内,且使黄油团之间尽量相互贴紧,便于缸筒内的空气排出;③装回前盖,推回拉杆,柱塞在弹簧作用下前移,使黄油处于压缩状态。

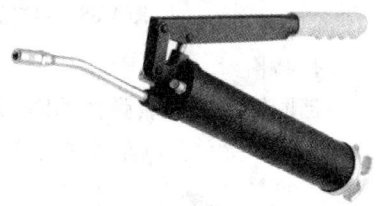

图 1-44 滑脂枪

(2)注油方法。①把滑脂枪接头对正被润滑的黄油嘴(滑脂嘴),直进直出,不能偏斜,以免影响黄油加注,减少润滑脂的浪费;②注油时,如注不进油,应立即停止,并查明堵塞的原因,排除后再进行注油。

加注润滑脂时,不进油的原因有如下几种:①滑脂枪缸筒内无黄油或压力缸筒内的黄油间有空气;②滑脂枪压油阀堵塞或注油接头堵塞;③滑脂枪弹簧疲劳过软而造成弹力不足或弹簧折断而失效;④柱塞磨损过甚而导致漏油;⑤油脂嘴被泥污堵塞而不能注入黄油。

8. 千斤顶

千斤顶是一种最常用、最简单的起重工具,按照其工作原理,千斤顶可分为机械丝杆式和液压式,如图 1-45 所示。按照所能顶起的质量,千斤顶可分为 3 000 kg、5 000 kg、9 000 kg 等多种不同规格。

（a）液压式　　　　　　　　　　（b）机械丝杆式

图 1-45　千斤顶

在顶升前,要检查修理手册中说明的车辆顶升点和马凳的支架支承点。确保马凳调到相同高度,将其放在车辆附近,将车轮挡块放在左前轮胎和右前轮胎的前面(如果车辆从后面顶升的话)。

顶升时,将释放把手拧紧,把千斤顶放在规定位置再顶升车辆,注意它所面对的方向。切勿将千斤顶放在扭矩梁车桥上顶升,切勿顶升超过千斤顶最大允许荷载的任何车辆。带有空气悬架的车辆因其结构关系需要特别处理,请参考维修手册说明。

在降下车辆前须检查车下是否有东西,慢慢地放松释放把手并轻轻地放下手柄,当轮胎完全落地时,使用车轮挡块。

千斤顶使用时的注意事项如下。

(1)汽车在起顶或下降过程中,禁止在汽车下面进行作业。

(2)汽车下降速度不能过快,应徐徐拧松液压开关,使汽车缓慢下降,否则易发生事故。

(3)在松软路面上使用千斤顶时,应在千斤顶底座下加垫一块面积较大且能承受压力的材料(如木板等),防止千斤顶由于汽车重压而下沉。

(4)把汽车顶起后,当液压开关处于拧紧状态时,若发生自动下降故障,则应立即查找原因,及时排除故障后方可继续使用。

(5)如发现千斤顶缺油,应及时补充规定油液,不能用其他油液或水代替。

(6)千斤顶不能用火烘热,以防皮碗、皮圈损坏。

(7)千斤顶必须垂直放置,以免因油液渗漏而失效。

9. 汽车举升机

汽车举升机是汽车维修行业的常用工具,一般可分为剪式、两柱、四柱三大类,如图 1-46 所示。按照功能可分为四轮定位式和平板式,按照占用的空间可分为地上式和地藏式。

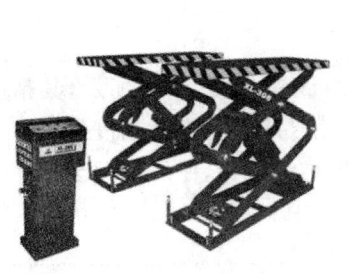

（a）剪式举升机　　　　　　（b）两柱举升机　　　　　　（c）四柱举升机

图 1-46　举升机

使用时把车辆置于举升机中心,把板和臂固定到修理手册所标示的位置上。调整支架直到车辆保持水平为止,始终要锁住臂,将板提升附件位置对准车辆被支承部位,切勿让板提升附件伸出板外。

在抬升和降下举升机前要先进行安全检查,并向其他人发出举升器即将启动的信号。一旦轮胎稍离地,即要检查车辆支承是否合适。

汽车举升机的使用要求和注意事项如下。

(1)切勿提升超过举升机提升极限的车辆。

(2)带有空气悬架的车辆因其结构关系需要特别处理。

(3)在提升车辆时切勿移动车辆。

(4)在拆除和更换大部件时要小心,因为汽车重心可能改变。

(5)切勿将车门打开提升车辆。

(6)如果在一段时间内未完成作业,则要把车放低一些。

二、常用量具

1. 钢板尺

钢板尺是一种最简单的直接读数的量具,用薄钢板制成,常用来粗测工件的长度、宽度和厚度,如图 1-47 所示。常见钢板尺的规格有 150 mm、300 mm、500 mm、1 000 mm等。

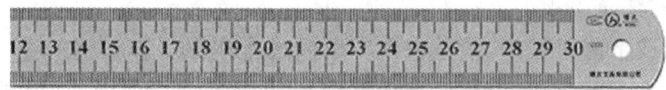

图 1-47　钢板尺

2. 卡钳

卡钳是一种间接读数的量具,如图 1-48 所示。卡钳不能直接读出尺寸,必须与钢板尺或其他刻线量具配合测量。内卡钳用来测量内径、凹槽等,外卡钳用来测量外径和平行面等。

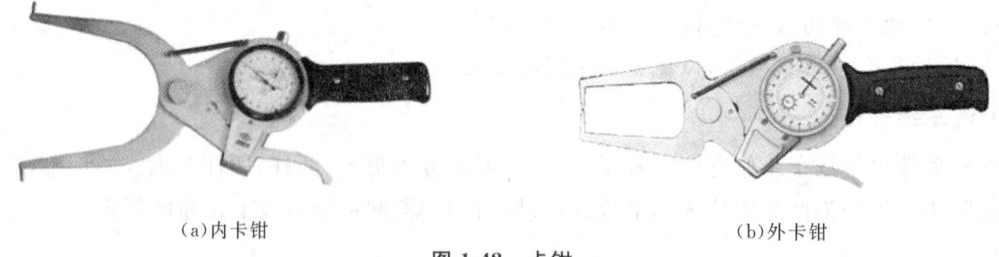

(a)内卡钳　　　　　　　　　　　　　　　　(b)外卡钳

图 1-48　卡钳

3. 游标卡尺

游标卡尺是一种用来测量零件的内外直径和孔(槽)的深度的量具,如图 1-49 所示,其精度分 0.10 mm、0.05 mm、0.02 mm 三种。测量时,应根据测量精度的要求选择合适精度的游标卡尺,并擦净卡脚和被测零件的表面。测量时将卡脚张开,再慢慢地推动游标,使两卡脚与工件接触,禁止硬卡硬拉。使用后要把游标卡尺卡脚擦净并涂油后放入盒中。

4. 外径千分尺

外径千分尺是一种比游标卡尺更精密的量具,如图 1-50 所示,其精度为 0.01 mm。外径千分尺的规格按量程划分,常用的有 0～25 mm、25～50 mm、50～75 mm、75～100 mm、100～125 mm 等规格,使用时应按零件尺寸选择相应规格。测量时应擦净两个砧座和工件表面,旋动砧座接触工件,直至棘轮发出两三声"咔咔"的响声时方可读数。

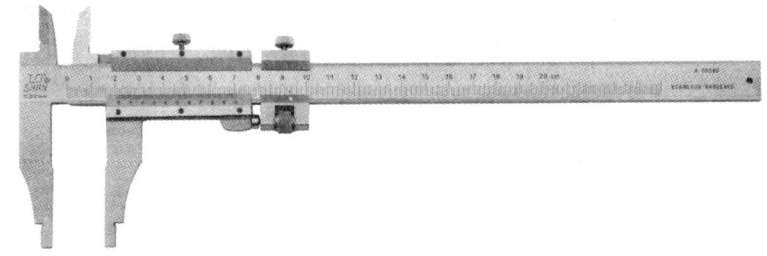

图 1-49 游标卡尺

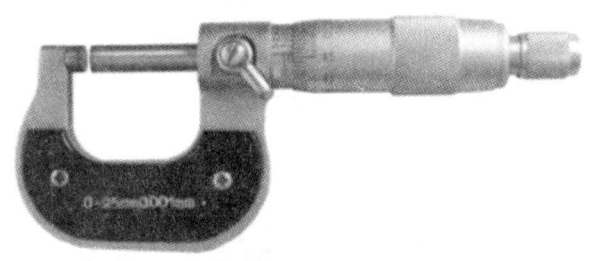

图 1-50 外径千分尺

5. 百分表

百分表是一种用于测量零件的形状误差(如曲轴弯曲变形量、轴颈或孔的圆度误差等)或配合间隙(如曲轴轴向间隙)的量具,如图 1-51 所示。常见的有 0~3 mm、0~5 mm 和 0~10 mm 三种规格。百分表的刻度盘一般为 100 格,大指针转动 1 格表示 0.01 mm,转动 1 圈为 1 mm,小指针可指示大指针转过的圈数。

6. 量缸表

量缸表又称为内径百分表,是一种用来测量孔的内径(如气缸直径、轴承孔直径等)的量具,如图 1-52 所示。测量过程中,必须前后摆动量缸表以确定读数最小时的直径位置,同时还应在一定角度内转动量缸表以确定读数最大时的直径位置。

图 1-51 百分表

图 1-52 量缸表

7. 厚薄规

厚薄规又称为塞尺，是一种用来测量零件之间的配合间隙（如气门间隙、曲轴轴向间隙等）的量具，如图 1-53 所示。厚薄规由多片不同厚度的钢片组成，每片钢片的表面刻有表示其厚度的尺寸值。厚薄规的规格以长度和每组片数来表示，常见的长度有 100 mm、150 mm、200 mm、300 mm 四种，每组片数有 2～17 等多种。

8. 火花塞间隙量规

火花塞间隙量规是一种用于测量和调节火花塞间隙的量具，如图 1-54 所示，其测量范围为 0.8～1.1 mm。测量时把接地电极放在量规槽里进行弯曲，以便调整间隙。首先清洁火花塞，然后测量间隙最小处的值，使用滑动时有轻微阻力但没有松动的量规，并读出其厚度。

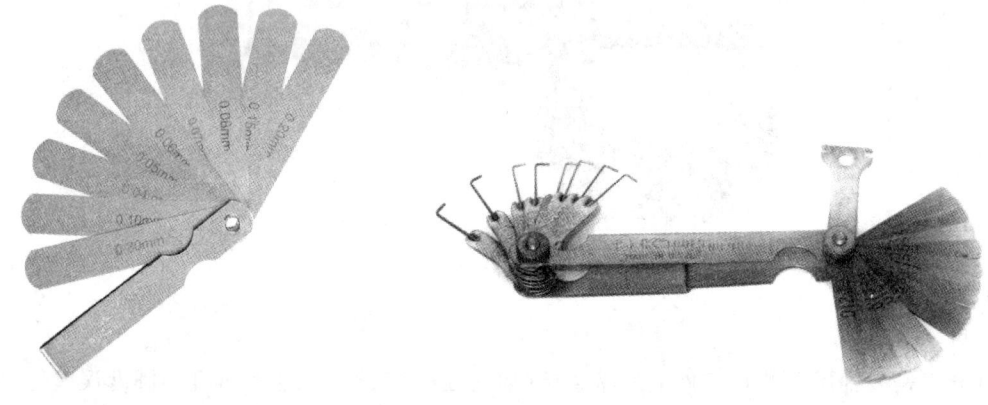

| 图 1-53　厚薄规 | 图 1-54　火花塞间隙量规 |

【相关拓展】

一、选用工具原则

1. 根据工作的类型选择工具（如图 1-55 所示）

为拆下和更换螺栓/螺母或拆下零件，汽车修理中使用成套套筒扳手比较普遍。如果由于工作空间限制不能使用成套套筒扳手，可按其顺序选用一梅花扳手或开口扳手。

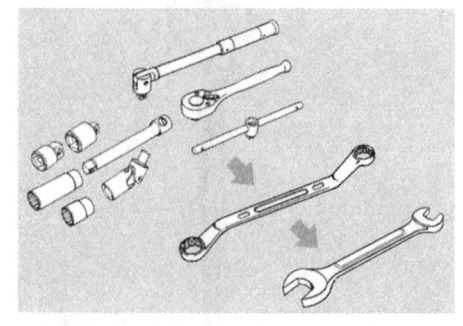

图 1-55　根据工作的类型选择工具

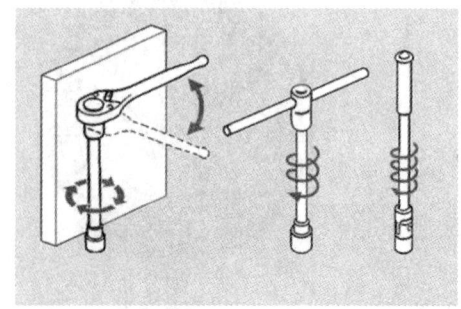

图 1-56　根据工作进行的速度选择工具

2. 根据工作进行的速度选择工具（如图 1-56 所示）

套筒扳手的用处在于它能旋转螺栓/螺母而不需要重新调整。这就可以迅速转动螺栓/螺母，套筒扳手可以根据所装的手柄以各种方式工作。棘轮手柄适合在狭窄空间中使用。然而，由于棘轮的结构,它不可能获得很高的扭矩。滑动手柄要求极大的工作空间,但它能提供最快的工作速度。旋转手柄在调整好手柄后可以迅速工作。但此手柄很长,很难在狭窄空间使用。

3. 根据旋转扭矩的大小选用工具(如图 1-57 所示)

如果最后拧紧或开始拧松螺栓/螺母需要大扭矩,那么使用允许施加大力的扳手。可以施加的力的大小取决于扳手柄的长度。手柄越长,用较小的力得到的扭矩越大。如果使用了超长手柄,就有扭矩过大的危险,螺栓有可能折断。

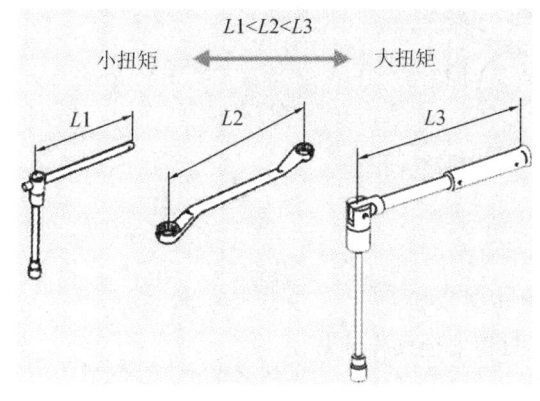

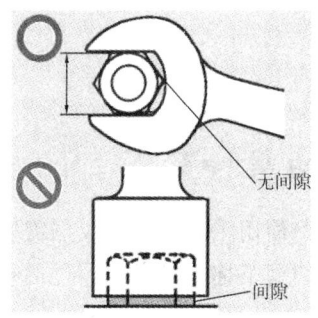

图 1-57 根据旋转扭矩的大小选用工具　　　　图 1-58 工具的大小和应用

二、工具操作注意事项

1. 工具的大小和应用

确保工具的直径与螺栓/螺母的头部大小合适,使工具与螺栓/螺母完全配合,如图 1-58 所示。

2. 用力强度

始终转动工具,以便拉动它,如果由于空间限制无法拉动工具,用手掌推它。已经拧得很紧的螺栓或螺母可以通过施加冲击力轻松松开。但是不能使用锤子和管子(用来加长轴)来增加扭矩,如图 1-59 所示。

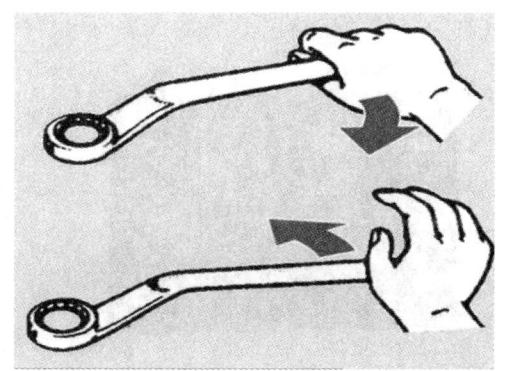

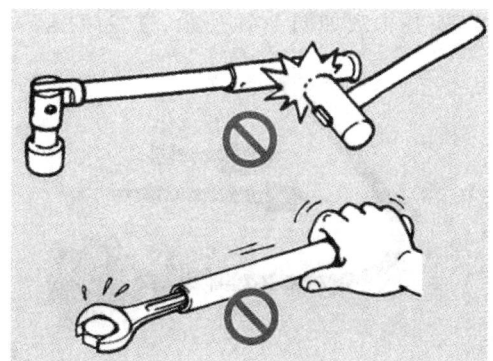

图 1-59 用力强度

3. 使用扭矩扳手

最后的拧紧始终用扭矩扳手来完成,以便将其拧紧到标准值,如图 1-60 所示。

图 1-60　使用扭矩扳手

【复习延伸】

(1)使用工具和测量仪器需要注意哪些基本要求?

(2)列举你所见过或用过的举升机,并说明其安全操作流程。

◀ 任务4　常见仪器和设备的使用 ▶

【学习目标】

了解汽车维护保养需要的仪器和设备,学会汽车常见维护仪器和设备的使用方法和注意事项。

【基础知识】

一、气缸压力表

气缸压力表如图 1-61 所示,它专门用于检查气缸内气体的压缩压力。

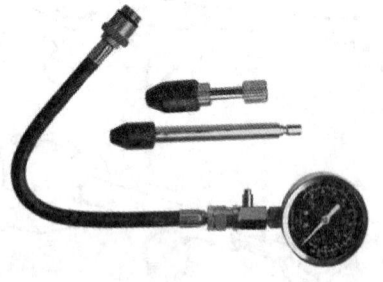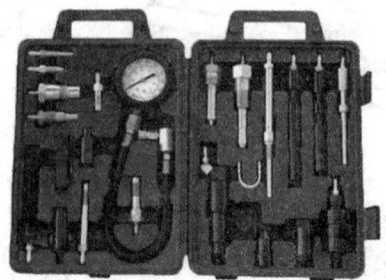

图 1-61　气缸压力表

气缸压力表的使用方法如下。

(1)启动发动机并运转到正常工作温度,熄火并等发动机停止运转后,卸下全部火花塞。

(2)使节气门全开,将压力表的连接头压紧在火花塞孔上。

（3）用启动机带动发动机以 100～150 r/min 转速转动 3～5 s。此时仪表上的指针会逐渐上升，到某一数值即会停止，此时的指示值就是气缸的压缩压力。

（4）按一下按钮，使指针归零。

（5）按以上步骤，重复测量 2～3 次，以提高测量精度。

（6）一般轿车气缸压力大于 0.9 MPa，且各气缸之间压力差小于 8％（各缸压力差，汽油机不超过各缸平均压力的 8％）。

如测定值小于规定值，而进气系统正常，可说明气缸与活塞、缸盖存在泄漏，可能的原因为气缸、活塞、气门、活塞环出现磨损、烧蚀等不良情况。如测定值大于规定值，而进、排气系统正常，可能的原因为燃烧室严重积炭。因此，气缸内压力测量值一定要为规定值。

二、燃油压力表

燃油压力表（简称油压表）如图 1-62 所示，它用于检测燃油系统的压力。

燃油压力表的使用方法如下。

将燃油压力表用三通接头接在燃油压力调节器和喷油嘴之间的管路上进行测量。由测得值可容易判断电动汽油泵、油压调节器等燃油系统元件的工作情况。

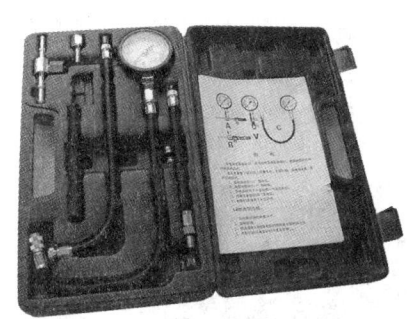

图 1-62 燃油压力表

（1）安装油压表。安装油压表时，先将燃油系统卸压，启动发动机，拔下电动汽油泵继电器或电源插头。待发动机熄火后，再启动发动机 2～3 次，即可释放燃油压力。关闭点火开关，装上电动汽油泵继电器或电源插头，拆下蓄电池负极搭铁线。将量程为 1 MPa 左右的油压表和三通接头一起安装在燃油泵的出油管接头上。

（2）燃油系统初始油压的测量。用一根导线将电动汽油泵的两个检测插孔短接，接通点火开关，若电动汽油泵进行 5 s 自动泵油，说明 ECU（电控单元）作了初始化运作，电源到 ECU 的电路及 ECU 控制油泵的电路正常，油泵工作良好。否则，应该检查 ECU 到油泵的电路、主继电器及油泵继电器等处工作是否正常。电动汽油泵进行 5 s 自动泵油后，观察油压表上的燃油压力，初始油压正常值为 300 kPa 左右，若油压表指针在 300 kPa 左右摆动，说明油压调节器工作正常。测量初始油压结束 5 min 后，观察油压表指示的燃油系统保持压力，应不低于 147 kPa。若油压过高，应检查油压调节路工作是否正常；若油压过低，应检查电动汽油泵保持压力、油压凋节器保持压力及喷油器有无泄漏。

（3）发动机工作时燃油压力的测量。启动发动机，怠速运转，观察油压表指示的燃油系统压力应不低于 250 kPa。否则，检查真空表是否泄漏或插错，踩下加速踏板，在节气门全开时观察油压表指示的加速油压，应不低于 300 kPa。否则，检查真空管是否泄漏或插错。

（4）拔下油压调节器真空管后的燃油压力测量。拔下油压调节器上的真空软管，用手堵住，让发动机怠速运转，观察油压表指示的油压。应该和节气门全开时的燃油压力基本相同。

（5）燃油系统最大压力的测量。拔下油压调节器上的真空软管，用手堵住，让发动机运转，观察油压表指示的最大燃油压力。此时油压上升为工作油压的 2～3 倍，即 490～640 kPa。否则，应检查油泵是否堵塞或磨损，油路是否有泄漏。

（6）燃油系统残余油压的测量。熄灭发动机，此时观察油压表，燃油系统的残余油压应不低于 147 kPa，且稳定在 30 min 不下降；否则，系统漏油，应做进一步检查。

三、真空压力表

真空压力表如图 1-63 所示，它用于测定运转中发动机进气歧管中的真空度，由指针的摆动状态能够判断发动机的运转状态是否正常。

真空压力表的使用方法如下。

（1）启动发动机并运转到正常工作温度，使发动机保持稳定运转。

（2）使用合适的接头将真空压力表装在指定的位置即可测定。

（3）使用真空压力表测定时，为了避免指针急速承受压力而影响测定精度，最好按照规定方法装设，开始时系紧橡胶导管，然后再缓缓使指针摆动。怠速时，表针应稳定在 64～71 kPa 之间，波动范围：六缸机不超过 ±1.6 kPa；四缸机不超过 ±2.5 kPa。迅速开闭节气门，表针应在 6.7～84.6 kPa 之间灵敏摆动。否则，表明发动机密封性能、发动机点火正时、配气正时和电火花不良或发动机排气系统都有可能存在异常情况。

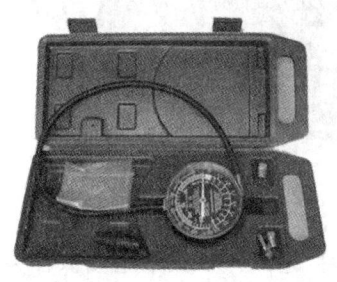

图 1-63　真空压力表

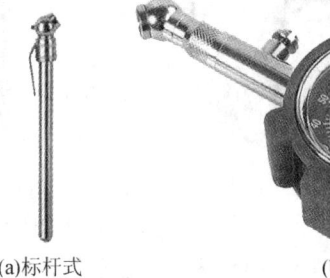

(a)标杆式　　　　(b)指针式

图 1-64　轮胎气压表

四、轮胎气压表

轮胎气压表是专门用于测量轮胎气压的专用量具，常用的形式有标杆式和指针式，如图 1-64所示。

测量胎压应该在轮胎冷却时进行，这样才能确保测量的精度。一般指针式胎压表只要对着轮胎阀门安上表头气嘴，就可以显示出轮胎气压，注意安装时要快速紧压以确保密封少漏气。然后可以根据测量值，调节轮胎气压，使之符合生产商的规定范围。汽车轮胎的最佳工作压力以汽车厂家给出的数据为准，一般在车门框后下侧。测量完毕后，应仔细检查轮胎气门芯是否有漏气，若有漏气，应予排除。

五、高温高压清洗机

高温高压清洗机如图 1-65 所示，其出水压力高，温度高，清洗效果好，但结构复杂，做工精密。

高温高压清洗机的使用方法如下。

(1)安装。如果机器是首次使用或长时间没有使用,需要连接管道冲洗数分钟,检查机器水路是否连通,如不能正常出水,请不要开机。核对线路电压与机器电压是否相符(参看铭牌标注)。要求必须由有资格或者专业的技术人员操作电气系统,检定机器的安全标准(如地线、保险丝、漏电断路器等)。确保机器在启动时油箱已载有燃料,避免损坏燃油泵。将适合所需清洗的物件的清洗剂溶解后注入清洗剂容器内。连接水管(内径最小 13～14 mm)至供水处,然后将水管与机器上的进水口连接(最大压力 10 bar)。接驳高压管至机器上开始注水。

图 1-65　高温高压清洗机

(2)开启。旋转启动旋钮启动机器,待几分钟可清除管路中的防冻液或排出气泡,然后停止启动。关闭注水开关,把高压管安装至喷枪上,并配上喷杆。旋转启动旋钮,等几秒钟至压力达到可开始工作的数值后,重复开关喷枪二至三次,可开始正常工作。如需使用热水,可旋转温度调节旋钮至适当的位置,锅炉开始启动。待 1 min 左右机器可喷出高温高压水。

(3)关闭。首先将点火开关关闭,机器继续有水流出,水会渐渐冷却机器。这个方法可防止产生水垢损坏机器的管道和锅炉盘管。待机器冷却后可首先关闭注水开关,直至机器不再有水源流出。此方法可防止机器在冬天因内部残留水分而导致内部结冰。关掉机器后,打开喷枪,释放软管内的压力。

六、润滑系统免拆清洗机

润滑系统免拆清洗机如图 1-66 所示,它把具有一定压力的加气的清洗液压入发动机润滑油道和油泵组件内,经由小于 5 μm 过滤器的过滤,再压入发动机,从而形成循环清洗作用,清除润滑系统内残留和附着的焦油、胶质、漆类和金属屑,保证机油品质,改善发动机性能。

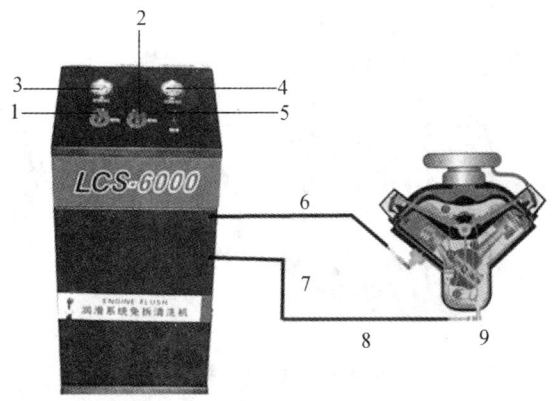

图 1-66　润滑系统免拆清洗机

1、2—转换阀;3—液压表;4—气压表;5—调压阀;6—注液管;7—滤清器座;8—抽液管;9—油底壳螺栓

润滑系统免拆清洗机的使用方法如下。

(1)拧下发动机油底壳螺栓,放掉发动机机油。旋下发动机机油滤清器。

(2)由工具箱中选择合适的接头旋入油底壳放油孔。选择红色油管(抽液管),用工具盒中合适的接头接入油底壳放油孔。由工具箱中选择与发动机机油滤清器相配的接头，并配密封圈将其旋紧。选择蓝色油管（注液管）接入机油滤清器接头。上述工作完成后，再确认红、蓝油管和各接头是否接好。之后取一支新白色滤芯装入清洗机滤座，加装 O 形密封圈后旋紧透明滤壳。

（3）将清洗液桶盖打开，由机箱中取出回液管塞入桶口后，将清洗液桶放入底箱。设置清洗机转换阀，连接空压机管与清洗机气接头上。将调压阀拉起，把气压表调到 5～6 kg/cm²（最大不可超过 6 kg/cm²），清洗机即进入注液阶段（注意：液压表压力达到或超过 3 kg/cm² 时停机检查管路是否堵塞）。

（4）当注液量达到要求后，将调压阀调到最小位置时清洗机停止工作 15 min 左右（为浸泡阶段）。设置清洗机转换阀，将调压阀拉起，把气压表调到 5～6 kg/cm²（最大不可超过 6 kg/cm²），清洗机即进入循环清洗阶段（注意：液压表压力达到或超过 3 kg/cm² 时停机检查管路是否堵塞）。

（5）工作 15 min 后（时间视发动机状况缩短或延长），将设置清洗机转换阀，进入清洗液回收阶段。当滤壳内清洗液变空后，再工作 30～60 s 即可取下空压机管，结束清洗。取下红蓝油管和接头，旋紧油底壳螺钉。加入适量机油，发动引擎运转 1 min，确定机油量足够即可。

七、轮胎充氮机

轮胎充氮机如图 1-67 所示，轮胎充氮机内装有碳分子筛，碳分子筛可以吸附空气中的氧气，当压缩空气经过轮胎充氮机内的碳分子筛之后，氧气被吸附并排放掉，氮气被收集到储气罐内。

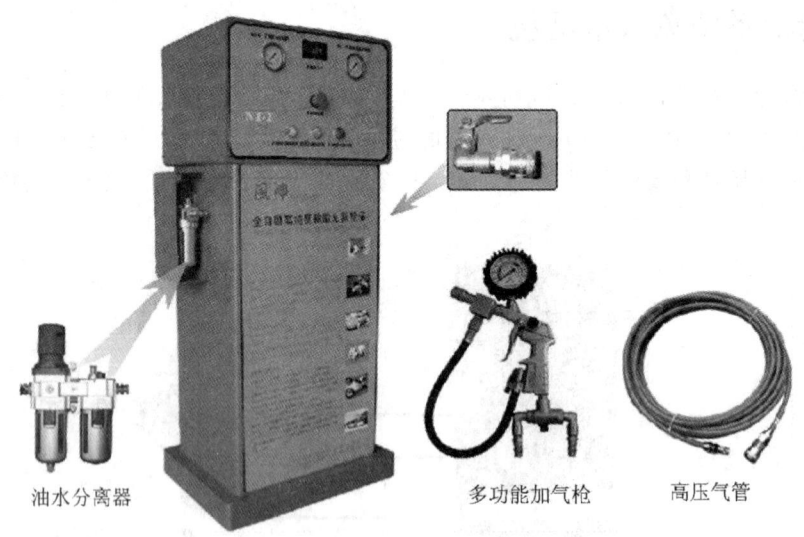

油水分离器　　　　　　　　多功能加气枪　　高压气管

图 1-67　轮胎充氮机

轮胎充氮机的使用方法如下。

（1）接上电源，将轮胎充氮机开关打开。

（2）将无油空压机的接气管与轮胎充氮机的压缩空气入口相接，将油水分离器的上调压阀调至0.8 MPa。

（3）轮胎充氮机在充氮几分钟后，即可通过氮气出口连续对轮胎充填氮气。

（4）用千斤顶将待充汽车轮胎支起并排放胎内空气。

（5）先将打气嘴与轮胎气嘴相连接(必须将气门芯拆下)，将压缩气管接至压缩气入口，旋转开关，将箭头指向压缩入口方向，另一箭头指向打气枪，并拧开真空/加气阀，按下开关，即可进行抽真空。

（6）抽完真空后移开打气嘴，装好气门芯，将氮气管与氮气入口相连接，旋转开关，将箭头指向氮气入口方向，另一箭头指向打气枪，拧紧真空/加气阀，按下开关，即可进行充氮气。

（7）充完氮气后，拆下加气枪，并关好气门嘴和盖好气门帽。

八、自动变速器清洗换油机

自动变速器清洗换油机如图 1-68 所示，自动变速器清洗换油机20 min内即可完成变速器、液力变矩器、变速器散热器的清洗换油，换油率可接近 100%。

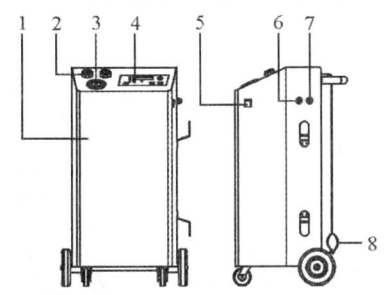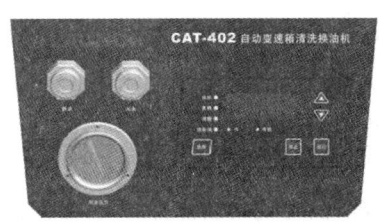

图 1-68 自动变速器清洗换油机
1—机壳；2—液视镜；3—油压表；4—操作面板；5—船形开关；
6—出油管；7—进油管；8—电源夹

自动变速器清洗换油机的使用方法如下。

（1）将汽车顶起，使驱动轮悬空至少 200 mm，并在非驱动轮前后均加止轮器可靠制动。

（2）找出汽车上便于拆装的一条自动变速器与散热器连接的油管，并拆下油管接头，从接头盒内找到与拆下的接头相配的接头连接。

（3）将仪器上出油的一根油管与拆开的自动变速器油管的回油端相连，将回油的一根油管与拆开的自动变速器油管的出油管连接。判断自动变速器回油与出油的方法：短暂启动汽车，断开的油管有油喷出即为出油管，无油喷出即为回油管。

（4）将设备电源线夹夹至汽车电瓶(DC12V)两个极柱上，红色夹连接电池正极，黑色夹连接电池负极。注意：快速充电机等充电设备不能作为设备电源，因它可能导致设备工作不正常。

（5）启动发动机，确认管路连接无泄露，打开电源开关，确认设备电源正常。

（6）准备进行对自动变速器循环清洗作业时，在确认设备新油箱为空的情况下，从新油箱或变速器油尺处加入适量清洗剂。

（7）准备进行自动变速器油更换作业时，从新油箱加入准备更换的新油。

（8）系统待机状态时为循环清洗状态，在主菜单如未设置其他循环清洗选项，当管路连接完成启动发动机后便自动进入循环过程。加入清洗剂后，发动机运行状态下，自动变速器油便开始通过仪器进行循环。为加快循环速度，可视情况进行挂挡操作。

（9）循环清洗约 20 min 后，即可关闭发动机结束循环清洗。

（10）启动汽车，变速器达到正常油温，向设备加入新的自动变速器油，确定管道不漏油。

（11）当变速器油位过低时，需要提高自动变速器油位，进入变速器油量调整功能，按▲键调整加注量，设置最小量为 0.1 L，使变速器液位升高，调整量最大值为新油箱内油量，确定加注量后按"运行"键。当加注完毕,设备显示结束。如果自动变速器油量多于标准油量,欲减少变速器中的油量(降低变速器油位),启动发动机,进入变速器油量调整菜单,按▼键调整(数值前为"—"时,表示排出自动变速器内的油),确定要减少的油量后,按"运行"键,设备自动将设定的量将变速器油排入旧油桶。当调整完毕,设备显示结束。

(12)确定出油管、回油管未与汽车连接,将出油管上的快速母头连接一个公接头并放于容器内,设备进入排新油功能,按"运行"键运行,直至出油管无油排出,按"停止"键结束排油。注意:运行排新油功能时,设备油管不要与汽车连接。

(13)将旧油箱上的回油管取出,松开固定带,将旧油箱提出电子秤托架(注意:取出时要先往上提再往外取,不可硬往外拉以免影响电子秤的精度),将旧油倒入旧油收集处,将旧油箱装回电子秤托架,扎紧固定带,插好回油管。

九、喷油嘴清洗检测仪

喷油嘴清洗检测仪如图 1-69 所示,它是采用超声波清洗技术与微处理器油压控制清洗检测技术相结合的机电一体化产品,可模拟发动机的各种工况,对发动机的喷油嘴进行清洗、检测,同时还可对发动机喷油嘴及供油系统进行免拆清洗。

超声波清洗可同时对多个喷油嘴进行超声波清洗,能彻底清除喷油嘴上的积炭;可检测各个喷油嘴喷油量的均匀性,同时可利用背景灯全面仔细的观察喷油嘴的喷射雾化情况,还能对喷油嘴进行反向冲洗;可检测喷油嘴在系统压力下的密封性和滴漏情况;可以检测喷油嘴在 15 s 常喷情况下的喷油量。

图 1-69 喷油嘴清洗检测仪

【复习延伸】

(1)列举你使用过的维护保养设备和仪器。

(2)目前国内有哪些维护保养设备和仪器的制造商?

项目 2
汽车维护保养工艺流程

　　汽车维护保养服务核心流程是从车辆进厂接待开始,经过开具维修单、派工、维护保养作业、质量检验、试车、结算、车辆交付出厂这样一个过程。这也是大多数汽车企业常见的维护保养服务流程。除此之外,本项目还介绍了汽车日常维护保养、汽车一级维护保养、汽车二级维护保养、汽车磨合期维护保养、汽车换季维护保养的工艺流程。

◀ 任务1　汽车维护保养流程 ▶

【学习目标】

熟悉汽车4S店维护保养的服务流程,掌握4S店维护保养服务的操作规程及技术要求。

【基础知识】

汽车维护保养服务是现代汽车企业售后服务的重要组成部分。做好维护保养服务,不仅关系到汽车企业产品的质量、完整性,更关系到客户能否得到真正的、完全的满意。因此,为了提高汽车企业的服务水平、工作效率、工作质量和经济效益等,汽车4S店都有一套相对完善的服务流程,大体包括预约、接待、任务分配、维护保养、验收、交车、跟踪等。

一、汽车维护保养流程概述

1. 预约

(1)受理客户提出的预约维护保养请求,或公司根据生产情况向客户建议预约维护保养,经客户同意后,办理预约手续。业务接待员要根据客户与公司达成的意见,填预约单,并请客户签名确认。

(2)预约时间要写明确,如果需要准备价值较高的配件,就应请示客户预交定金。预约确定后,要填写预约统计表。

(3)要于当日内通知车间主管,以便到时留出工位。预约时间临近时,应提前半天或一天,通知客户预约时间,以免遗忘。

2. 接待

(1)见到客户驾车驶进公司大门,业务接待员应立即起身,带上工作用具走到客户车辆驾驶室边门一侧向客户致意(微笑点头)。当客户走出车门或放下车窗后,应先主动向客户问好,表示欢迎,同时作简短自我介绍。

(2)如客户车辆未停在本公司规定的接待车位,应礼貌地引导客户把车停放到位。

(3)简短问明客户来意,如属简单咨询,可当场答复,然后礼貌地送客户出门并致意;如属需诊断、报价或进厂维护保养的,应征得客户同意后进接待厅商洽,或让客户先到接待厅休息,待工作人员检测诊断后,再与客户商洽。情况简单的或客户要求当场填写维修单或预约单的,应按客户要求办理手续;如属新客户,应主动向其简单介绍公司维护保养服务的内容和程序;如属维护保养预约,应尽快问明情况与要求,填写预约单,并呈交客户,同时礼貌告诉客户记住预约时间。

3. 任务分配

(1)客户离去后,业务接待员应迅速清理维修单,如属单组作业的,直接由业务部填列承修作业组;如属多组作业的,应将维修单交车间主管处理。

(2)由业务接待员通知清洗车辆,然后将送修车送入车间,交车间主管或调度,并同时交随车的维修单,并请接车人在维修单指定栏签名,写明接车时间,时间要精确到10 min。

4. 维修

(1)维修人员接收并检查维修单,接收用于更换的订购零件,领取钥匙并将车开至维护工位。

(2)维修人员开始维护工作,业务部根据生产进展定时向车间询问维护任务完成情况,询问时间一般定在维护预计工期进行到 70%～80% 的时候。询问完工时间、维护有无异常。如有异常应立即采取应急措施,尽可能不拖延工期。

5. 验收

(1)做好相应交车准备,车间交出竣工验收车辆后,业务接待员要对车辆做最后一次清理,清洗、清理车厢内部,查看外观是否正常,清点随车物品,并放入车内。结算员应将该车全部单据汇总核算,此前要通知、收缴车间与配件部有关单据。

(2)通知客户接车。一切准备工作之后,即提前 1 小时(工期在两天之内)或提前 4 小时(工期在两天以上包括两天)通知客户准时来接车;如不能按期交车,也要按上述时间或更早些时间通知客户,说明延误原因,争取客户谅解,并表示道歉。

6. 交车

(1)业务接待员应主动起身迎候取车的客户,简要介绍客户车辆维修情况,指示或引领客户办理结算手续。

(2)客户来到结算台时,结算员应主动礼貌向客户打招呼,示意台前座位落座,以示尊重,同时迅速拿出结算单呈交客户;当客户同意办理结算手续时,应迅速办理,当客户要求打折或其他要求时,结算员可引领客户找业务主管处理。

(3)结算完毕,结算员应立即开具该车的出厂通知单,连同该车的维修单、结算单、质量保证书,随车证件和车钥匙一并交给客户手中,然后由业务接待员引领客户到车场作随车工具与物品的清点和外形视检,如无异议,则请客户在维修单上签名。

(4)客户办完交车手续,业务接待员送客户出厂,并致意:"××先生(女士)请走好。"/"一路平安! 欢迎下次光临!"

7. 跟踪

根据档案资料,业务接待员应定期向客户进行电话跟踪服务。第一次跟踪服务的时间一般选定在客户车辆出厂两天至一周之内。跟踪服务内容:询问客户车辆使用情况,对公司服务的评价;告之对方有关驾驶与保养的知识,或针对性地提出合理使用的建议,提醒下次保养时间,介绍公司新近服务的新内容、新设备、新技术,告之公司优惠客户的服务活动。做好跟踪服务的纪录和统计。通话结束前,要向客户致意。

二、著名汽车企业维护保养服务核心流程

1. 奔驰汽车维护保养服务核心流程

奔驰汽车精心设计的服务流程是梅赛德斯-奔驰维护保养服务的亮点。其核心流程如图 2-1 所示。

2. 东风标致汽车维护保养服务核心流程

东风标致汽车将汽车维护保养服务顾问的角色定义为"客户与网点之间的桥梁"。其核心流程如图 2-2 所示。

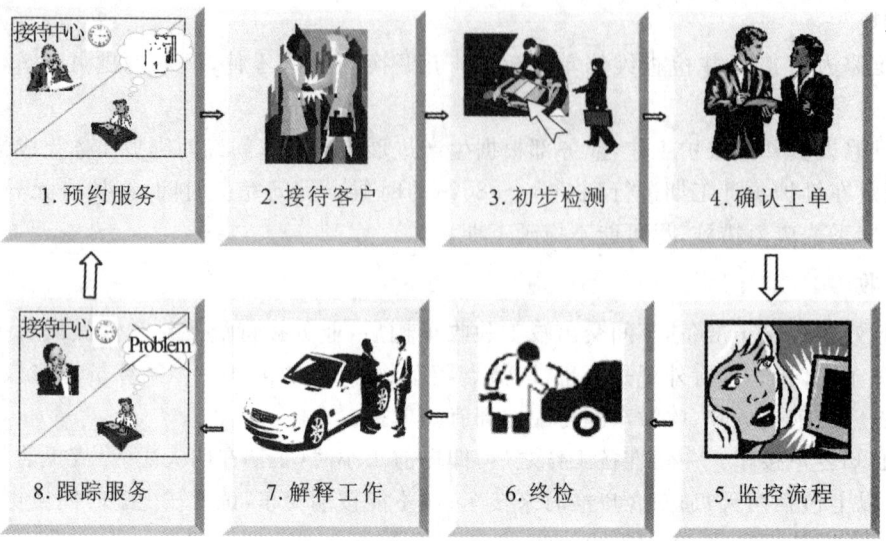

图 2-1　奔驰汽车维护保养服务核心流程

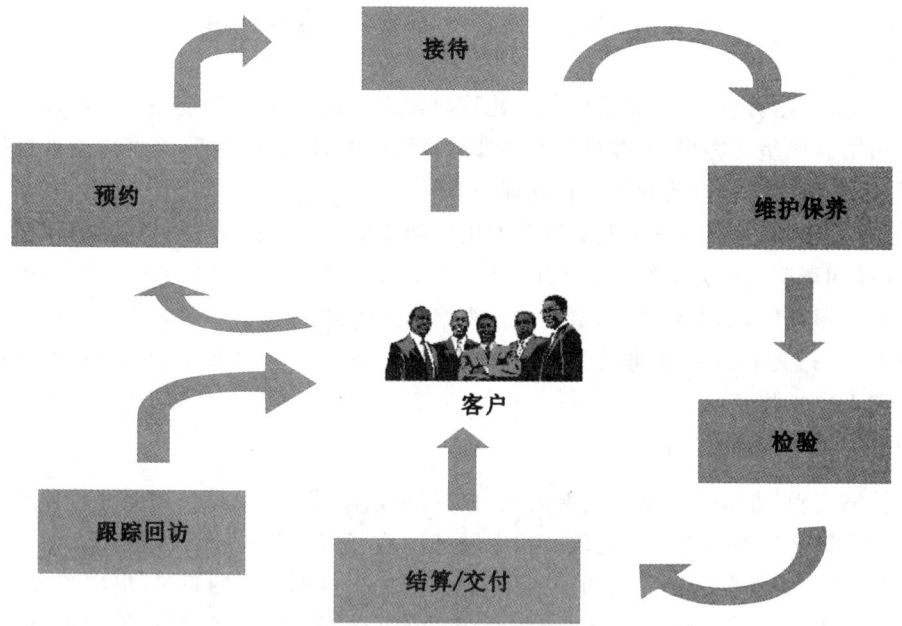

图 2-2　东风标致汽车维护保养服务核心流程

3. 奥迪汽车维护保养服务核心流程

奥迪汽车的核心是优异的技术和显著的质量,这意味着奥迪汽车的维护保养服务也必须建立相应的标准。其核心流程如图 2-3 所示。

4. 宝马汽车维护保养服务核心流程

宝马汽车的战略目标为:业务/利润增长、客户满意度、品牌美誉度。基于宝马汽车的三个战略目标,关于客户满意度的诠释为:倾情关注、悉心关怀、深入理解、行动到位,执行有力、力求完美。其核心流程如图 2-4 所示。

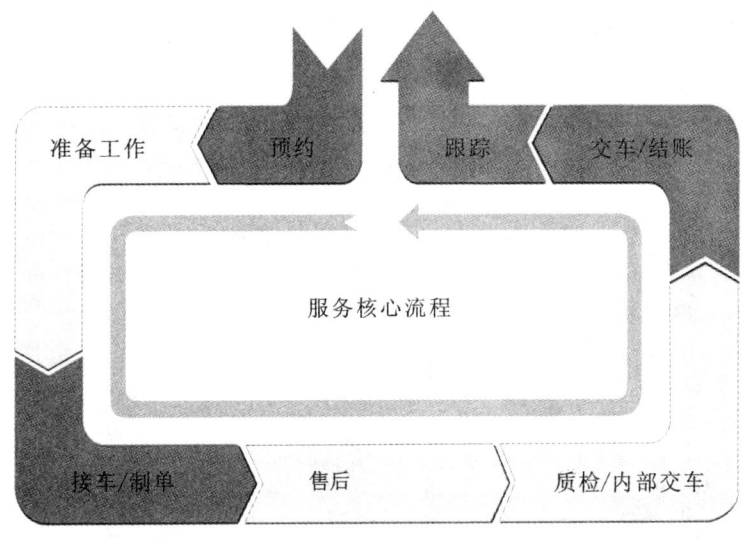

图 2-3 奥迪汽车维护保养服务核心流程

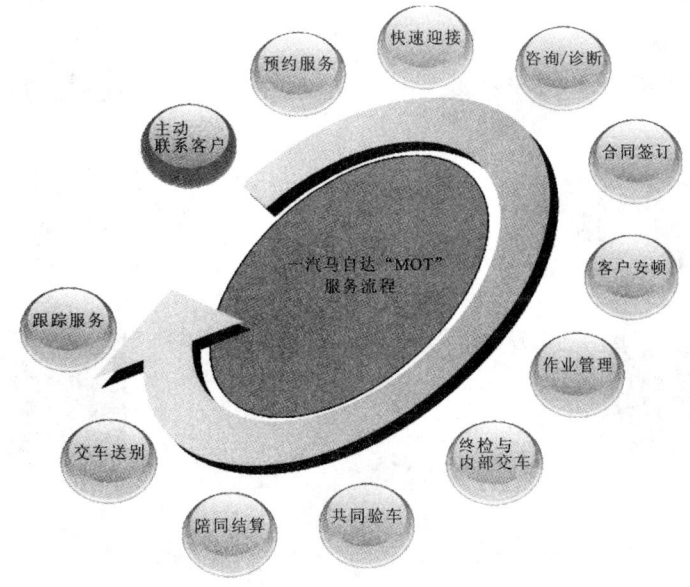

图 2-5 一汽马自达汽车维护保养服务核心流程

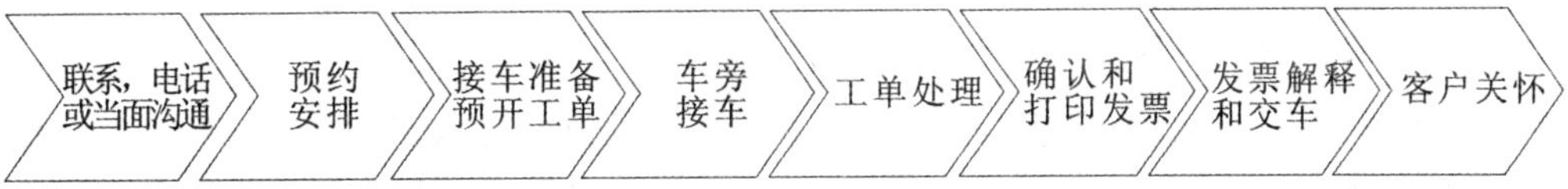

图 2-4 宝马汽车维护保养服务核心流程

5. 一汽马自达汽车维护保养服务核心流程

一汽马自达汽车基于进一步强化客户对接受服务时的"MOT"管理要求,在原有"五步法"的基础上,对服务流程进行了细化,增加至十二步。其核心流程如图 2-5 所示。

6. 丰田汽车维护保养服务核心流程

"七步法"服务流程是丰田汽车公司提倡的高品质服务的基础,不仅是为客户提供高品质的服务,也是为经销商提供最大的盈利空间。其核心流程如图2-6所示。

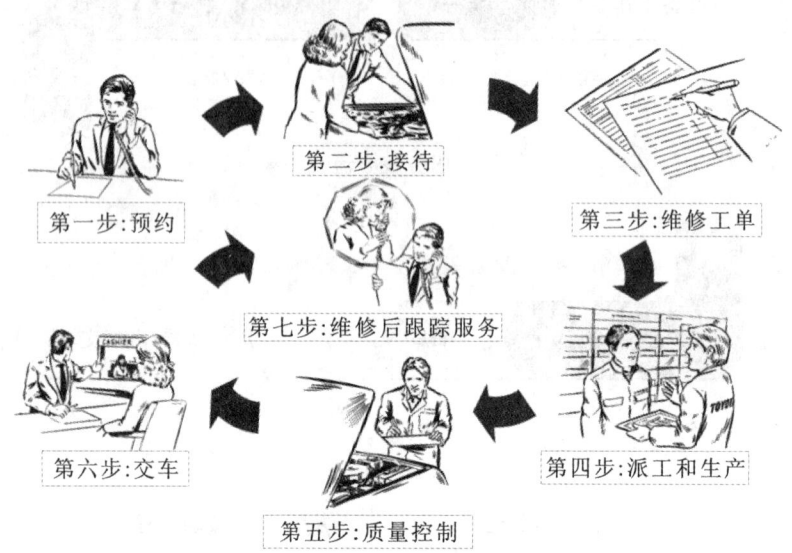

第一步:预约　　第二步:接待　　第三步:维修工单
第七步:维修后跟踪服务
第六步:交车　　第四步:派工和生产
第五步:质量控制

图2-6　丰田汽车维护保养服务核心流程

7. 奇瑞汽车维护保养服务核心流程

奇瑞汽车推出了服务核心流程"八步法",体现了奇瑞汽车服务的细致与周到,极力地将其"细微之处见精神"的温暖传递到每一位客户心里。其核心流程如图2-7所示。

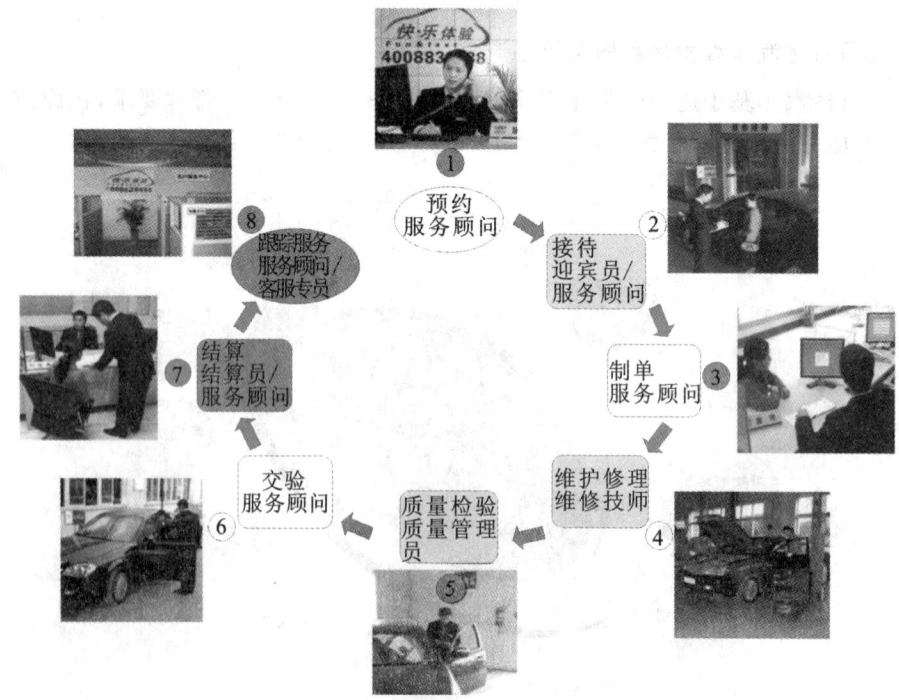

图2-7　奇瑞汽车维护保养服务核心流程

8.长安汽车维护保养服务核心流程

长安汽车维护保养服务工作中的关键过程分成十个环节,环环相扣,首尾相接。其核心流程如图 2-8 所示。

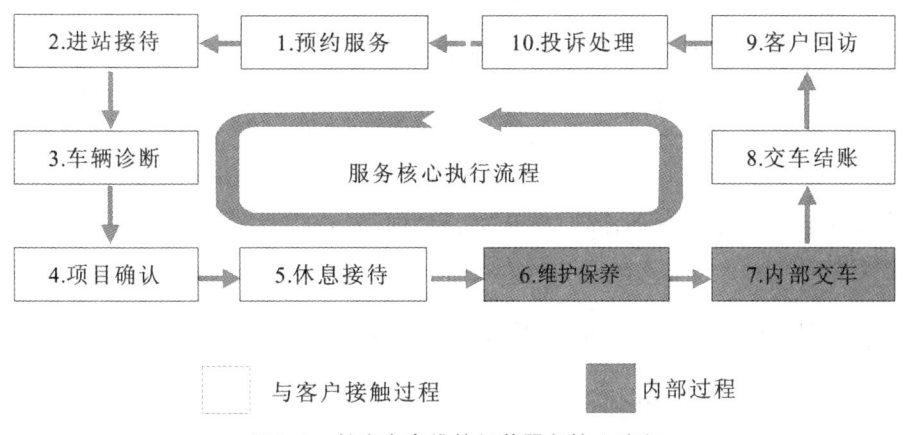

图 2-8 长安汽车维护保养服务核心流程

【复习延伸】

(1)汽车 4S 店如何进行服务接待?

(2)汽车服务行业的礼仪规范要求是什么?

任务 2 汽车日常维护保养

【学习目标】

掌握汽车日常维护保养的基本概念,知道汽车日常维护保养的工艺流程,知道汽车日常维护保养的作业的中心内容。重点掌握日常维护保养的作业内容、操作要领及技术要求。

【基础知识】

作为一个驾驶员,除了安全谨慎地驾驶车辆以外,还需要做好车辆的日常维护与保养工作,只有从预防为主,高度重视车辆行驶过程中可能出现的问题,保持良好的车况,车辆上路才安全。如何做好车辆的日常维护与保养,这对驾驶员这种特殊工种来说是极为重要的。只有保证车辆技术性能良好才是安全行车的重要前提。

一、汽车日常维护保养的定义

汽车日常维护也称例行保养,是各级维护的基础,是指驾驶员在每日出车前、行车中和收车后,针对车辆使用情况所做的一系列预防性质的维护作业。其中心内容包括清洁、补给和安全检视。

汽车在运行过程中,由于受到外界各种不同运行条件的影响,汽车各部件发生摩擦、振动、冲击,以及受自然因素的侵蚀后,会使汽车的技术状况逐渐变坏,导致动力性能下降,经济性能变差,安全和可靠性能降低,甚至还可能发生道路交通事故。因此,应根据汽车零、部件磨损的客观规律,定期地对汽车进行清洁、滑润、检查、调整、紧固等维护工作。

二、汽车日常维护保养的基本要求

车辆的日常维护与保养,是驾驶员爱护车辆必须完成的日常工作,是关系到能否确保行车安全、准时、正点、顺利地到达目的地、圆满完成行车任务的基本保证。做好车辆的日常维护与保养,其主要任务是坚持做到"三检",保持"四清"和防止"四漏"。坚持"三检"即出车前、行车中、完成行车任务后检查车辆的安全机构及各部件连接情况和工作状况;保持"四清"即保持机油、空气、燃油滤清器和蓄电池的清洁;防止"四漏"即防止漏水、漏油、漏气、漏电,保持车容整洁,车况良好。

三、汽车日常维护保养的流程及作业内容

汽车日常维护保养的基本作业内容:清洁、紧固和润滑。清洁作业的目的是保持车辆整洁,防止水和灰尘等腐蚀车身及零、部件。汽车行驶一定里程后,车辆各部件连接处的螺栓、螺母等紧固件由于颠簸、振动等原因,可能会发生松动甚至脱落,若不及时的按要求拧紧或配齐,则会隐藏故障隐患,无法保证行车安全。润滑作业包括发动机的润滑、变速器的润滑、驱动桥的润滑等。润滑作业是保持车辆各运动件正常运转,减小运动阻力,降低温度,减少磨损的重要手段。现代汽车日常维护保养作业的工艺流程如图 2-9 所示。

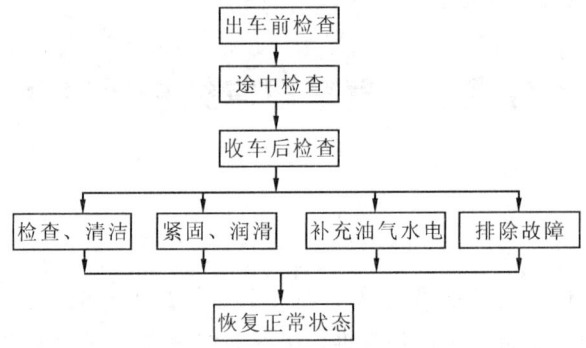

图 2-9 汽车日常维护保养作业的工艺流程

1. 行车前

汽车日常检查和维护以清洗、补给和检查为主要内容。行车前的检查有驾驶室内检查、发动机舱检查、车辆外部检查。

1)驾驶室内部的检查与维护

(1)坐椅周围。

①离合器踏板。用力踏离合器踏板,踏板能否顺利地踏下、回位。

②制动踏板。将制动踏板踩到底后,检查制动踏板与车厢地板之间的间隙是否符合要求。

③驻车制动器操纵杆(或脚踏板)。驻车制动器操纵杆(或脚踏板)拉到底(踩到底)之后,检查在这种情况下它的活动范围,范围过大或过小都不正常。

(2)发动机的运行状况。

①检查发动机是否能够迅速启动,顺利运转,倾听息速时是否有杂音。

②预热发动机时,检查息速时是否能持续运转。慢慢踏加速踏板,观察转速机的反应,是否

产生熄火、爆震等现象,是否能够顺利运转。

(3)刮水器。

①检查风窗玻璃清洗液的喷射状态、喷射方向和高度,喷射量是否正常。

②检查刮水器擦拭状态。打开刮水器开关,检查间歇、低速、高速各挡位下的各种状态。查看玻璃是否擦拭干净,橡胶条有没有磨损。

③尽量避免在干燥状态下启动刮水器,否则会划伤风窗玻璃,损伤刮水器电动机。

2)发动机舱内的检查与维护

(1)玻璃清洗液量。检查玻璃清洗液是否正常,如果缺少则加入。

(2)制动液量。检查制动液量是否在上限(MAX)和下限(MIN)之间,如果液体的减少明显,要考虑制动液是否泄漏。

(3)冷却液量。检查冷却液量是否在上限(MAX)和下限(MIN)之间。当冷却液减少明显时,水箱散热器、水箱软管有可能泄漏。

(4)发动机润滑油(机油)。检查发动机油量是否在上限(H)和下限(L)之间(将车停在平坦的地方,在启动发动机之前或熄火几分钟后进行)。

(5)风扇传动带。用手指压在传动带中央,稍微弯曲为正常,检查传动带是否有损。

3)车辆外部的检查与维护

行车前应检查机动车的转向机构、轮胎、照明和制动等装置是否完好。

(1)检查前照灯(近光、远光)、尾灯、牌照灯、制动灯、示廓灯和转向灯等照明装置是否正常。

(2)检查所有灯罩是否有泥污或损伤。检查照明装置,可以利用墙壁和围墙反射确认。若照明装置不亮,原因往往是灯泡损坏、接线断路、接触不良、熔断丝熔断、蓄电池电量不足等。

(3)行驶途中停车时,应检查各部位有无漏水、漏油、漏气三漏现象。

4)轮胎的检查与更换

(1)轮胎的花纹和磨损。轮胎的一些沟槽形成花纹,这些沟槽是用来排水的,同时还有散热和在较差路面上增加摩擦力的作用。使用一段时间后花纹会磨损、沟槽变浅。轮胎磨损度的标准是从轮胎表面到沟槽底部的橡胶厚度应不低于 16 mm。检查时如低于这个标准该换新轮胎。

(2)轮胎的气压。车辆、轮胎厂家对车辆轮胎气压都有明确规定。根据轮胎着地部分的弯曲状态,判断气压是否正常。

(3)清理轮胎异物。使用已经有裂纹或损伤的轮胎行驶,可能引起爆胎。为了避免爆胎,应立即更换掉有裂纹或有很深损伤的轮胎,平时一定要定期检查轮胎,清理沟槽里的异物。

(4)更换轮胎的方法。行车途中需要更换轮胎时,要在不妨碍交通的情况下,能保证自身和车辆安全的坚固、平坦的道路上进行。千万不要忘记开启危险报警闪光灯(双闪)和设置停车警告标志。

①确认已经拉紧驻车制动器操纵杆使车辆固定,挂一挡或倒挡,在每一个车轮下加止动块,防止滑移。

②有轮毂盖的车辆要先卸下轮毂盖。

③用轮胎螺母扳手慢慢将螺母逐一松开。

④在需要更换的轮胎附近的千斤顶缺口处装好千斤顶并举升,直到轮胎离地。

⑤将已经松动的螺母全部卸下,换上备胎。专用备胎不能作为正常轮胎使用,只能在发生爆胎或轮胎漏气时临时使用。

⑥拧上螺母(注意螺母的旋转方向),均匀地紧固每个螺母。

⑦放下千斤顶,按对角线交叉对称地将螺母拧紧。

⑧装上轮毂盖,将卸下的轮胎和工具一起装入后备(工具)箱。

(5)循环交换轮胎位置。长时间行驶不交换位置的话,轮胎会出现一侧磨损的状态,从而缩短轮胎生命。对行驶和制动力也会产生影响。要定期进行循环交换位置。

2. 行驶途中

(1)车辆起步后,应缓慢行一段距离,其间应检查离合器、转向、制动等各部分的工作性能。

(2)在行驶中,应经常注意察看车上各种仪表,擦拭各种驾驶机件,查听发动机及底盘声音,如发觉操纵困难、车身跳动或颤抖、机件有异响或焦臭味时,即应停车检查,进行必要的调整和修理。

(3)车辆行驶涉水路段后应注意检查行车制动器的效能。

(4)行驶中发动机动力突然下降,应检查是否冷却液或机油量不足引致发动机过热所致(注意:水温高时不准打开水箱盖)。

(5)行驶中方向盘的操纵忽然变得沉重并偏向一侧,应检查是否因其中一边轮胎泄气所致。

(6)检查轮胎的外表和气压及温度,清除胎间和胎纹中的杂物。

(7)检查冷却液和机油量,有无漏水、漏油,气压制动有无漏气现象。

(8)检查车轮制动器有无拖滞、发热现象,驻车制动器作用是否可靠。

(9)检查制动盘、变速器、分动器和驱动桥温度有无异常。

(10)检查转向、制动装置和传动轴、轮胎、钢板弹簧各连接部位是否牢固可靠。

(11)检查装载和拖挂装置是否安全可靠。

上述(6)～(11)项可在途中停车或装卸货物期间进行。

3. 停车后

(1)停车后,应将手制动杆拉紧,并把变速杆挂入一挡或倒挡,自动变速器的汽车应挂入停车挡,以防止汽车自动滑移,发生危险。

(2)熄火前,观察电流表、机油表、水温表、气压表的工作是否正常;熄火后,观察电流表是否有反向漏电的指示(若电流表指针偏向"－"侧,则说明存在漏电现象)。

(3)检查有无漏油、漏水、漏气现象,视需要补充燃油、润滑油和冷却水。

(4)检查轮胎气压,清除胎间及表面的杂物。

(5)检查油水分离器中是否有积水和污物,注意清除干净。

(6)对于气压制动装置的车辆,应将储气筒内的空气放净并关好放气开关;对于液压制动的车辆,应检查总泵制动液和液面高度。

(7)检查风扇皮带和空压机皮带的松紧度及完好情况,必要时应进行调整。

(8)检查轮胎螺母和半轴螺母是否松动,并查看检查钢板弹簧总成是否有折断及骑马螺栓是否松动。

(9)每日停驶后转动机油粗滤器手柄2～3圈,视情况放出沉淀物。并放出储气筒中的积水,关好开关。

(10)在冬季当气温低于或接近0℃时,若车库内无保温设施,汽车冷却系统也未加防冻液,每日用车后应将散热器和气缸水套的放水开关打开,放尽存水,并作短时间的发动,排尽余水,然后关好放水开关。

(11)检查、整理随车的工具、附件,并切断电源。

(12)打扫车厢和驾驶室,清洗底盘,擦拭发动机、各部件和清洁整车外表。同时查看各部件有无破损。

(13)及时排除已发现的故障,为下次出车做好准备。

【相关拓展】

本田雅阁日常维护保养及维护小窍门

本田轿车属高品质轿车,日常保养非常重要。有些用户开了近 200 000 km,车况及运行还很好,而有些只开了不到 100 000 km 却故障频频。

窍门 1——按时更换机油。

发动机依靠机油进行润滑,良好的润滑可以降低机械零件运转时的噪声,减轻零件的磨损,还能使发动机更好地散热。因此应按保养手册要求每行驶 5 000 km 及时更换机油,并使用 SG 或 SH 级机油。另外,由于广州雅阁采用了 VTEC 系统,该系统的工作采用机油压力进行控制,若不正常更换机油,将严重影响发动机的性能。

窍门 2——及时更换火花塞。

发动机的工况是否正常,与火花塞能否正常提供足够的点火能量有着直接关系。一旦火花塞工作不良,发动机就会出现怠速不稳、加速不良等相关的故障症状,严重时会导致发动机缺缸。故每当车辆行驶 20 000 km 时,应检查并更换火花塞。

窍门 3——燃油系统的保养。

提到保养燃油系统,不能简单地理解为换汽油滤清器及清洗喷油嘴。因为油箱使用过久或添加了劣质燃油后可能会有一些杂质,若不能及时进行清理,将会影响燃油泵及喷油嘴的使用寿命,同时也会缩短燃油滤清器的使用周期。故建议汽车行驶 100 000 km 左右就清洗油箱。

窍门 4——定期整治进气及润滑系统。

空气滤清器与机油滤清器在更换时,最容易见到"成果"。在更换新件时,还有要注意的事情,如应将空气滤清器壳内的尘土、杂物彻底清除,还应对节气门体进行检查,发现脏污,也应及时清洗。对于润滑系统而言,发动机在运行数万公里换过几次机油后,最好将润滑系统彻底清洗。因为虽然每次都进行了换油,但发动机体内的废油不可能全部放净,定期清洗润滑系统可以改善发动机的工作环境,延长其使用寿命。

窍门 5——制动系统的检查很重要。

制动系统的效能直接决定着驾乘者的安全。很显然,根据实际使用情况,对制动装置进行检查是明智的做法。在检查、更换制动片时,别忘了保养制动卡钳,同时,对 ABS(防抱死制动系统)系统装置也不能忽视。正常情况下应在车辆每行驶 20 000 km 或 2 年更换制动液,且油液应符合 DOT3 或 DOT4 标准。

窍门 6——减少对电路的人为影响。

很多时候电路系统出现故障的原因都是人为所致。这里要提醒用户不要在质量没有保障的地方加装一些辅助系统,以免因小失大。另外,在维修过程中也要注意不能盲目拆卸相关部分,应以正确的维修思路和方法去解决问题。

窍门 7——保持漆面亮丽常新。

每天面对光彩照人的爱车,心情会大好,但要做到这一点则需要对它进行精心的照料。首先不能让车表面受硬伤。此外还要对它的漆面进行及时的清洗和上蜡,以防止外界物质的侵蚀。例如树叶、鸟粪等物质如果长时间附着在车表上会使漆面受到腐蚀,因此一定要及时进行处理。

【复习延伸】

(1)汽车日常维护保养分几个阶段?

(2)汽车日常维护保养需要注意什么事项?

◀ 任务3　汽车一级维护保养 ▶

【学习目标】

掌握汽车一级维护保养的基本概念,知道汽车一级维护保养的工艺流程,知道汽车一级维护保养的作业的中心内容。重点掌握一级维护保养的作业内容、操作要领及技术要求。

【基础知识】

一、汽车一级维护保养的定义

汽车一级维护是指车辆行驶到一定里程(间隔里程因车辆和使用条件而不同)后,除完成日常维护保养作业外,还应进行以清洁、润滑和紧固为中心的作业内容,并检查有关制动、操纵等安全部件,由专业维修人员负责执行车辆维护作业。其中心内容为润滑和紧固。根据我国现行的维护制度,一级维护应由专业维修企业负责执行,即进厂维护。

二、汽车一级维护保养的基本要求

汽车一级维护是一项运行性维护作业,即在汽车日常使用过程中的一次以确保车辆正常运行状况为目的的作业,其中心内容是清洁、润滑和紧固,并检查制动、操纵等安全部件。

三、汽车一级维护保养的工艺流程及作业内容

汽车一级维护保养作业的工艺流程如图2-10所示。

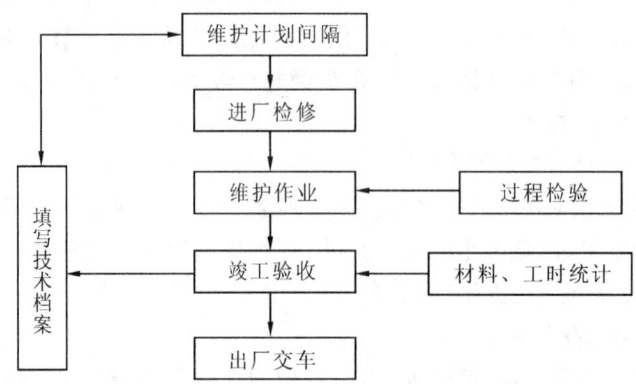

图 2-10　一级维护保养作业的工艺流程

汽车一级维护保养的作业内容由表2-1所示。

表 2-1 汽车一级维护保养作业内容

序号	项　目	作业内容	技术要求
1	点火系统	检查、调整	工作正常
2	发动机空气滤清器、空压机空气滤清器、曲轴箱通风系统空气滤清器、机油滤清器和燃油滤清器	清洁或更换	各滤芯应清洁无破损,上下衬垫无残缺,密封良好;滤清器应清洁,安装牢固
3	曲轴箱油面、化油器油面、冷却液液面、制度液油面高度	检查	符合规定
4	曲轴箱通风装置、三元催化转化装置	外观检查	齐全、无损坏
5	散热器、油底壳、发动机前后支垫、水泵、空压机、进排气歧管、化油器、输油泵、喷油泵连接螺栓	检查校紧	各连接部位螺栓、螺母应紧固,锁销、垫圈及胶垫应完好有效
6	空压机、发电机、空调机皮带	检查皮带磨损、老化程度,调整皮带松紧度	符合规定
7	转向器	检查转向器液面及密封状况,润滑万向节十字轴、横直拉杆、球头销、转向节等部位	符合规定
8	离合器	检查调整离合器	操纵机构应灵敏可靠;踏板自由行程应符合规定
9	变速器、差速器	检查变速器、差速器液面及密封状况,润滑传动轴万向节十字轴、中间承,校紧各部连接螺栓,清洁各通气塞	符合规定
10	制动系统	检查紧固各制动管路、检查调整制动踏板自由行程	制动管路接头应不漏气,支架螺栓紧固可靠。制动联动机构应灵敏可靠,储气筒无积水,制动踏板自由行程符合规定
11	车架、车身及各附件	检查、紧固	各部螺栓及拖钩、挂钩应紧固可靠,无裂损,无窜动,齐全有效
12	轮胎	检查轮辋及压条挡圈;检查轮胎气压(包括备胎),并检情况补气;检查轮毂轴承间隙	轮辋及压条挡圈应无裂损、变形;轮胎气压应符合规定,气门嘴帽齐全;轮轴承间隙无明显松旷
13	悬架机构	检查	无损坏、连接可靠
14	蓄电池	检查	电解液液面高度应符合规定,通气孔畅通,电桩夹头清洁、牢固
15	灯光、仪表、信号装置	检查	齐全有效,安装牢固
16	全车润滑点	润滑	各润滑安装正确,齐全有效
17	全车	检查	全车不漏油、不露水、不漏气、不漏电、不漏尘,各种防尘罩齐全有效

注:技术要求栏中的"符合规定"指符合实际使用中的有关规定。

【相关拓展】

桑塔纳轿车一级维护保养项目

(1)车身内外照明电路、用电设备。检查仪表盘指示灯、驻车灯、近光灯、远光灯、前雾灯、后雾灯、转向灯、警示灯、制动灯、倒车灯、车牌灯、阅读灯、化妆镜灯、时钟、手套箱灯、行李箱灯、点烟器、喇叭、电动摇窗机、电动后外视镜、通风系统等的功能。

(2)安全气囊。目测外表是否受损,检查安全带功能(部分旧款不带此功能)。

(3)自诊断。用专用诊断设备 VAS5051/5052 读取储存器内各系统的故障信息。

(4)雨刮器/清洗装置。加注清洗液,检查其功能,必要时调整喷嘴。

(5)清洁前挡风玻璃漏水槽排水孔。

(6)发动机舱目测各零件是否损坏和泄露。

(7)空气滤清。清洁罩盖和滤芯。

(8)蓄电池。用专用工具 MCR341V 检查蓄电池状况,正负极连接是否牢固,观察电眼。

(9)冷却系统。检查系统是否泄露,必要时加注防冻液,一般标准:−25℃,寒冷地区−35℃(用折射计 T10007 检测)。

(10)助力转向系统。检查系统是否泄露,检查转向液压油液面,必要时加注。

(11)制动系统。检查制动液油管路是否泄露,检查制动液液面,必要时补充。

(12)驻车制动器。检查,必要时调整。

(13)发动机机油及机油滤清器。更换(不经常使用的车辆建议每6个月进行更换)。

(14)转向横拉杆。检查间隙,连接是否牢固。

(15)车身底盘。检查燃油管、制动油管,以及底部保护层是否破损,排气管是否泄露,固定是否牢固。

(16)底盘螺栓。按规定扭矩检查并紧固。

(17)车轮固定螺栓。按规定扭矩检查并紧固。

(18)前大灯。检查灯光,必要时调整。

(19)试车。对行车性能检查。

【复习延伸】

(1)汽车一级维护保养的要求和内容是什么?

(2)收集常见车型一级维护保养规范要求。

◀ 任务4　汽车二级维护保养 ▶

【学习目标】

掌握汽车二级维护保养的基本概念,知道汽车二级维护保养的工艺流程及汽车二级维护保养的作业的中心内容。重点掌握汽车二级维护保养的作业内容、操作要领及技术要求。

【基础知识】

一、汽车二级维护保养的定义

汽车的安全部件如转向节、转向节臂及悬架等经过一定时间使用后容易磨损或变形,汽车二级维护是指车辆行驶到一定里程(间隔里程因车辆和使用条件的不同而不同)后,除完成一级维护作业外,以检查和调整转向节、转向节臂及悬架等安全部件为主,拆检轮胎,进行轮胎换位,检查调整发动机的工况和排气污染装置等,由维修企业负责执行的车辆维护作业,称为汽车二级保养。其中心作业内容为检查和调整。

当汽车行驶一定里程后,零部件的磨损和变形会增加,为了延长汽车的使用寿命和保证行车安全,必须按期进行汽车二级维护保养。汽车二级维护是我国现行汽车维护作业中的最高级。二级维护要求在维护前进行不解体检测诊断,以确定附加作业项目,强调对安全部件的检查和调整,检查、调整发动机和排气污染控制装置的工作情况等。

二、汽车二级维护保养的基本要求

汽车二级维护保养的目的是消除安全隐患,恢复车辆使用技术性能,尤其是排放性能和安全性能,所以二级维护保养应满足以下基本要求。

(1)汽车维护保养的检测诊断,应全面完成汽车二级维护保养的各检测及诊断项目。这关系到对该车的技术状况能否真正掌握,关系到二级维护附加作业项目是否合理,是否到位,关系到汽车潜在的故障隐患能否通过本次维护得到彻底的排除。

(2)汽车维护作业过程检验,这是控制二级维护作业质量的重要环节。汽车二级维护作业是否达到预期目的,取决于二级维护的基本作业和附加维护作业项目是否到位,是否按技术要求完成作业任务。只有进行维护作业过程的检验,才能对汽车维护质量进行有效控制,达到维护的目的。

(3)汽车维护竣工验收,企业应有明确的针对具体车型的汽车维护竣工检验技术标准,根据该标准配备相应的检测设备及掌握现代汽车检测诊断技术的质量检验员,这是汽车维护质量的关键。

三、汽车二级维护保养作业工艺流程和内容

汽车二级维护保养首先要进行检测。根据汽车技术档案的记录资料(包括车辆运行记录、维修记录、检测记录、总成修理记录等)和驾驶员反映的车辆使用技术状况(包括:汽车动力性、异响、转向、制动及燃油、润滑液消耗等)确定所需检测项目,依据检测结果及车辆实际技术状况进行故障诊断,从而确定附加作业。附加作业项目确定后与基本作业项目一并进行二级维护保养作业。二级维护保养过程中要进行过程检验,过程检验项目的技术要求应满足有关的技术标准或规范;二级维护保养作业完成后,应经维护企业进行竣工检验,竣工检验合格的车辆,由维护企业填写汽车维护竣工出厂合格证后方可出厂。二级维护保养工艺流程图如图 2-11 所示。

1. 汽车二级维护保养检测、诊断项目

对汽车二级维护保养检测项目进行检测时,应使用该检测项目的专用检测仪器,仪器精度须满足有关规定。汽车二级维护保养检测项目的技术要求应参照国家有关的技术标准或原厂要求。根据检测结果进行汽车故障诊断,确定以消除汽车故障为目的的二级维护保养附加作业

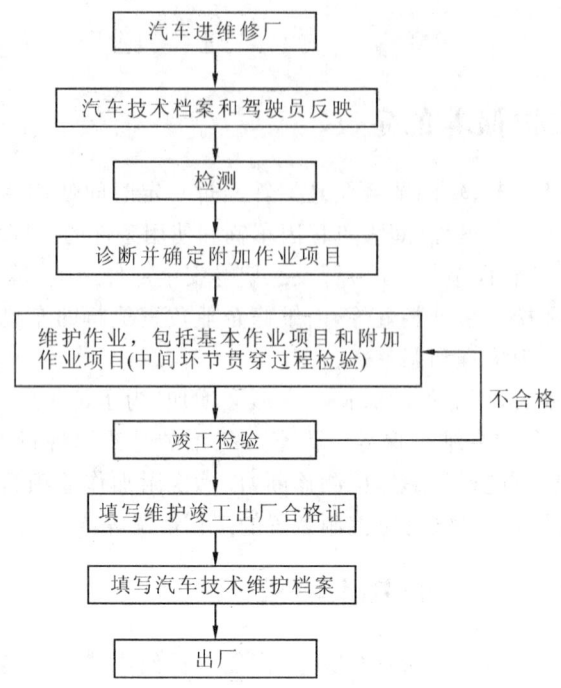

图 2-11 汽车二级维护保养工艺流程

项目和作业内容。附加作业项目确定后与基本作业项目一并进行二级维护保养作业。汽车二级维护保养检测项目见表2-2。

表 2-2 汽车二级维护保养检测项目

序　号	检　测　项　目
1	发动机功率,气缸压力
2	汽车排气污染物,三效催化转化装置的作用
3	电控燃油喷射系统
4	柴油车检查供油提前角、供油间隔角和喷油泵供油压力
5	制动性能、检查制动力
6	转向轮定位,主要检查前轮定位角和转向盘自由转动量
7	车轮动平衡
8	前照灯
9	操纵稳定性,有无跑偏、发抖、摆头
10	变速器有无泄漏、异响、松脱、裂纹等现象,换挡是否轻便灵活
11	离合器有无打滑、发抖现象,分离是否彻底,接合是否平稳
12	传动轴有无泄漏、异响、松脱、裂纹等现象
13	后桥,主减速器有无泄漏、异响、松动、过热等现象

2.汽车二级维护保养基本作业项目

汽车二级维护保养作业内容包含有一级维护保养作业内容。汽车二级维护保养基本作业项目见表2-3。

表 2-3 汽车二级维护保养基本作业项目

序号	维护项目	作业内容	技术要求
1	发动机润滑油、机油滤清器	(1)更换润滑油 (2)视情况更换机油滤清器	(1)润滑油规格性能指标符合规定 (2)液面高度符合规定 (3)机油滤清器密封良好,无堵塞,完好有效
2	检查润滑油油面高度	检查转向器、变速器、主减速器等润滑油规格和液面高度,不足时按要求补给	符合出厂规定
3	空气滤清器	清洁空气滤清器	空气滤清器清洁有效,安装可靠,恒温进气装置真空软管安装可靠。进气转换阀工作灵敏、准确
4	(1)油箱及油管 (2)燃油滤清器 (3)燃油泵	(1)检查接头及密封情况 (2)清洁燃油滤清器,并视情况更换 (3)检查燃油泵,必要时更换	(1)接头无破损、渗漏,紧固可靠 (2)燃油滤清器工作正常 (3)燃油泵工作正常,油压符合规定
5	燃油蒸发控制装置	检查清洁,必要时更换	工作正常
6	曲轴箱通风装置	检查、清洁	清洁畅通。连接可靠,不漏气,各阀门无堵塞、卡滞现象,灵敏有效,符合规定
7	散热器、膨胀箱、百叶窗、水泵、节温器、传动皮带	(1)检查密封情况、箱盖压力阀、液面高度、水泵 (2)检视皮带外观,调整皮带松紧度	(1)散热器及软管无变形、破损及渗漏;箱盖接合表面良好。胶垫不老化,箱盖压力阀开启压力符合要求;水泵不漏水。无异响;节温器工作性能符合规定 (2)皮带应无裂痕和过量磨损,表面无油污,皮带松紧度符合规定
8	(1)进、排气歧管,消声器,排气管 (2)气缸盖	(1)检查、紧固,视情况补焊或更换 (2)按规定次序和扭紧力矩校紧气缸盖	(1)无裂痕、漏气、消声器性能良好 (2)扭紧力矩符合规定
9	增压器、中冷器	检查、清洁	符合规定
10	发动机支架	检查、紧固	连接牢固、无变形和裂缝
11	化油器及联动机构	清洁、检查、紧固	清洁,联动机构运动灵活,连接牢固。无漏油、漏气现象,工作系统和附加装置工作正常
12	喷油器、喷油泵	检查喷油器和喷油泵的作用,必要时检测喷油压力和喷油状况,视情况调整供油提前角	(1)喷油器雾化良好,无滴油、漏油现象,喷油压力符合规定 (2)供油提前角符合规定
13	分电器、高压线	清洁、检查	分电器无油污,调整触点间隙在规定范围内,无松旷、漏电现象,高压线性能符合规定
14	火花塞	清洁、检查或更换火花塞,调整电极间隙	电极表面清洁,间隙符合规定
15	气门间隙	检查,调整	符合规定
16	电控燃油喷射系统供油管路	检查密封状况	密封良好,作用正常
17	三元催化转换器	检查三元催化转换器的作用,必要时更换	作用正常
18	离合器	检查调整离合器踏板的自由行程	离合器踏板的自由行程符合规定

序号	维护项目	作业内容	技术要求
19	前轮制动	检查前轮制动器调整臂的作用	作用正常
		拆卸前轮毂总成、制动蹄、支承销；清洗转向节、轴承、支承销、清洁制动底板等零件	清洁、无油污
		检查制动盘、制动凸轮轴，校紧装置螺栓	(1)制动底板不变形，按规定力矩扭紧装置螺栓 (2)凸轮轴转动灵活、无卡滞，转向间隙符合规定
		检查转向节及螺母、保险片及油封、转向节臂，校紧装置螺栓	(1)转向节无裂纹，螺纹完好，与螺母配合应无径向松旷，保险片作用良好，油封完好不漏油 (2)转向节轴径与轴承的配合间隙符合要求，转向节臂装置螺栓扭紧力矩符合规定
		检查内外轴承	液柱保持架无断裂，滚柱无脱落，无裂损和烧蚀，轴承内圈无裂损和烧蚀
		检查制动蹄及支承销	(1)制动蹄无裂损及明显变形，摩擦片不破裂，铆接可靠，摩擦片厚度符合规定 (2)支承销无过量磨损，支承销与制动蹄承孔衬套配合间隙符合规定
		检查制动蹄复位弹簧	复位弹簧应无明显变形，自由长度、拉力符合规定
		检查前轮毂、制动鼓及轴承外座圈，校紧轮胎螺栓内螺母	(1)轮毂无裂损 (2)轴承外座圈无裂纹，无麻点，无烧蚀 (3)制动鼓无裂纹，外边缘不得高出工作表面，检视孔完整，内径尺寸、圆度误差、左右内径差符合规定 (4)轮胎螺栓齐全完好，规格一致、按规定力矩扭紧
		装复前轮毂、调整前轮轴承松紧度及制动间隙	(1)装复支承销，制动蹄支承销孔均应涂润滑脂，开口销或卡簧齐全有效 (2)润滑轴承 (3)制动鼓、制动片表面清洁，无油污 (4)制动片与制动鼓的间隙应符合规定，转动无碰擦现象或声响，检视孔挡板齐全 (5)轮毂转动灵活，用拉力计测量时可转动，且无轴向间隙 (6)保险可靠，防尘罩、衬垫完好，螺栓垫圈齐全紧固(螺栓规格一致)

序号	维护项目	作业内容	技术要求
20	后轮制动	拆半轴、轮毂总成、制动蹄、支承销,清洗各零件及制动底板、半轴套管	(1)轮毂通气孔畅通 (2)各零件及制动盘、后桥套管清洁无油污
		检查制动底板、制动凸轮轴,校紧连接螺栓	(1)制动底板不变形,连接栓按规定力矩紧固 (2)凸轮轴转动灵活,无卡滞,轴向间隙和径向间隙符合规定
		检查后桥半轴套管、螺母及油封	(1)套管无裂纹及明显松动,与螺母配合无径向松旷 (2)油封完好,无损坏,无漏油 (3)套管颈与轴承配合间隙符合规定
		检查内外轴承	(1)轴承保持架无断裂,滚柱不脱落,无裂损和烧蚀 (2)轴承内座圈无裂纹、烧蚀
		检查制动蹄及支承销	(1)制动蹄无裂纹及变形,摩擦片不破损,铆接可靠,摩擦片厚度符合规定 (2)支承销与制动蹄承孔衬套配合间隙符合规定 (3)支承销无过量磨损
		检查制动蹄复位弹簧	复位弹簧无变形,自由长度符合规定,拉力良好
		检查后轮毂、制动鼓及轴承外座圈,检查扭紧半轴螺栓,检查轮胎螺栓,校紧内螺母	(1)轴毂无裂损 (2)轴承外座圈不松动,无损坏 (3)制动鼓无裂纹,内径、圆度误差、左右内径差符合规定,外边缘不得高出工作表面,制动鼓检视孔完整 (4)半轴螺栓齐全有效
		检查半轴	半轴无明显变曲,不磨套管,无裂纹,花键无过量磨损或扭曲变形
		装复后轮毂,调整制动间隙	(1)装复支承销、制动蹄片时,承孔均应涂润滑脂,开口销或卡簧齐全可靠 (2)润滑轴承 (3)套管轴颈表面应涂机油后再装上轴承 (4)制动蹄片、制动鼓面应清洁,无油污 (5)制动蹄片与制动鼓的间隙应符合规定,转动无碰擦现象和声响,检视孔挡板齐全紧固 (6)轮毂转动灵活,拉力符合规定 (7)锁紧螺母按规定力矩扭紧

序号	维护项目	作业内容	技术要求
21	转向器、转向传动机构	(1)检查转向器传动机构的工作状况和密封性,校紧各部螺栓 (2)检查调整转向盘自由转动量	转向盘自由转动量符合规定,转向轻便、灵活,无卡滞和漏油现象。垂臂及转向节臂无弯曲及裂损,各部螺栓连接可靠
22	前束	调整	符合规定
23	变速器、差速器	检查密封状况和操纵机构,清洁通气孔	密封良好、通气孔畅通,操纵机构作用正常,无异响、跳动、乱挡现象
24	传动轴、传动轴承支架、中间轴承	(1)检查防尘罩 (2)检查传动轴万向节工作状况 (3)检查传动轴承支架 (4)检查中间轴承间隙	(1)防尘罩不得有裂纹、损坏,卡箍可靠,支架无松动 (2)万向节不松旷,无卡滞,无异响 (3)传动轴承支架无松动 (4)中间轴承间隙符合规定
25	空气压缩机、储气筒	清洁,紧固	清洁、连接可靠,无漏气,安全阀工作正常
26	制动阀、制动管路、制动踏板	(1)检查制动踏板自由行程 (2)检查紧圆制动阀和管路接头 (3)液压制动检查制动管路内是否有气	(1)制动踏板自由行程符合规定 (2)制动阀和管路接头连接可靠,无漏气 (3)液压制动管路内无气
27	驻车制动	检查驻车制动性能,检查驻车制动器自由行程	符合规定、作用正常
28	悬架	检查、紧固,视情况补焊、校正	不松动,无裂纹,无断片,按规定扭紧力矩紧固螺栓
29	轮胎(包括备胎)	检查紧固,补气,进行轮胎换位、磨损严重时更换轮胎	气压符合规定,清洁,无裂损、老化、变形,气门嘴完好,轮胎螺栓紧固,轮胎的装用符合规定
30	发电机、发电机调节器、启动机	清洁、润滑	符合规定
	蓄电池	检查,清洁,补给	清洁、安装牢固,电解液液面符合规定
31	前照灯、仪表、喇叭、刮水器、全车电器线路	检查、调整,必要时修理或更换	(1)前照灯、喇叭、各仪表及信号装置功能齐全、有效,符合规定 (2)刮水器电动机运转无异常,连动杆连接可靠 (3)全车线路整齐,连接可靠,绝缘良好
32	车身、车架、安全带	检查、紧固	性能可靠,工作良好,无变形、断裂、脱焊
33	内装饰	检查、紧固	设备完好,无松动
34	空调装置	检查空调系统工作状况、密封状态	(1)制冷系统密封,制冷效果良好 (2)暖气装置工作正常
35	润滑	全车加注润滑脂的部位全部润滑	润滑脂嘴齐全有效,润滑良好

注:技术要求栏中的"符合规定"指符合实际应用中的有关技术规定或技术要求。

3.汽车二级维护保养竣工检验

汽车在维修企业进行二级维护保养后,必须进行竣工检验;各项目参数符合国家或行业及地方标准;竣工检验合格的车辆填写维护竣工出厂合格证后方可出厂。检验不合格的车辆应进行进一步的检验、诊断和维护,直到达到维护竣工技术要求为止。汽车二级维护保养竣工技术要求见表2-4。

表 2-4　汽车二级维护保养竣工要求

序号	检测部位	检测项目	技术要求	备注
1	整车	清洁	汽车外部、各总成外部、三滤应清洁	检视
		面漆	车身面漆、腻子无脱落现象,补漆颜色应与原色基本一致	检视
		对称	车体应周正,左右对称	汽车平置检查
		紧固	各总成外部螺栓、螺母按规定力矩扭紧,锁销齐全有效	检查
		润滑	发动机、变速器、转向器、减速器润滑符合规定,各通气孔畅通。各部润滑点润滑脂加注符合要求。润滑脂嘴齐全有效,安装位置正确	检视
		密封及电器	全车无油、水、气泄漏,密封良好,电器装置工作可靠,绝缘良好	检视
		前照灯、信号、仪表、刮水器、后视镜等装置	稳固、齐全、有效,符合有关规定	检视
2	发动机	发动机工作状况	发动机能正常启动,低、中、高速运转均匀及稳定,水温正常,加速性能良好,无断裂、回火、放炮等现象,发动机运转稳定后应无异响	路试
		发动机功率	无负荷功率不小于额定值的80%	检测
		发动机装置	齐全有效	检视
3	离合器	踏板自由行程	符合原厂规定	检测
		离合情况	接合平稳,分离彻底,无打滑、抖动及异响	路试
4	转向系统	转向盘最大转动量	符合规定	检查
		横直拉杆装置	球头销不松旷,各部螺栓螺母紧固,锁止可靠	检查
		转向机构	操作轻便、转动灵活,无摆振、跑偏等现象。车轮转到极限位置时,不得与其他部件有碰擦现象	检测
		前束及最大转向角	符合规定	检测
		侧滑	符合规定	检测

序号	检测部位	检测项目	技术要求	备注
5	传动系统	变速器、传动轴、主减速器	变速器操纵灵活,不跳挡、不乱挡。变速器传动轴、主减速器各部分无异响,传动轴装配正确	路试
6	行驶系统	(1)轮胎	轮胎磨损应在规定范围内,同轴轮胎应为相同的规格和花纹,转向轮不得使用翻新轮胎,轮胎气压符合规定,后轮辋孔与制动鼓观察孔对齐	检查
		(2)钢板弹簧	钢板弹簧无断裂、位移、缺片,U形螺栓紧固,前后钢板支架无裂纹及变形	检查
		(3)减振器	稳固有效	路试
		(4)车架	车架无变形、纵横梁无裂纹、铆钉无松动,拖车钩、备胎架齐全,无裂损变形,连接牢固	检查
		(5)前后轴	无变形及裂纹	检查
7	制动系统	(1)制动性能	符合规定	路试或检测
		(2)制动踏板自由行程	符合规定	
		(3)驻车制动性能	符合规定	路试和检测
8	滑行	滑行性能	符合规定	路试或检测
9	车身、车厢	车身	驾驶室装置紧固,门锁链灵活无松旷,限动装置齐全有效,驾驶室门关闭牢靠,无松动,挡风玻璃完好,窗框严密,门把、门锁、玻璃升降器齐全有效。发动机罩锁扣有效,暖风装置工作正常	检查
10	排放	尾气排放测量	符合规定	检测

注:技术要求栏中的"符合规定"指符合实际应用中的有关技术规定或技术要求。

【相关拓展】

桑塔纳轿车二级维护保养基本作业规程

(1)适用车型:桑塔纳 LX、2000GLs、2000GLi、2000GSi、2000GSi-AT。

(2)桑塔纳轿车二级维护保养周期:15 000 km。

(3)桑塔纳轿车二级维护保养基本作业规程如表2-5所示。

表 2-5　桑塔纳轿车二级维护保养基本作业规程表

序号	维护项目	作 业 内 容	技 术 要 求
1	发动机机油、机油滤清器	(1)更换机油 (2)更换机油滤清器 (3)检查机油压力及报警装置	(1)机油规格:JV 型发动机为 API　SF 以上,AFE 型发动机为 API　SG 以上;AJR 型发动机为 API　SJ 以上;润滑油黏度等级(SAE 标准)根据环境温度选择 (2)机油总量为 3L,液面高度(冷车时)应在油尺标记 max 与 min 之间 (3)机油滤清器在安装前应先注入机油,并在密封圈上抹一层机油;总成安装固定可靠、密封良好 (4)发动机预热后,在冲击载荷作用下,各部不应有渗油、漏油现象 (5)机油压力:急速时低压处不小于 30 kPa,高压处不小于 180 kPa;机油压力报警装置性能良好、可靠
2	空气滤清器、进气预热装置	(1)清洁空气滤清器壳,更换空气滤清器芯 (2)检查冷却液预热加热导管和热敏开关(JV 型发动机) (3)检查进气歧管电加热器电器线路和热敏开关(JV 型发动机)	(1)空气滤清器清洁,密封良好,安装可靠 (2)恒温进气装置温控开关真空软管无破损,连接可靠,冷热空气转换开关工作灵敏、准确 (3)加热导管无老化、破损,连接可靠,当冷却液温度低于 60℃时,进气管电加热器开始工作;当冷却液温度高于 70℃时停止工作
3	燃油系统	(1)检查燃油箱 (2)检查燃油管及接头 (3)更换燃油滤清器 (4)检查燃油泵 (5)检测燃油压力和系统保持压力(电喷发动机)	(1)油箱及其盖、垫完好,安装可靠,密封良好 (2)燃油管无老化、裂损;接头无破损、渗漏,紧固可靠 (3)燃油滤清器连同卡箍一起更换(电喷发动机每 30 000 km 即进行更换),安装可靠,密封良好 (4)燃油泵工作正常,无异响 (5)燃油压力标准值(电喷发动机):急速时为 230～250 kPa,急加速时为 260～280 kPa;当油泵停止工作 10 min 时,系统压力应大于 150 kPa
4	化油器及联动机构	(1)拆洗化油器 (2)检查化油器联动装置,紧固螺栓 (3)检查手动阻风门开度,调整急速及排放状况	(1)化油器各部清洁,油路畅通 (2)节气门、阻风门开闭自如,阀门关闭严密,联动机构运动灵活、不松旷,垫圈、锁销齐全有效 (3)各部连接牢固,密封良好 (4)各工作系统和附加装置工作正常 (5)急速平稳,加速良好,急速转速为 800 r/min±50 r/min,排放符合国家排放标准
5	喷油器	(1)检查喷油器的作用 (2)每运行 60 000 km 清洗喷油器,检测喷油器开启压力 (3)检查急速及排放	(1)喷油器清洁,动作灵敏,无滴油、漏油现象,开启压力标准值为 280～320 kPa (2)在热机,点火正时准确,PCV(曲轴箱强制通风)阀取下并堵住时调整急速;急速平稳,加速良好,急速值为(900±50)r/min,排放符合国家排放标准

序号	维护项目	作业内容	技术要求
6	燃油蒸发控制装置	(1)检查软管及接头 (2)检查活性炭罐电磁阀动作情况	(1)软管无老化、裂损,连接可靠,无泄漏 (2)活性炭罐电磁阀动作灵敏
7	曲轴箱通风(PCV)装置	检查、清洁PCV阀、PCV滤清器、通气软管	(1)各阀门无堵塞、卡滞现象,灵敏有效 (2)PCV滤清器清洁、工作正常 (3)通风系统管路清洁、畅通,连接可靠,不漏气
8	三元催化转换器、氧传感器	(1)检视外观及连接状况 (2)检查三元催化转换器内部是否破损、堵塞 (3)检查三元催化转换器的作用	(1)氧传感器完好,工作有效 (2)三元催化转换器上的保护壳应完整,连接牢固;内部无破损,不堵塞,工作有效 (3)各连接导管连接完好,无泄漏 (4)每运行60 000~80 000 km更换三元催化转换器,每运行80 000~100 000 km更换氧传感器
9	发动机传动带及带轮	(1)检查传动带及带轮外观 (2)调整传动带挠度	(1)传动带应无龟裂和过量磨损,表面无油污 (2)带轮无明显端面跳动,轮槽无明显磨损,运转无异响 (3)以约98 N的力下压传动带,各部件挠度:交流发电机处12 mm;水泵处10 mm;转向助力泵处5 mm (4)正时带松紧度要求:用拇指和食指应能将其翻转90°;每80 000 km更换
10	配气机构	检查液压挺柱工作状况	发动机正常运转时,挺柱处不应有异响
11	冷却系统	(1)检查散热器、膨胀箱、箱盖压力阀及水管 (2)检查冷却液品质及液面高度 (3)检查水泵 (4)检查节温器工作状况 (5)检查冷却风扇工作状况	(1)冷却系统各部无变形、破损及渗漏 (2)散热器盖、膨胀箱盖结合表面良好、密封,箱盖压力阀清洁,不堵塞,能正常开启 (3)冷却液液面高度应在储液罐上、下标线之间,冷却系容量为6L (4)水泵无异响、渗漏 (5)节温器工作灵敏、准确,在87℃±2℃开启,水温表指示正确(系统正常工作温度为90~105℃) (6)冷却风扇运转平稳,高、低挡转速有明显变化,无异响;热敏开关工作灵敏、准确,低速挡在95℃开启,高速挡在105℃开启
12	分电器、高压线	(1)清洁分电器 (2)检查分电器各电极 (3)检查分电器高压线及阻值 (4)检查分电器轴与壳配合状况,并润滑 (5)检查霍尔信号发生器转子,检查转子叶轮气隙 (6)检查、调整点火提前角	(1)分电器无油污;分电器盖不破损,无裂纹 (2)各电极无烧蚀,中心电极若比标准长度短2 mm则应更换 (3)高压线无破损、不漏电,接线端无缺陷,阻值符合规定 (4)分电器轴与壳配合无明显旷动,径向间隙小于0.1 mm (5)转子叶轮无变形,气隙标准为0.2~0.4 mm (6)点火提前角:JV型发动机6°±1°;AFE型发动机12°±1°;AJR型发动机12°±4.5°

序号	维护项目	作业内容	技术要求
13	火花塞	（1）清洁、检查或更换火花塞 （2）调整火花塞电极间隙	（1）电极表面清洁,间隙:JV、AFE型发动机0.7～0.8 mm;AJR型发动机0.9～1.1 mm （2）非长效型火花塞每运行30 000 km即更换;长效型每60 000 km即更换
14	进、排气歧管、消声器	检查、紧固进、排气歧管及消声器	（1）进、排气歧管和消声器各部完好,无裂纹,无漏气,消声器性能良好;胶垫齐全 （2）排气管固定可靠 （3）进、排气歧管螺母拧紧力矩为24 N·m
15	发动机支架	检查、紧固	发动机支架无变形和裂纹,支架胶垫无老化、开裂,支架螺栓连接牢固,拧紧力矩为70 N·m
16	离合器	（1）检查、调整离合器踏板自由行程 （2）检查离合器的工作状况	（1）离合器踏板自由行程:15～25 mm （2）离合器结合平稳,不打滑,无异响,分离彻底,回位灵活
17	手动变速器、差速器	（1）检查齿轮箱密封状况,紧固各部螺栓 （2）检查变速器齿轮油油面高度及油质 （3）清洁通气孔塞 （4）检查、润滑变速器换挡操纵机构	（1）齿轮箱外部清洁、无裂纹,各部连接紧固,密封良好,无渗漏油 （2）齿轮油清洁,不变质,无焦味;齿轮油规格为APlGL-5;油面应在加油口下边缘 （3）通气孔塞清洁、畅通 （4）换挡机构操纵灵活、轻便,作用正常,无异响、跳挡、乱挡现象
18	自动变速器	（1）检查变速器液压油油面高度及油质 （2）检查变速器液压油冷却器密封性 （3）检查各传感器,测试主油路压力 （4）检查操纵机构	（1）自动变速器油面应在油尺FULL标记处;液压油规格为DexronⅡ;液压油每运行60 000 km更换,同时更换滤芯 （2）变速器液压油冷却器无损坏、渗漏,液压系统主油路压力符合原厂标准 （3）换挡机构操纵灵活、轻便,作用正常,无异响、跳动、乱挡现象
19	驱动轴	（1）检查防尘罩情况 （2）检查驱动轴内外万向节	（1）防尘罩不得有裂纹、损坏,卡箍可靠 （2）安装新防尘罩时不得使防尘罩内产生真空 （3）万向节不松旷,无卡滞,无异响
20	转向器、液压助力泵、转向减振器	（1）检查转向器、液压助力泵、储液罐等部件的密封性 （2）检查液压助力泵油质及油面高度 （3）检查转向减振器 （4）检查液压助力泵工作状况	（1）转向器、液压助力泵、储液罐密封良好,无渗漏;油管不变形,无阻滞 （2）储液罐液面应在规定标线内 （3）转向器防尘罩无裂纹、损坏,卡箍可靠 （4）液压油品质良好,油面保持在刻度上线,液压油规格为ATF或DexronⅡ,每运行60 000～100 000 km更换 （5）转向助力装置工作良好,无异响

序号	维护项目	作业内容	技术要求
21	转向传动机构、车轮定位及转向角	(1)检查转向传动机构的工作状况,校紧各部螺栓 (2)检查转向盘自由转动量 (3)检查车轮定位,调整前束或校正、更换有关部件 (4)检查、调整前轮转向角	(1)转向拉杆衬套不松旷,各杆件无明显变形,球头不松旷,各部分螺栓连接可靠 (2)转向盘位置正确,转向轻便、灵活,无自由转动量 (3)车轮定位值标准如下 前轮:车轮外倾角为-50′±15′,左右轮最大允差为10′; 主销后倾角:机械转向为50′±30′,动力转向为1°30′±30′,左右轮最大允差为30′; 主销内倾角为13°47′, 总前束角为8′±8′ 后轮:车轮外倾角为-1°30′±20′,左右轮最大允差为30′; 总前束角为-12′±20′,左右轮最大允差为20′(在2000年9月VIN代号为LSVACFD07YBl03826之前的车辆,后轮前束角为25′±15′,外倾角为-1°40′±20′) (4)转向角值:内轮为40°18′,外轮为35°36′
22	前轮制动器	(1)拆卸、清洁各零部件 (2)检查各件磨损情况 (3)装复并润滑制动器总成,调整轮毂间隙	(1)各零部件完好、清洁 (2)制动盘表面不得有裂纹、沟槽;制动盘厚度不逾限:LX系列10 mm,2000系列17.8 mm;端面圆(外缘最大处)跳动量小于0.05 mm (3)制动摩擦块表面无油污,无裂损,厚度极限值:2.5 mm(不含制动块) (4)制动轮缸密封良好,回位自如 (5)制动钳固定螺栓拧紧力矩为70 N·m (6)轮毂转动灵活,无异响,轴向间隙小于0.1 mm
23	后轮制动器	(1)拆卸、清洁各零部件 (2)检查各件磨损情况 (3)装复、润滑制动器总成,调整轮毂间隙	(1)各零部件完好、清洁 (2)制动鼓表面无油污,不得有裂纹、沟槽,制动鼓直径方向的磨损量小于1 mm,圆度误差小于0.1 mm (3)制动摩擦片表面无油污,无裂损;厚度标准值为5 mm,磨损极限为2.5 mm (4)轮毂转动灵活,无异响;轴向间隙小于0.1 mm
24	制动操纵系统	(1)检查制动液品质、液面高度及制动液面指示灯开关 (2)检查制动管路及接头 (3)检查制动主缸和真空助力器工作状况 (4)排除系统内空气 (5)检查踏板自由行程	(1)制动液不变质,液面高度应与储液罐液面标记平齐,制动液规格为N052766XO;每2年或运行超过50 000 km更换制动液 (2)制动管路无破损、老化,不扭曲,汽车行驶时不碰擦汽车任何部件,连接牢固,各部无渗漏 (3)制动主缸、轮缸及助力器密封良好,真空助力器工作有效 (4)系统内无空气,制动效能良好,指示灯开关灵敏、有效 (5)制动踏板自由行程应小于制动总行程的1/3

序号	维护项目	作业内容	技术要求
25	驻车制动器	(1)检查驻车制动器拉索及锁止状况 (2)检查驻车制动器自由行程 (3)检查驻车制动灯开关	(1)驻车制动器支架及各杆件、拉臂无明显变形,连接可靠;驻车制动器拉索不得有断裂或锈蚀,运动灵活 (2)驻车制动器生效齿数为2~3齿,20%正反坡驻车有效 (3)驻车制动灯开关灵敏、有效
26	悬架	(1)检查减振器密封及连接状况 (2)检查摆臂与球头 (3)检查减振弹簧 (4)紧固各部螺栓	(1)减振器不漏油,上部连接支套无凸起、开裂,紧固可靠,减振作用良好 (2)当上下晃动前悬架时,摆臂球头与制动器底板间的距离变化小于0.8 mm,下摆臂衬套完好,配合无松动 (3)减振弹簧无损伤,定位可靠 (4)各部件无变形、开裂,连接可靠,拧紧力矩要求如下 前悬架:下摆臂与车架连接自锁螺母60 N·m,减振器与车身连接自锁螺母60 N·m 后悬架:下摆臂与车架连接自锁螺母70 N·m,减振器与车身连接自锁螺母35 N·m
27	车轮	(1)清洁检查轮辋及轮胎胎面 (2)进行轮胎换位 (3)检查、补充轮胎气压 (4)进行车轮动平衡	(1)轮辋无裂纹和变形 (2)车轮清洁,胎面无气鼓、裂伤、老化、变形或扎钉,胎面花纹深度大于1.6 mm(不露出花纹磨损指示凸台),气门嘴完好 (3)轮胎气压标准(空载): 前轮180 kPa;后轮190 kPa;备胎230 kPa (4)两前轮转动无明显偏摆,动不平衡质量小于5 g (5)轮胎的装用符合要求,轮胎螺栓拧紧力矩为110 N·m
28	车门、玻璃升降器、发动机盖、备厢盖	(1)检查、润滑车门、发动机盖铰链、拉索 (2)检查玻璃升降器工作状况	(1)车门、发动机盖和后备厢盖启闭灵活,锁止可靠 (2)车门玻璃完好、清晰,无裂纹,安装牢固,密封良好 (3)玻璃升降器升降自如,定位可靠,无卡滞,不自行下滑或上下跳动
29	车身、车架、安全带	(1)检查、紧固各部分螺栓 (2)检查安全带	(1)车身承载部位无裂纹,无变形,车身外壳、底板各部分无严重锈蚀、损伤和变形 (2)安全带齐全有效
30	坐椅、车身内装饰	检查、紧固	(1)坐椅移位方便,锁止可靠 (2)后视镜等其他车身内装饰齐全、完好
31	蓄电池	(1)清洁外表及极桩、通气孔 (2)检查电解液液面高度 (3)测量端电压,补充充电	(1)蓄电池清洁,支架完好,安装牢固,极桩无腐蚀,连接可靠,通气孔清洁、畅通 (2)电解液液面高度符合规定 (3)蓄电池放电电流大于110 A时端电压不低于9.6 V
32	发电机及调节器	(1)检查发电机运转情况 (2)测试发电机输出电压	(1)发电机运转平稳,无异响,连接可靠 (2)发电机1 000 r/min时(用电器全负荷)输出电压应大于12.5 V (3)每运行60 000 km应解体维护发电机

序号	维护项目	作业内容	技术要求
33	启动机	(1)检查外观,紧固连接螺栓 (2)检查启动机工作状况	(1)启动机外壳、整流子端盖和驱动端盖无裂损、变形,与发动机连接紧固 (2)启动电磁开关工作灵敏、可靠,无异响 (3)每运行 60 000 km 应解体维护启动机
34	照明设备、仪表,信号装置、喇叭,刮水器、洗涤装置,全车电器、线路	检查各部件是否齐全,工作是否正常	(1)前照灯照射位置和发光强度符合《机动车运行安全技术条件》中的有关规定 (2)其他灯光、喇叭、各仪表,信号装置齐全、功能有效 (3)刮水器电动机运转无异响,刮水片安装可靠,动作位置正确,挡位清楚、可靠 (4)洗涤装置完好、有效 (5)各电器线路完好,不漏电,连接正确,卡位可靠
35	空调装置	检查空调系统工作状况、密封状况	(1)制冷系统清洁、密封制冷效果良好 (2)暖气装置工作正常 (3)控制装置工作正常
36	电子控制系统	检视电子控制系统仪表显示(包括 ABS、安全气囊、防盗器等)	电子控制系统仪表显示正常,否则应使用 V. A. G 1551/1552 进行故障查询和数据阅读,并排除故障,然后清除故障代码

【复习延伸】

(1)汽车二级维护保养需要做哪些方面的工作?

(2)常见车型二级维护保养的流程和操作规范有哪些?

◀ 任务5　汽车磨合期维护保养 ▶

【学习目标】

了解汽车磨合期维护保养的作业背景,掌握汽车磨合期维护保养的作业的中心内容和操作要求。

【基础知识】

为保证汽车的使用寿命,新车、大修车及装用大修发动机的汽车必须经过磨合期的磨合,并在磨合期结束前进行一次磨合维护保养,其作业项目和维护保养深度按汽车生产厂家的要求进行。磨合期间汽车磨合的状况好坏,直接关系着汽车寿命的长短。除了必须按生产厂家的规定驾驶汽车外,做好这个期间的维护工作,会有利于汽车机件的磨合,因此要认真对待,不得疏忽。

新车磨合期结束后的维护一般是由生产厂家免费提供服务。磨合期间的维护保养内容比较简单,在不出现特殊情况下,驾驶员自己可以完成。汽车磨合期的里程是 1 500～3 000 km (部分进口汽车将首次维护里程定为 7 500～10 000 km),维护保养内容主要是清洁、润滑、紧固等。

一、汽车磨合前的维护保养

磨合前维护保养是为了防止汽车出现事故和损伤,保证汽车顺利地完成磨合期的磨合,其作业主要有如下内容。

1. 清洁

清洁全车,检查全车各部位的连接情况,全车外露的螺栓、螺母必须紧固稳妥。

2. 检查、添加燃油和润滑油料

驾驶新车前,应将各润滑部位按规定加注足够的润滑油或润滑脂。使用规定标号的汽油或柴油,如不得已改变燃油标号时,需对供油系统和点火系统作相应调整。

3. 检查、补充冷却液,排除"四漏"现象

检查、补充散热器的冷却液,并检查排除全车的漏油、漏气、漏水和漏电现象。

4. 检查底盘的技术状况

检查变速器各挡能否正确变换;检查转向机构各部位有无松旷和卡滞现象;检查和调整轮胎气压。发现变速器或转向系统等底盘故障时,应及时将车进厂维修。

5. 电气系统的检查

检查电气设备、灯光和仪表工作是否正常,并检查蓄电池电解液比重及液面高度。

6. 检查制动系统性能

检查制动系统的性能,试车检查汽车的制动距离,是否有跑偏和制动发咬等现象。如不符合要求,应查明原因,及时排除。

二、汽车磨合中的维护保养

磨合中的维护保养是在汽车行驶 500 km 左右进行的,主要是对汽车各部分技术状况开始发生变化部分进行一次及时的维护,以恢复其良好的技术状况,保证下阶段磨合顺利进行,其主要作业有如下内容。

1. 润滑

充分润滑全车的各个润滑点。在最初行驶 30～40 km 时,应检查变速器、驱动桥、轮毂和传动轴等处是否发热或有杂音。如发热或者有杂音应查明原因,予以调整或修理。

2. 检查

检查制动性能和各连接处、制动管路的密封程度,必要时加以调整和紧固,认真做好总成和机件的检查、调整工作。

3. 紧固

新车行驶 150 km 后,需检查一次全车外部螺栓、螺母紧固情况;行驶 500 km 后,则应将前、后轮毂螺母紧固一次。

有些国产车需要对缸盖螺栓进行紧固。在拧紧气缸盖螺栓时,应按规定顺序由缸盖中部螺栓开始,依次向两侧及上下部位拧紧,以防气缸垫皱起,影响气缸密封性。注意,铸铁气缸盖可在发动机升温后拧紧;铝合金缸盖则必须在发动机冷状态下拧紧。缸盖螺栓扭紧力矩的大小,应按具体车型的使用说明书的规定,使用扭力扳手逐次拧紧。

在汽车磨合行驶过程中，要注意观察各总成的温度情况，并要随时检查和排除"四漏"情况。

三、汽车磨合后的维护保养

汽车磨合期结束后，应及时将汽车送到厂家指定的维修站做磨合后的维护保养。做这次维护保养的目的，一方面是对汽车进行全面的检查、紧固、调整和润滑作业，使汽车达到良好的行驶状态；另一方面也是生产厂家对汽车售后服务的身份认定。

1.磨合后的维护保养内容

（1）更换机油，更换机油滤芯。

（2）检查、补充发动机冷却液。

（3）检查、调整发动机传动皮带松紧度。

（4）检查、校正点火正时。

（5）检查、调整发动机尾气排放。

（6）检查、调整制动系统。

（7）检查、调整离合器踏板自由行程。

（8）检查、紧固悬挂和转向机构。

（9）检查全车各部泄漏情况并进行故障排除。

（10）润滑各部铰链。

（11）检查轮胎技术状况。

（12）检查、调整电气系统的技术状态。

2.磨合后的注意事项

汽车虽然已经通过磨合期，但汽车在磨合期后开始的 3 000～4 000 km 内，实质是汽车由磨合期到使用期的过渡阶段。因此，发动机仍不要以很高的转速运转，车速不宜过快，汽车不要超载，并尽量避免在恶劣路况上行驶。

汽车的磨合期如同运动员在参赛前的热身运动，目的是使机体各部件机能适应环境的能力得以调整提升。汽车磨合的优劣，会对汽车寿命、安全性和经济性产生重要影响，实在不可小看。做好磨合期后对汽车的检查和维护。提高磨合质量应注意以下几个方面的问题。

（1）磨合期的车辆行驶里程不应少于 2 000 km，这是保证机件充分接触、摩擦、适应、定型的基本里程。

（2）汽车行驶速度不宜太快。一是要避免节气门全开；二是要保持发动机的正常工作温度。切不可在此时演练车技，狂奔猛跑。新车不宜劳顿，承载率应低于 90%，并应选择平坦道路行驶，要慢启动、缓停车。

（3）合理使用油料。一般来讲，轿车的油料越高级越好，这里讲的高级是指使用性能，而不仅仅是精美的包装、昂贵的价格。汽油发动机应选用 SE 级，柴油发动机应以 CL-4 级为佳。至于汽油，高辛烷值的汽油应为磨合期首选，以防爆燃，如遇点火困难，应推迟点火时间，并及时换挡和避免急加速。

（4）变速挡变速。磨合中的车辆在行驶时应循序渐进，以最低挡起步，逐步加高挡位，切不可使用高挡位低速行驶，或低挡位高速行驶。勤换挡位，不要长时间使用一个挡位行车。行进中要注意发动机、变速器、驱动桥的工作状况及温度变化，掌握车况。

磨合期结束经上述检查、保养后才能进入正常使用期。

【相关拓展】

富康轿车磨合期维护保养内容

富康轿车在磨合期结束后,应进行一次磨合维护保养,其内容以清洁、润滑、紧固为主,并检查有关制动、操纵等安全部件。具体包括如下内容。

(1)更换发动机机油和机油滤芯。

(2)检查发动机和变速器有无漏油现象。

(3)检查发动机冷却液液面高度、制动液液面高度、挡风玻璃洗涤器液面高度,如有不足,应进行补充。

(4)检查、调整发动机传动皮带紧度。

(5)检查并添加变速器、传动轴的润滑油(脂),清洗通气阀。

(6)检查并紧固发动机悬置件及底盘各重要螺栓(例如,转向机构各连接螺栓、左右半轴连接螺栓等)。

(7)润滑转向拉杆球头销、离合器分离轴承、前后轴及悬架机构。

(8)检查转向系统、制动系统、传动轴及前后悬架、轮胎等有关行车安全的系统或部位,并进行必要的调整和紧固。

(9)检查轮胎气压。

(10)清洁蓄电池,检查液面并添加蒸馏水。

【复习延伸】

(1)什么是汽车的磨合期?

(2)汽车磨合期维护保养的内容是什么?

◀ 任务6 汽车换季维护保养 ▶

【学习目标】

了解汽车换季维护保养的作业背景,掌握汽车换季维护保养的作业的中心内容和操作要求。

【基础知识】

在季节交替时,必然导致与汽车运行条件相关的气温、气压等参数的变化。为了使汽车在不同的地区、不同的季节里都能可靠的工作,在季节转换之前,结合定期维护保养,并附加一些相应的作业项目,使汽车能顺利地适应变化的环境,这种附加性维护保养称为季节维护保养或换季维护保养。换季维护保养有进入夏季和进入冬季时两种典型的季节性维护保养。例如,换用适合季节要求的润滑油,加装或拆除冷却系的保暖装置等,汽车每个工作日的例行保养作业多由驾驶员在出车前、行驶中和收车后进行,其他各级保养作业一般由汽车保养厂或服务站的专业技工承担。

一、夏季汽车的车况特点与维护保养

1. 夏季汽车的车况特点

(1)发动机在夏季运转时因工作环境温差变小散热变差而导致润滑油的抗氧化安定性能变坏,会加剧其热分解、氧化与再聚合。同时,润滑油通过气缸壁、活塞、活塞环、轴颈及油底壳等过热区域时会加剧蒸发和烧损。发动机的活塞顶、燃烧室壁、气门头等零件上易黏附积炭与胶质,使金属零件的热传导性变差,由于发动机过热、机油黏度降低,机油压积降低,润滑油膜不易形成,易使磨损加剧。

(2)气温升高空气密度会减小,进入气缸里充气量减少使充气系数下降,从而导致发动机输出功率下降,当气温由15℃上升到40℃时,无增压进气的发动机的功率下降值约为6%~8%。

(3)制动蹄片、轮毂、刹车盘在高温下摩擦系数会下降,特别是汽车在山区坡陡、弯急、狭窄等情况复杂的道路条件下行驶时频繁制动后,制动系统温度会急剧升高,使制动性能变差或丧失(在制动液处于沸腾时)。另外油渣路面会因高温逐渐变形(有的地方还可能变成流动的液体)路面的附着力显著下降,制动或转弯时极易造成事故。

(4)供油系统受热后部分汽油会以气体状态存于油管与汽油泵中,气体的可压缩性会使汽油泵供油管中的汽油蒸汽随汽油泵的脉动压力不断被压缩和膨胀,破坏了汽油泵吸油过程中所形成的真空度,增大了汽油的流动阻力,造成发动机供油不足或中断(形成供油系统气阻)。

(5)随着大气温度的增高,发动机的温度将更高,使窜入气缸中的润滑油在高温缺氧的情况下生成胶质和积炭,在活塞顶部、燃烧室壁、气门顶部和火花塞上形成炽热点。引起发动机炽热点火,产生自燃或爆燃(或飞车)。

2. 夏季汽车的维护保养

(1)由于外界气温高轮胎散热较慢,汽车在高温条件下高速行驶时胎压会异常增高,极易引起爆胎。为防止爆胎,在高温下行驶要经常检查胎温和胎压,保证胎压符合规定的标准。若发现亏气应及时补足,绝对不可凑合行驶。长途行驶时要适当降低车速,必要时需将车辆停靠荫凉地点,胎温度降低后再继续行驶(切不可用泼浇冷水的办法降胎温,这样胎面和胎侧胶层各部分会因收缩不均而发生裂纹)。

(2)根据发动机的压缩比选用辛烷值合适的汽油(尽量不用辛烷值低于要求的汽油),当汽油辛烷值低于标准时要注意保持发动机的正常温度,适当推迟点火提前角和加浓混合气,同时要及时对燃烧室、气门头等部位的积炭进行彻底的清除。汽车载重上坡时应选择适当挡位,以防止因加油过猛发生爆燃。

(3)要注意修正电解液的比重(其比重要比冬季小一些),为防止因温度高造成电解液消耗量过大,还要经常检查蓄电池液面高度,及时补充蒸馏水并保持通气孔畅通。为防止蓄电池损坏,需减小发电机充电电流。

(4)适时清洗汽油滤清器、燃油箱和油路管道,使之保持清洁畅通。检查、调整汽油泵的工作压力,使之保持正常,一旦出现气阻应停车降温。

(5)液压制动车辆要适时检查制动总泵和分泵,按时更换刹车油(换油检查时要彻底排净制运管道的空气),检查并调整刹车踏板的高度。气压制动车辆要注意检查制动皮碗和制动软管是否良好,发现损坏应及时更换。

(6)汽车进入夏季时应对全车进行一次技术检查和调整。

①检查冷却系统机件是否齐全完好、冷却系统是否密封、风扇皮带的松紧度是否正常、散热

器盖上的通风口和通气口是否畅通、冷却水是否充足、节温器状况是否良好等。另外还要及时消除水垢,保证水路畅通。

②调整润滑,减轻机件磨损。要保证润滑油质量良好,使机件能得到充分润滑。

③检查空气滤清器和机油滤清器,对多尘条件下使用的车辆,要适当缩短润滑油的更换周期。经常在高温天气行驶的车辆可加装机油散热器,并换用夏季用的发动机油,变速器、主减速器、差速器和转向器厚质齿轮油。

二、冬季汽车的车况特点与维护保养

1. 冬季汽车的车况特点

冬季气候寒冷,车辆在冬季使用时,发动机启动困难,冷却液和电解液易冻结。同时,零件磨损和燃油消耗量显著增加。因此,在入冬之前必须采取相应的保养措施,加强维护,确保车辆安全过冬。

作为专业驾驶员、维修人员必须掌握冬季汽车车况特点。

(1)汽车难以启动或无法启动。由于冬季气温较低,润滑油黏度大,甚至凝结,流动性差,使发动机启动阻力增大,难以达到启动所需的转速。加上蓄电池容量及端电压显著降低,使发动机得不到所需的输出功率,达不到启动转速的要求。同时燃油黏度大,蒸发性变差,雾化不良,使发动机转速低,进气管内气体流速减慢,混合气难以达到可燃的浓度等,从而导致了汽车难以启动或无法启动。

(2)磨损严重,易发出噪声。低温条件下启动发动机,机件磨损相对加快,对发动机的寿命影响极大。由于摩擦表面润滑不及时,冷启动时,机油泵不可能立即将润滑油压送到各摩擦表面,使初始阶段润滑条件变坏。并且气缸壁润滑油膜遭到破坏。由于温度低,汽油雾化困难,一部分未雾化的燃料以液态进入气缸,冲刷气缸壁上残存的油膜,使缸壁与活塞环之间的润滑条件恶化,磨损量急剧增加。因此,应将夏用机油换成冬用机油。

(3)制动效果变差、制动距离变长,安全性能下降。有些车辆使用的制动液含水较多,在夏季还勉强可以使用(但会加剧对制动系统部件的锈蚀)。但到了冬季,制动液就可能会发生冻结,使刹车不灵,因此必须更换品质好的冬用制动液。检查油水分离器、放污开关是否工作正常。这些部件在冬季时,可以保证制动系统管路内的水分被及时排出,防止制动管路发生冻结故障,如性能不良要及时维修、更换。

(4)电瓶易亏电、使用寿命下降。蓄电池最怕低温,低温使蓄电池物理、化学性能下降,低温下蓄电池的电容量比常温时的电容量低很多,加上冬季冷车启动,耗电量特别大,容易亏电,极大地降低了蓄电池的使用寿命。

2. 冬季汽车的维护保养

1)更换各种油液

(1)使用凝点低、流动性好的燃油。低温时燃油的黏度增加,流动性变差,雾化不良容易使燃油的燃烧过程恶化,发动机的启动性、动力性、经济性明显下降。因此,在有条件的情况下应选用凝点较低的燃油。一般选用原则是,燃油的凝点比环境温度低5℃左右。

(2)更换机油。选用黏度较小的发动机机油,在低温条件下,发动机机油的黏度随着温度下降而增大,流动性变差,摩擦阻力增大,发动机启动困难。因此,应通过及时更换黏度较小的机油来弥补或消除这种不良影响。

(3)更换冬季用的各种润滑油和润滑脂。进入冬季应对变速器、主减速器、转向器等换用冬季润滑油,轮毂轴承换用低滴点润滑脂。

2)保养发动机冷却系统

(1)检查节温器工作状况,保证节温器工作良好,防止发动机水温过低或过高。如发动机经常处于低温运行,会导致机件磨损的增加。

(2)清除水套内水垢。对发动机水套进行清洗,清除内部水垢,防止水垢积聚过多,影响发动机散热,如水垢堵塞放水开关,会导致放水不净。

(3)加注防冻液。在气温过低而条件又允许时,可使用防冻液,在使用前应对冷却系统进行彻底清洗,并应选择质好、腐蚀性低的防冻液,避免因防冻液质次而腐蚀机件的现象发生。

3)保养电气设备

(1)检查调整电解液密度。可适当调高电解液密度,防止因电解液密度过低,而发生冻裂蓄电池外壳的事故。

(2)调高发电机充电电压。由于低温下蓄电池放电量增大,因此发电机充电量必须提高,可适当调高调节器限额电压,一般情况下冬季调节器的限额电压比夏季时高 0.6 V 比较合适。

(3)保养启动机。冬季发动机启动困难,启动机的使用次数频繁,如启动机功率不足,又会进一步增加发动机启动难度。实践表明,在夏季,如果启动机稍有故障而功率略显不足时,启动发动机可能会很顺利,但到了冬季启动就会变得很困难,甚至不能启动。因此,应对启动机进行一次彻底的保养,保持启动机各部清洁、干燥,尤其是电刷与换向器之间应接触良好。

(4)加强蓄电池的保温。为防止蓄电池过冷发生冻结及影响启动性能,冬季可给蓄电池制作一个夹层保温电池箱,以提高蓄电池的温度。调整燃料系和点火系统,冬季时可适当升高化油器浮子室油平面高度与调整加速油泵行程,使混合气适应低温工作的需要。为了便于低温启动,应适当增加断电器触点闭合角度,触点间隙调整为 0.3～0.4 mm,以增强火花强度。保养预热装置对带有预热装置的发动机(大多为柴油发动机),入冬之前应对预热装备进行一次检查保养,确保技术状况良好。保养时重点检查电路和油路,防止因预热装置工作不良而影响发动机的启动性。

4)保养制动系统

(1)检查更换制动液。有些车辆使用的制动液,内部含水较多,在夏季还勉强可以使用(但会加剧对制动系统部件的腐蚀),但到了冬季,制动液就可能会发生冻结,使刹车不灵,出现严重事故。因此必须更换质量好的冬季制动液。

(2)检查油水分离器、放污开关是否工作正常。这些部件在冬季时,可以保证制动系统管路内的水分被及时排出,防止制动管路发生冻结故障,对性能不良的部件应及时维修更换。

5)调整点火时间

根据冬季的特点,及时检查并调整供油(点火)提前角(时间)、发动机气门间隙、发动机气缸压力,使其达到规定值,便于发动机的顺利启动,减少机件磨损及油料的消耗。

【相关拓展】

换季时的轮胎保养

轮胎的使用寿命往往受到季节性因素的影响,而轮胎的品质与日常维护更是车主安全行车的保障。因此,换季时节要注意轮胎的检修与保养,才能保持更佳的行车状态。

1. 及时检修降低损耗

换季保养的前提就是对轮胎进行常规检查，一些意外的割伤、不正确的花纹搭配，汽油、柴油的污染都会降低轮胎的性能。

2. 正确保养延长寿命

气压是轮胎寿命的重要指标，超出正常气压的 20％，轮胎的寿命就会降低 10％，低于正常气压的 30％，轮胎寿命则会减少 52％。因此，夏季行车时把胎压放掉一点，以防温度过高而爆胎；到了秋天温度相对较低，就要给轮胎补充胎压，要保持轮胎在规定的气压范围内。

除了时刻进行胎压检测之外，日常的保养也必不可少。在给轮胎充气时，建议填充氮气，这样不仅能提高行驶安全性，还能保持胎压的持久稳定，更能节省 2％～10％ 的燃油。此外，良好的驾驶习惯也能降低轮胎的损耗。驾驶时要避免过急的加速、转向及刹车，这样就会减少胎面橡胶的损耗。

【复习延伸】

(1) 什么是换季保养？为什么要进行换季维护？

(2) 进入冬季时，汽车需要做哪些换季维护作业？

项目 3
汽车运行材料与选用

汽车运行材料是指车辆运行过程中,使用周期较短,消耗费用较大,对车辆使用性能有较大影响的一些非金属材料。汽车运行材料的选用,不仅关系到运行材料的数量消耗和资源的充分利用,关系到汽车运行效能的发挥,而且还关系到汽车的耐久性、运输效率和使用维修成本,以及行车安全及其环境污染的程度。

汽车运行材料按其对汽车运行的作用和消耗方式不同,可以分为四大类。

(1)车用燃料:主要包括车用汽油、车用柴油、车用替代燃料(如甲醇、乙醇、乳化燃料、天然气、石油气、氢气)等,车用燃料的使用性能对汽车的动力性、排放性以及经济性有直接影响。

(2)车用润滑材料:主要包括发动机润滑油、车辆齿轮油、车用润滑脂等,润滑材料的润滑性能、低温流动性能直接影响汽车运动件的有效润滑和效率传递。

(3)车用工作液:主要包括液力传动油、汽车制动液、液压系统用油、车用发动机冷却液、车用空调制冷剂、汽车风窗玻璃清洗液等。

(4)汽车轮胎:轮胎是汽车行驶系的主要组成部分之一。其选用合理与否,直接关系到汽车行驶的安全性和经济性。

本项目主要从性能指标、相关标准或规范以及选用原则和方法三个方面对常用的车用燃料、润滑材料以及工作液进行了介绍。

◀ 任务1 燃油及其选用 ▶

【学习目标】

通过本任务的学习,熟知汽车燃油的各种性能指标、牌号和规格及选用原则和方法,熟练掌握常用汽车燃油(如车用汽油和柴油)的选用知识。

【基础知识】

一、车用汽油

1.汽油的性能指标

1)蒸发性

汽油由液态转化为气态的性质称为汽油的蒸发性。通常用馏程和饱和蒸气压两个指标来评价汽油的蒸发性。

(1)馏程,指在石油产品馏程测定仪上对 100 mL 油品蒸馏时,从初馏点到终馏点的温度范围。蒸发出 10%、50%、90%馏分时的温度和终馏温度,又分别被称为 10%馏出温度、50%馏出温度、90%馏出温度和干点。

(2)饱和蒸气压,指在规定条件下,油品在适当的试验装置中,气液两相达到平衡时,液面蒸气所显示的最大压力值,它用来评定汽油的蒸发强度。

2)抗爆性

汽油的抗爆性用辛烷值和抗爆指数表示,辛烷值越高,汽油的抗爆性越好。

(1)辛烷值,代表点燃式发动机燃料抗爆性的一个约定数值。在规定条件下的标准发动机试验中,通过和标准燃料进行比较来测定,采用和被测定燃料具有相同抗爆性的标准燃料中异辛烷的体积百分数来表示。辛烷值的测定方法分为马达法和研究法两种。

(2)抗暴指数,指汽油研究法辛烷值(简称 RON)与马达法辛烷值(简称 MON)的平均值。

3)氧化安定性

汽油的氧化安定性可以用实际胶质和诱导期来评定。

(1)实际胶质,指规定条件下测得的汽油蒸发残余中正庚烷不溶部分,以 mg/100 mL 表示。

(2)诱导期,指规定的加速氧化条件下,油品处于稳定状态下所经历的时间周期,以 min 表示。汽油的诱导期越长其氧化和形成胶质的倾向就越小。

4)防腐蚀性

汽油的防腐蚀性指汽油阻止其接触的金属被腐蚀的能力。汽油的主要腐蚀成分有硫及其化合物、有机酸、水溶性酸或碱。

汽油腐蚀性的评定指标是硫含量、博士实验、硫醇硫含量、铜片腐蚀试验和水溶性酸或碱。

5)无害性和清洁性

无害性是指汽油在发动机内燃烧后的燃烧产物不对机动车排放、人体健康和生态环境产生不利影响的性能。

有害的汽油组分有铅、锰、铁、铜、磷、硫等,以及苯、芳烃、烯烃等有机物。

清洁性指汽油中不应含有机械杂质和水分,机械杂质和水分会造成油路堵塞、磨损加剧等严重后果。

2. 相关标准或规范

1)世界燃油规范

世界燃油规范是由美国、日本等国汽车制造商协会和发动机制造协会主持,加拿大、中国、韩国和南非等国汽车制造商或工业协会参与,1998 年 12 月发布、2000 年 4 月修订的燃油规范。

此规范将车用无铅汽油和轻柴油分为三类:第一类主要考虑汽车发动机基本性能,适于对汽车排放没有或无严格要求的国家和地区;第二类适于有严格排放要求的国家和地区,如实施欧洲Ⅰ号或Ⅱ号等标准水平的法规;第三类适用于对汽车排放要求更严格的国家和地区,如实施欧洲Ⅲ号或Ⅳ号等标准水平的法规。

2)我国车用无铅汽油标准

我国于 2016 年发布了 GB 17930—2016《车用汽油》。车用无铅汽油按研究法辛烷值(RON)分为 90 号、93 号和 97 号三种牌号。表 3-1 所示为车用无铅汽油的技术要求。

表 3-1 车用无铅汽油技术要求

项　　目		质 量 指 标		
		90 号	93 号	97 号
抗爆性:				
研究法辛烷值(RON)	不小于	90	93	97
抗爆指数(RON＋MON)/2	不小于	85	88	报告
铅含量①/(g/L)	不大于	0.005		
馏程:				
10%蒸发温度/℃	不高于	70		
50%蒸发温度/℃	不高于	120		
90%蒸发温度/℃	不高于	190		
终馏点/℃	不高于	205		
残留量/(%)(体积分数)	不大于	2		
蒸气压/kPa				
11月1日至4月30日	不大于	88		
5月1日至10月31日	不大于	74		
实际胶质/(mg/100mL)	不大于	5		
诱导期/min	不小于	480		
硫含量/(%)(质量分数)	不大于	0.05		
硫醇(需要满足下列要求之一) 博士实验		通过		
硫醇含量/(%)(质量分数)	不大于	0.001		
铜片腐蚀(50℃,3h)/级	不大于	1		

项 目		质 量 指 标		
		90 号	93 号	97 号
水溶性酸或碱		无		
机械杂质及水分		无		
苯含量/(%)(体积分数)	不大于	2.5		
芳烃含量[②]/(%)(体积分数)	不大于	40		
烯烃含量[②]/(%)(体积分数)	不大于	35		
氧含量/(%)(质量分数)	不大于	2.7		
甲醇含量/(%)(质量分数)	不大于	0.3		
锰含量[③]/(g/L)	不大于	0.018		
铁含量[①]/(g/L)	不大于	0.01		

注:①车用汽油中,不得人为加入甲醇及含铅或含铁的添加剂。

　②对于97号车用汽油,在烯烃、芳烃总含量控制不变的前提下,可允许芳烃的最大值为42%(体积分数)。

　③锰含量是指汽油中以甲基环戊二烯三羰基锰形式存在的总锰含量,不得加入其他类型的含锰添加剂。

3)我国车用乙醇汽油标准

乙醇汽油是指在不添加含氧化合物的液体烃类中加入一定量变性燃料乙醇后作点燃式内燃机的燃料,加入量(V/V)为10%。车用乙醇汽油按研究法辛烷值(RON)划分为90号、93号、95号和97号四种牌号。

我国于2017年发布了GB 18351—2017《车用乙醇汽油(E10)》,表3-2所示为车用乙醇汽油的技术要求。

表 3-2　车用乙醇汽油的技术要求

项 目		质 量 指 标			
		90 号	93 号	95 号	97 号
抗爆性: 研究法辛烷值(RON) 抗爆指数(RON+MON)/2	不小于 不小于	90 85	93 88	95 90	97
铅含量[①]/(g/L)	不大于	0.005			
馏程: 10%蒸发温度/℃ 50%蒸发温度/℃ 90%蒸发温度/℃ 终馏点/℃ 残留量/(%)(体积分数)	不高于 不高于 不高于 不高于 不大于	70 120 190 205 2			

项 目		质量指标			
		90 号	93 号	95 号	97 号
蒸气压/kPa 9 月 16 日至 3 月 15 日 3 月 16 日至 9 月 15 日	不大于 不大于	88 74			
实际胶质/(mg/100mL)	不大于	5			
诱导期/min	不小于	480			
硫含量/(%)(质量分数)	不大于	0.08			
硫醇(需要满足下列要求之一) 博士实验		通过			
硫醇含量/(%)(质量分数)	不大于	0.001			
铜片腐蚀(50℃,3h)/级	不大于	1			
水溶性酸或碱		无			
机械杂质		无			
水分(质量分数)/(%)	不大于	0.20			
乙醇含量(体积分数)/(%)		10.0%±2.0%			
其他含氧化合物含量(质量分数)/(%)	不大于	0.1②			
苯含量/(%)(体积分数)	不大于	2.5			
芳烃含量/(%)(体积分数)	不大于	40			
烯烃含量/(%)(体积分数)	不大于	35			
锰含量③/(g/L)	不大于	0.018			
铁含量④/(g/L)	不大于	0.010			

注：①本标准规定了铅含量最大限制,但不允许故意加铅。

②不得人为加入甲醇。

③锰含量是指汽油中以甲基环戊二烯三羰基锰形式存在的总锰含量。含锰汽油在储存、运输和取样时应避光。

④不得人为加入铁。

3. 车用汽油的选用

1)选用原则

车用汽油的选择应遵循以下原则。

(1)根据发动机压缩比进行抗爆性的选择,压缩比越大,汽油的牌号越高。

(2)选择时注意说明书上要求的辛烷值是研究法辛烷值(RON)还是马达法辛烷值(MON)。

(3)高原地区大气压力相对较小,空气稀薄,可以适当降低汽油的辛烷值。经常在大负荷、低转速下工作的汽车发动机,应选择较高辛烷值汽油。

(4)发动机使用时间较长后,由于燃烧室积炭、水套积垢等会使发动机压力增加,此时,再使用原牌号汽油时发动机会有爆震。因此,这类汽车在维护后应该使用高一级的汽油。

(5)季节不同,汽油的蒸发性就不同。冬季应选择蒸气压较大的汽油,夏季应选择蒸气压较小的汽油。

(6)加油应到规模较大、信誉良好的加油站加油。油品差不仅影响汽车的使用性能(导致其动力性差、排放高、油耗高),严重的还会使发动机机件损坏。

(7)尽量采用加入汽油清洁剂的清洁汽油。汽油清洁剂是一种具有清洁、分散、抗氧化和防锈功能的复合添加剂,将其加入汽油中既能有效抑制发动机燃油供给系统和燃烧系统,特别是喷油器、进气阀、燃烧室的沉积物的生成,又能将已有的沉积物分解、清除,从而使油路畅通,提高发动机的动力性和经济性。

(8)尽量选择含铅量低的汽油,尤其是装有三元催化转换器和氧传感器的汽车应选择含铅量低的汽油。

2)使用注意事项

(1)发动机长期使用后,压缩比发生变化,爆燃倾向增加,此时可考虑更换汽油牌号。

(2)原用低牌号汽油,改用高牌号汽油时,可适当调前点火提前角;反之,应适当推迟,以免发生爆燃。

(3)在夏季和高原地区,应加强发动机散热,使油管、汽油泵隔热,以免发生气阻,或者换用饱和蒸气压较低的汽油。

(4)汽车在高原地区,可选用较低牌号的汽油,或适当调前点火提前角。

(5)不同牌号的汽油不能混放;汽油中不能掺入煤油或柴油。

(6)溶剂汽油和航空燃油不能作为车用汽油使用。

(7)不要使用长期存放变质的汽油,以免影响发动机的工作。同时,尽可能加满油箱,以避免蒸发损失。

(8)汽油易燃、易爆、易产生静电,使用中应注意安全。

二、车用柴油

1. 柴油的性能指标

柴油的性能指标主要包括:燃烧性、蒸发性、低温流动性、黏度、腐蚀性,以及灰分、水、机械杂质。

1)燃烧性

燃烧性表示柴油在柴油发动机中是否容易着火,并防止柴油发动机发生工作粗暴现象的能力。十六烷值和十六烷指数是评定柴油燃烧性的两个主要指标。

2)蒸发性

蒸发性是指柴油在柴油发动机气缸内经喷油器喷出时分散成液体雾粒及液体雾粒气化蒸发的能力。柴油的蒸发性用馏程和10％蒸发残留物两项指标表示。50％体积柴油的馏出温度对柴油发动机的冷启动性影响较大。该温度低,柴油发动机易于启动,暖机期间动力性好。

3)低温流动性

柴油在低温条件下所具有一定流动状态的性能,称为柴油的低温流动性。柴油的低温流动性直接影响到柴油供给气缸的可靠性和发动机能否正常工作的性能。柴油的低温流动性通常以浊点、凝点和冷滤点三个性能指标来表示。

4）黏度

黏度是指液体在外力作用下发生移动时，在液体分子间所呈现的内部摩擦力。黏度对柴油的流动性和雾化质量有重要影响。

5）腐蚀性

柴油的腐蚀性用硫含量、酸度、铜片腐蚀等指标表示。

6）安定性

柴油的安定性指柴油在运输、储存和使用过程中保持颜色、组成和使用性能不变的能力，包括储存安定性和热安定性。通常用色度、氧化安定性及 10% 的蒸余物残炭三个指标来评定。

7）清洁性

清洁性通常用柴油中水分、灰分和机械杂质等指标来评定。

8）无害性

无害性是指柴油中的芳烃含量、硫含量对柴油发动机的排放污染的影响。

2. 相关标准或规范

根据国家对治理汽车尾气排放的时间表，2000 年全国实现达到欧洲Ⅰ号的排放标准，从 2004 年 7 月 1 日起，国家开始对汽车尾气按照欧洲Ⅱ号排放标准进行限制，并将车用柴油从轻柴油中分离出来，制定单独的标准，该标准完全符合欧洲Ⅱ号排放标准。

1）世界燃油规范

世界燃油（柴油部分）规范如表 3-3、表 3-4 和表 3-5 所示。

表 3-3　1 类柴油规范

项　　目	限　　值	
	最小	最大
十六烷值①	48②	
十六烷指数①	45③	
密度（15℃）/（kg/m³）	820④	860
黏度（40℃）/（mm²/s）	2.0⑤	4.5
硫含量（%）/（m/m）		0.5
95% 蒸发温度/℃		370
闪点/℃	55⑥	
残炭（%）/（m/m）		0.3
冷滤点⑦或低温流动实验或浊点/℃		最大值应等于或低于最低气温预期值
水分/（mg/kg）		500
氧化安全性/（g/m³）		25
铜片腐蚀/级		1
灰分（%）/（m/m）		0.01
外观	清澈透明	
润滑性（HFRR 斑痕直径 60℃）/μm		400

注：①符合十六烷值或十六烷指数之一即可。

②当气温低于－30℃时,最小限值可放宽到45。

③当气温低于－30℃时,最小限值可放宽到42。

④气温低于－30℃时,最小限值可放宽到800 kg/m³。

⑤气温低于－30℃时,最小限值可放宽到15 mm²/s,气温低于－40℃时,最小限值可放宽到1.3 mm²/s。

⑥气温低于－30℃时,最小限值可降低到38℃。

⑦如证明冷滤点和浊点有相关性,那么也不能低于浊点10℃。

表 3-4 2 类柴油规范

项　　目	限　　值	
	最小	最大
十六烷值①	53②	
十六烷指数①	50②	
密度(15℃)/(kg /m³)	820③	850
黏度(40℃)/(mm²/s)	2.0④	4
硫含量(%)/(m/m)		0.03
总芳烃含量(%)/(m/m)		25
多芳烃含量(%)/(m/m)		5
90%蒸发温度⑤/℃		340
95%蒸发温度/℃		355
终馏点/℃		365
闪点/℃	55	
残炭(%)/(m/m)		0.3
冷滤点⑥或低温流动实验或浊点/℃		最大值应等于或低于最低气温预期值
水分/(mg/kg)		200
氧化安全性/(g/m³)		25
生物增长量	零含量	
植物衍生脂类(%)/(m/m)	见注⑦	
总酸值(mg KOH/g)		0.08
腐蚀性		轻锈或微量
铜片腐蚀(级)	1 级	
灰分(%)/(m/m)		0.01
颗粒/(mg/L)		24
燃油喷油器清洁度(%)(流量损失)		85
润滑性(HFRR 斑痕直径 60℃)/μm		400

注:①当气温低于－30℃时,最小值可放宽到48。

②当气温低于－30℃时,最小值可放宽到45。

③当气温低于－30℃时,最小值可放宽到800 kg/m³,为保护环境,最小限值815 kg/m³也是可接受的。

④当气温低于－30℃时,最小限值可放宽到1.5 mm²/s,当气温低于－40℃时,最小限值可放宽到1.3 mm²/s。

⑤符合90%蒸发温度或95%蒸发温度之一即可。

⑥如证明冷滤点和浊点有相关性,那么也不能低于浊点10℃。

⑦按照预先混溶法则,满足 DIN V51606 或等同标准的 VDE 可以使用,其加入量也可多达 5% 以上。在使用 VDE 时,建议燃料油应做相应标记。

表 3-5 3 类柴油规范

项 目	限 值	
	最小	最大
十六烷值①	55①	
十六烷指数①	52②	
密度(15℃)/(kg/m³)	820③	840
运动黏度(40℃)/(mm²/s)	2.0④	4
硫含量(%)/(m/m)		0.03
总芳烃含量(%)/(m/m)		15
多芳烃含量(%)/(m/m)		2
90% 蒸发温度⑤/℃		320
95% 蒸发温度/℃		340
终馏点/℃		365
闪点/℃	55	
残炭(%)/(m/m)		0.2
冷滤点⑥或低温流动实验或浊点/℃		最大值应等于或低于最低气温预期值
水分/(mg/kg)		200
氧化安全性/(g/m³)		25
泡沫体积/(m/L)		100
泡沫消失时间/min		15
生物增长量	零含量	
植物衍生脂类(%)/(m/m)	不可察觉	
总酸值/(mg KOH/g)		0.08
腐蚀性	轻锈或微量	
铜片腐蚀(级)	1 级	
灰分(%)/(m/m)		0.01
颗粒/(mg/L)		24
燃油喷油器清洁度(%)(流量损失)		85
润滑性(HFRR 斑痕直径 60℃)/μm		400

注:①当气温低于 -30℃ 时,最小值可放宽到 50。
②当气温低于 -30℃ 时,最小值可放宽到 47。
③当气温低于 -30℃ 时,最小值可放宽到 800 kg/m³,为保护环境,最小限值 815 kg/m³ 也是可接受的。
④当气温低于 -30℃ 时,最小限值可放宽到 1.5 mm²/s,当气温低于 -40℃ 时,最小限值可放宽到 1.3 mm²/s。
⑤符合 90% 蒸发温度或 95% 蒸发温度之一即可。
⑥如证明冷滤点和浊点有相关性,那么也不能低于浊点 10℃。

2）我国车用柴油标准

我国于 2016 年发布了 GB19147—2016《车用柴油》，表 3-6 所示车用柴油的技术要求。

表 3-6　车用柴油的技术要求

项　　目		10 号	5 号	0 号	−10 号	−20 号	−35 号	−50 号
氧化安定性 总不容物①/(mg/100mL)	不大于				2.5			
硫(质量分数)/(%)	不大于				0.05			
10% 蒸余物残炭(质量分数)②/(%)	不大于				0.3			
灰分(质量分数)/(%)	不大于				0.01			
铜片腐蚀(50℃,3h)/级	不大于				1			
水分(体积分数)/(%)	不大于				痕迹			
机械杂质③					无			
润滑性 磨痕直径(60℃)④/μm	不大于				460			
运动黏度(20℃)/(mm²/s)			3.0~8.0			2.5~8.0	1.8~7.0	
凝点/℃	不高于	10	5	0	−10	−20	−35	−50
冷滤点/℃	不高于	12	8	4	−5	−14	−29	−44
闪点(闭口)/℃	不低于	55	60			50	45	
着火性(要满足下列要求之一) 十六烷值	不小于		49			46	45	
或十六烷指数	不小于		46			46	43	
馏程: 50% 回收温度/℃	不高于				300			
90% 回收温度/℃	不高于				355			
95% 回收温度/℃	不高于				365			
密度(20℃)/(kg/m³)	不大于		820~860				800~840	

注：①为出厂保证项目，每月应检测一次。在原油性质变化、加工工艺条件改变、调和比例变化及检修开工后等情况下应及时检验。对特殊要求用户，按双方合同要求进行检验。

②若柴油中含有硝酸酯型十六烷值改进剂及其他性能添加剂时，10% 蒸余物残炭的测定，必须用不加硝酸酯和其他性能添加剂的基础燃料进行。

③可用目测法，即将试样注入 100 mL 玻璃量筒中，在室温(20℃±5℃)下观察，应当透明，没有悬浮和沉降的水分及机械杂质。

④为出厂保证项目，对特殊要求用户，按双方合同要求进行检验。

3. 车用柴油的选用

1）选用原则

车用柴油的选用主要考虑环境温度。

(1)柴油使用地区风险率 10% 的最低气温。柴油牌号的选择一般应使最低使用温度等于或略高于柴油的冷滤点。具体情况如下。

  10 号柴油:适用于有预热设备的柴油机;

  5 号柴油:适用于风险率为 10% 的最低气温在 8℃ 以上的地区使用;

  0 号柴油:适用于风险率为 10% 的最低气温在 4℃ 上的地区使用;

  −10 号柴油:适用于风险率为 10% 的最低气温在 −5℃ 以上的地区使用;

  −20 号柴油:适用于风险率为 10% 的最低气温在 −14℃ 以上的地区使用;

  −35 号柴油:适用于风险率为 10% 的最低气温在 −29℃ 以上的地区使用;

  −50 号柴油:适用于风险率为 10% 的最低气温在 −44℃ 以上的地区使用。

  (2)不同地区和季节。

  使用柴油应根据不同地区和季节,选用不同牌号的柴油。气温低的地区,选用凝点较低的柴油。反之,气温较高的地区,选用凝点较高的柴油。在气温和季节允许的情况下,尽量延长高凝点柴油的使用时间。一般选用柴油的凝点应比最低气温低 2～3℃,以保证在最低气温时不致凝固而影响使用。

  (3)在气温允许的情况下尽量选用高牌号柴油。

  2)使用注意事项

  (1)不同牌号的柴油可掺兑使用,以降低高凝点柴油的凝点。但应注意凝点的调整无严格的加成关系。

  例如,−10 号和 −20 号柴油各 50% 掺兑后,其凝点不是 −15℃,而是在 −14～−13℃ 之间。在冬季缺少低凝点柴油时,可以在高凝点柴油里掺入低凝点柴油,也可以在高凝点柴油里掺入 10%～40% 裂化煤油,掺兑后应注意搅拌均匀。

  (2)不能在柴油中掺入汽油,柴油中有汽油时发火性能将显著变差,导致启动困难,甚至不能启动。

  (3)低温启动时可以采取预热措施,对进气管、机油及蓄电池等预热有利于启动,也可采用馏分轻、蒸发性好、自燃点低,又有一定十六烷值的低温启动液。使用时可附加一套启动液使用装置,也可用注射器将 10～25 mL 低温启动液直接注入进气管,一般工作 1 min,发动机可顺利启动。低温启动液的主要成分是乙醚,自燃点仅 190～210℃,很容易在柴油机内自燃,低温启动液不能加入油箱与柴油混用,否则会造成气阻。

  (4)防止机械杂质混入柴油,做好柴油的净化工作。使用前要经沉淀和过滤,沉淀时间不应少于 48 h。

  (5)冬季使用桶装高凝点柴油时,绝对不能用明火加热,以免爆炸。

【复习延伸】

  (1)汽油的使用性能有哪些? 各种性能的评定指标是什么?

  (2)汽油的馏程包括哪些项目? 各项目对发动机的工作有何影响?

  (3)现今常用的提高汽油抗爆性的抗爆剂有哪些?

  (4)何谓无铅汽油? 我国现行的车用无铅汽油标准中主要对哪些有害物质进行限制?

  (5)柴油主要有哪些使用性能? 各种性能的评定指标是什么?

  (6)我国现行的车用柴油标准对其牌号划分的依据是什么? 分为哪些牌号?

◀ 任务2　发动机润滑油及其选用 ▶

【学习目标】

通过本任务的学习,了解发动机润滑油的作用和主要使用性能指标,熟悉发动机润滑油的分类与规格,掌握发动机润滑油的正确选择和使用方法。

【基础知识】

正确更换机油

一、发动机润滑油的主要作用

发动机润滑油(又称机油)是润滑系统的液态工作介质,其主要作用是润滑、冷却、清洁、密封和防腐蚀。

(1)润滑作用。发动机润滑油在发动机各相对运动摩擦表面形成润滑油膜,以减少零件的摩擦阻力和磨损。

(2)冷却作用。发动机工作时,发动机润滑油不断地从气缸、活塞、曲轴等摩擦表面吸取热量,一部分热量随着发动机润滑油的循环而消散在曲轴箱中。

(3)清洁作用。燃料燃烧后会生成的炭质物,发动机氧化生成的胶状物会形成积炭、漆膜、油泥等发动机沉积物,摩擦副中还会存在金属磨粒。发动机润滑油具有抑制沉积物生成或对沉积物洗涤、清洗的作用。

(4)密封作用。发动机润滑油填充活塞、活塞环与气缸壁间的间隙,形成油封,提高了气缸的密封性,减少了漏气,从而保证了发动机的输出功率。

(5)防腐蚀作用。发动机润滑油还可以将零件表面与空气或其他腐蚀性物质隔开,减少或防止零件表面锈蚀或其他腐蚀。

二、发动机润滑油的工作条件

发动机润滑油在发动机中的工作条件十分苛刻,主要表现在以下几个方面。

(1)温度变化大。机油在发动机中工作时,接触到的各润滑部位温度很高。

(2)压力高,活塞速度变化大。发动机工作时,燃气最高压力可达 $5\sim9$ MPa,活塞环对气缸的侧压力为 $2\sim3$ MPa,活塞裙部对气缸的侧压力为 $1.0\sim1.2$ MPa。活塞平均速度可达 $10\sim15$ m/s,且活塞在上下止点时速度为0,活塞在气缸中的速度变化大。因此,摩擦表面难以形成理想的润滑状态,会产生异常磨损和擦伤。

(3)发动机零件易腐蚀。与可燃混合气和燃烧废气接触的零件(如气缸、气缸盖、活塞组等)将受到化学腐蚀。

(4)发动机润滑油易变质。发动机润滑油的高温氧化、曲轴箱窜气、杂质和沉积物的混入,会促进发动机润滑油劣化变质。

(5)发动机净化装置的采用使发动机润滑油工作条件恶化。当代汽车为适应日趋严格的汽车排放法规,在传统发动机结构中增加了排气净化装置,如曲轴箱强制通风装置(PCV)、废气再循环装置(EGR)等。这些装置使发动机润滑油的工作条件恶化,并对发动机润滑油使用性能级别提出更高的要求。

三、发动机润滑油的使用性能及评定指标

为了保证发动机润滑系的使用,同时考虑发动机润滑油苛刻的工作条件,发动机润滑油应具有以下使用性能。

1. 润滑性

在各种润滑条件下,发动机润滑油降低摩擦、减缓磨损和防止金属烧结的能力称为发动机润滑油的润滑性。发动机润滑油应具有良好的润滑性。

黏度是评定润滑性的重要指标。发动机润滑油应具有适宜的黏度。黏度过大,低温启动困难,油的泵送性能差,易出现干摩擦或半液体摩擦,循环速度慢,冷却和洗涤作用差。黏度过小,高温高压下不能形成足够厚度的油膜,摩擦和磨损加剧,密封作用不好,气缸漏气,功率下降,蒸发性大,增大油耗。

2. 低温操作性

从发动机润滑油方面保证发动机在低温条件下容易启动和可靠供油的性能,叫做发动机润滑油的低温操作性。发动机润滑油的低温操作性,包括有利于低温启动和降低启动磨损两方面。

发动机润滑油低温操作性的评定指标主要有低温动力黏度、边界泵送温度及倾点等。

(1)低温动力黏度。这是非牛顿流体流动时内部阻力特性的量度,其值为在规定的剪切速率下,切应力与剪切速率之比。低温动力黏度是划分冬用润滑油黏度级号的依据之一。

(2)边界泵送温度。这是能将发动机润滑油连续和充分地供给润滑系统机油泵入口的最低温度。边界泵送温度是衡量启动阶段发动机润滑油是否易于流到机油泵入口并提供足够压力的性能指标,也是划分冬用润滑油黏度级号的依据之一。

(3)倾点。在规定冷却条件下试验时,润滑油能够流动的最低温度称为倾点。倾点是发动机润滑油低温操作性的评定指标之一。

3. 黏温性

温度对油品黏度的影响很大。温度升高,黏度降低;温度降低,黏度升高。润滑油这种由于温度升降而改变黏度的性质称为黏温性。良好的黏温性是指油品的黏度随温度的变化程度小。

发动机润滑油所接触到的各润滑部位的工作温度差别甚大。因此,就要求发动机润滑油在高温工作时,能保持一定的黏度,以形成足够厚度的油膜,确保润滑效果;而在低温工作时,黏度又不至变得太大,以维持一定的流动性,使发动机低温时容易启动,并减小零件的磨损。

在基础油中加入黏度指数改进剂可提高油品的黏温性。能同时满足低高温使用要求的发动机润滑油称为多强度发动机润滑油,俗称稠化机油。

发动机润滑油黏温性的评定指标是黏度指数。

4. 清净分散性

发动机润滑油能抑制积炭、漆膜和油泥生成或将这些沉积物清除的性能,称为发动机润滑油的清净分散性。

发动机润滑油清净分散性的评定指标是硫酸盐灰分和残炭。发动机润滑油的清净分散性主要通过相应的发动机试验来评定。

(1)硫酸盐灰分。试样炭化后的残留物用硫酸处理,加热至质量恒定时的残留物。硫酸盐

灰分可以用来表明新润滑油中已知的含金属添加剂的浓度。

(2)残炭。油品在规定条件下受热蒸发后剩下的黑色残留物。残炭占油品总质量的百分数称为残炭值。根据残炭量大小,可以大致判断发动机润滑油在结炭中的倾向。

5.抗氧性(氧化安定性)

发动机润滑油与氧相互作用反应生成氧化产物,改变其物理和化学性质的过程,称为发动机润滑油氧化。发动机润滑油抵抗氧化的能力称为发动机润滑油抗氧性。发动机润滑油应具有良好的抗氧性。

发动机润滑油的抗氧化性通过相应的发动机润滑油试验来评定。

6.抗腐蚀性

发动机润滑油抵抗腐蚀性物质对发动机金属零部件腐蚀的能力,称为发动机润滑油的抗腐性。发动机润滑油应具有良好的抗腐性。

发动机润滑油抗腐性的评定指标是中和值或酸值,同时还要进行相应的润滑油试验。

7.抗泡沫性

发动机润滑油消除泡沫的性质称为发动机油的抗泡沫性。发动机润滑油抗泡沫性的评定指标是泡沫性。

四、发动机润滑油的分类

1.国外发动机润滑油的分类

国际上广泛采用美国汽车工程师协会(SAE)的黏度分类法和美国石油协会(API)的使用性能分类法。

1)SAE 黏度分类

1911 年,美国汽车工程师协会制订了发动机润滑油黏度分类法,中间曾几次修改,目前执行的是 SAE J300-2015《发动机润滑油黏度分类》,如表 3-7 所示。

表 3-7　SAE 发动机润滑油的黏度分类

SAE 黏度等级	低温黏度/(MPa·s)(最大)	低温泵送温度下黏度/(MPa·s)(最大)	运动黏度/(mm²/s)(100℃)		高温剪切黏度/(MPa·s)(150℃,106 s⁻¹)(最小)
			最小	最大	
0W	6 200(-35℃)	6 000(-40℃)	3.8	—	—
5W	6 600(-30℃)	6 000(-35℃)	3.8	—	—
10W	7 000(-25℃)	6 000(-30℃)	4.1	—	—
15W	7 000(-20℃)	6 000(-25℃)	5.6	—	—
20W	9 500(-15℃)	6 000(-20℃)	5.6	—	—
25W	13 000(-10℃)	6 000(-15℃)	9.3	—	—
20	—	—	5.6	<9.3	2.6
30	—	—	9.3	<12.5	2.9

SAE 黏度等级	低温黏度/(MPa·s)（最大）	低温泵送温度下黏度/(MPa·s)（最大）	运动黏度/(mm²/s)（100℃）		高温剪切黏度/(MPa·s)（150℃，106 s⁻¹）（最小）
			最小	最大	
40	—	—	12.5	<16.3	2.9(0W/40,5W/40,10W/40)
			12.5	<16.3	3.7(15W/4,20W/40,25W/40,40)
50	—	—	16.3	<21.9	3.7
60	—	—	16.3	<26.1	3.7
试验方法	ASTM-D5293	ASTM-D4684	ASTM-D445		ASTM-D4683(ASTM-D4741)

2）API 使用性能分类

1970 年，美国材料与试验协会（ASTM）、美国石油学会（API）和美国汽车工程师协会（SAE），共同提出了润滑油的使用性能必须通过规定的发动机试验确定，即 API 使用性能分类法，如表 3-8、表 3-9 所示。该分类把汽油发动机润滑油定为 S 系列，把柴油发动机润滑油定为 C 系列。

表 3-8　API 汽油发动机润滑油的使用性能分类

API 级	质 量 水 平
SA	用于运行条件非常缓和的老式汽油发动机和柴油发动机。不含添加剂
SB	用于中等运行条件下的老式汽油发动机。加少量的抗氧剂，具有轻微的抗氧性和抗磨性
SC	用于 1964—1967 年生产的汽油发动机。具有清净性和防蚀性
SD	用于 1968—1971 年生产的汽油发动机。具有比 SC 级更好的清净性和防蚀性
SE	用于 1972—1979 年生产的汽油发动机。具有比 SD 级更好的清净性和防蚀性，并具有高温抗氧化性
SF	用于 1980—1988 年生产的汽油发动机。具有比 SE 级更好的抗磨、防蚀、清净性和高温抗氧化性
SG	用于 1989—1993 年生产的汽油发动机。具有比 SF 级更好的抗磨、防蚀、清净性
SH	用于 1994 年后生产的汽油发动机。具有比 SG 级更好的抗磨、清净性和高温抗氧化性
SJ	用于 1997 年后生产的汽油发动机。具有比 SH 级更好的清净性和高温抗氧化性，并具有更长的使用寿命

表 3-9　API 柴油发动机润滑油的使用性能分类

API 级	质 量 水 平
CA	用于燃料含硫量低的轻负荷柴油发动机。具有防止轴承腐蚀和高温沉积物的性能
CB	用于 1949—1960 年生产的燃料含硫量高的中等负荷、非增压柴油发动机。在使用高硫含量燃料的情况下，具有防止轴承腐蚀和高温沉积物的性能
CC	用于 1961 年后生产的中、高负荷的增压柴油发动机和高负荷汽油发动机。对柴油发动机，具有防止高温沉积物的性能；对汽油发动机，具有防锈、抗腐和防止低温沉积物的性能

API级	质 量 水 平
CD	用于高速、高功率的增压柴油发动机。具有优良的防止高温沉积物和抗腐蚀性能,且具有防止轴承腐蚀的性能
CE	用于1983年以后生产的增压重负荷柴油发动机。具有优良的防止高、低温沉积物,抗磨和防蚀性
CF-4	用于1991年以后生产的重负荷增压柴油发动机,符合1991年的美国排放法规,具有优良的防止高温沉积物,抗磨和防轴承腐蚀性
CG-4	用于1994年以后生产的使用低硫燃料的现代增压柴油发动机,符合1994年的美国排放法规,具有更好的防止高温沉积物和控制磨损的性能

2. 我国发动机润滑油的分类

1）按黏度分类

我国于1994年发布了GB/T 14906—1994《内燃机油黏度分类》,具体分类如表3-10所示。

表3-10　我国发动机润滑油的黏度分类

黏度等级	低温黏度/(MPa·s)（不大于）	边界泵送温度/℃（不高于）	运动黏度/(mm²·s)（100℃）不低于	运动黏度/(mm²·s)（100℃）不高于	高温剪切黏度/(MPa·s)（150℃,106s⁻¹）（不低于）
0W	3 250($-30℃$)	-40	3.8	—	—
5W	3 500($-25℃$)	-35	3.8	—	—
10W	3 500($-20℃$)	-30	4.1	—	—
15W	3 500($-15℃$)	-25	5.6	—	—
20W	4 500($-10℃$)	-20	5.6	—	—
25W	6 000($-5℃$)	-15	9.3	—	—
20	—	—	5.6	<9.3	2.6
30	—	—	9.3	<12.5	3.9
40	—	—	12.5	<16.3	2.9(1)
	—	—	12.5	<16.3	3.7(2)
50	—	—	16.3	<21.9	3.7
60	—	—	21.9	<26.1	3.7

2）按使用性能分类

我国于2014年发布了GB/T 7631.17—2014《润滑剂、工业用油和相关产品(L类)的分类第17部分:E组(内燃机油)》,具体分类如表3-11和表3-12所示。

表 3-11　我国汽油发动机润滑油的使用性能分类

品种代号	使用性能
SA（废除）	用于运行条件非常温和的老式发动机润滑油，该油不含添加剂，对使用性能无特殊要求。由于该油品仅适合已经淘汰的老式汽油发动机，已经没有效能要求，因此已经废除
SB（废除）	用于缓和条件下工作的货车、客车或其他汽油发动机，也可用于使用 API SB 级润滑油的汽油发动机。由于该油品仅具有抗擦伤、抗氧化和抗轴承腐蚀性能，使用性能较差，因此也已经废除
SC	用于货车、客车或其他汽油发动机及要求使用 API-SC 级发动机润滑油的汽油发动机，可控制汽油发动机工作时的高低温沉积物、磨损、锈蚀和腐蚀等指标
SD	用于货车、客车和某些轿车的汽油发动机及要求使用 API-SE、SC 级发动机润滑油的汽油发动机。此种油品控制汽油发动机高低温沉积物、磨损、锈蚀和腐蚀的性能优于 SC 级润滑油，并可替代 SC 级润滑油
SE	用于轿车和某些货车的汽油发动机及要求使用 API-SE、SD 级汽油发动机润滑油的汽油发动机。此种油品的抗氧化性能及控制汽油发动机高温沉积物、腐蚀和锈蚀的性能优于 SD 或 SC 级润滑油，并可代替 SD 或 SC 级润滑油
SF	用于轿车和某些货车的汽油发动机及要求 API-SG 级发动机润滑油的汽油发动机。此种油品的抗氧化性和抗磨损性优于 SE 级润滑油，还具有控制汽油发动机沉积物、锈蚀和腐蚀的性能，并可代替 SE、SD 或 SC 级润滑油
SG	用于轿车和某些货车的汽油发动机及要求使用 API-SG 级汽油发动机润滑油的汽油发动机。SG 级润滑油质量还包括 CC（或 CD）级润滑油的使用性能。此种油品改进 SF 级润滑油控制发动机润滑油沉积物、磨损和油品的氧化性能，具有抗锈蚀和腐蚀的性能，并可代替 SF、SF/CD、SE 或 CC 级润滑油
SH	用于轿车和轻型货车的汽油发动机及要求使用 API-SH 级汽油发动机润滑油的汽油发动机。SH 级润滑油质量在汽油发动机磨损、锈蚀、腐蚀及沉积物的控制和润滑油的抗氧化方面优于 SG 级润滑油，并可代替 SG 级润滑油

表 3-12　我国柴油发动机润滑油的使用性能分类

品种代号	特性与使用
CA（废除）	用于使用优质柴油的柴油发动机，在轻到中负荷下运行的柴油发动机及要求使用 API CA 级柴油发动机润滑油的柴油发动机，有时也用于运行条件温和的汽油发动机，具有一定的高温清净性和抗氧抗腐蚀性。
CB（废除）	用于柴油质量较低的柴油发动机，在轻到中负荷下运行的柴油发动机及要求使用 API CA 级柴油发动机润滑油的柴油发动机，有时也用于运行条件温和的汽油发动机，具有控制发动机润滑油高温沉积物和轴承腐蚀的性能。
CC	用于在中到重负荷下运行的非增压、低增压或增压式柴油发动机，并包括一些重负荷汽油发动机。对于柴油发动机，具有控制高温沉积物和轴瓦腐蚀的性能；对于汽油发动机，具有控制腐蚀、锈蚀和高温沉积物的性能，并可代替 CA、CB 级润滑油
CD	用于需要高效控制磨损和沉积物或使用包括高硫燃料非增压、低增压及增压式柴油发动机，以及国外要求使用 API CD 级润滑油的柴油发动机，具有控制轴承腐蚀和高温沉积物的性能，并可代替 CC 级润滑油

续表

品种代号	特性与使用
CD-Ⅱ	用于要求高效控制磨损和沉积物的重负荷二冲程柴油发动机及要求使用 API CD-Ⅱ级柴油发动机润滑油的柴油发动机,同时也可以满足 CD 级润滑油的性能要求
CE	用于低速高负荷和高速高负荷条件下运行的低增压及增压式重负荷柴油发动机,以及要求使用 API CE 级润滑油的柴油发动机,同时也满足 CD 级润滑油的性能要求
CF-4	用于高速四冲程及要求使用 API CF-4 级柴油发动机润滑油的柴油发动机。在油耗和活塞沉积物控制方面性能优于 CE 级润滑油,并可代替 CE 级润滑油。此种润滑油油品特别适用于高速公路行驶的重负荷货车

五、发动机润滑油的规格

我国于 2006 年发布了 GB 11121—2006《汽油机油》和 GB 11122—2006《柴油机油》两个标准。GB 11121—2006《汽油机油》规定了 SC、SD、SE、SF 等四个级别的汽油发动机润滑油的规格。GB 11122—2006《柴油机油》规定了 CC、DD 两个级别的柴油发动机润滑油的规格。GB 11121—2006《汽油机油》规定了 SD/CC、SE/CC 和 SF/CD 等三个级别的汽油/柴油发动机通用润滑油的规格。

1.汽油发动机润滑油的规格

1)汽油发动机润滑油使用性能级别及其黏度等级

GB 11121—2006《汽油机油》中规定了现行的汽油发动机润滑油的使用性能级别及其黏度等级,如表 3-13 所示。

表 3-13　汽油发动机润滑油的使用性能级别及其黏度等级

使用性能级别	SC	SD	SE	SF
黏度等级	5W/20 10W/30 15W/40 30,40	5W/20 10W/30 15W/40 20/20W 30,40	5W/20 10W/20 15W/40 20/20W 30,40	5W/20 10W/30 15W/40 30,40

2)汽油发动机润滑油技术要求

汽油发动机润滑油的技术要求,包括理化性能要求和发动机试验要求两个方面。

2.柴油发动机润滑油的规格

1)柴油发动机润滑油使用性能级别及其黏度等级

GB 11122—2006《柴油机油》中规定了现行的柴油发动机润滑油的使用性能级别及其黏度等级,如表 3-14 所示。

表 3-14　柴油发动机润滑油的使用性能级别及其黏度等级

使用性能级别	CC	DD
黏度等级	5W/30,5W/40,10W/30,10W/40, 15W/40,20W/40,30,40,50	5W/30,5W/40,10W/30,10W/40, 15W/40,20W/40,30,40

2）柴油发动机润滑油技术要求

柴油发动机润滑油的技术要求,包括理化性能要求和发动机试验要求两个方面。

六、发动机润滑油的选用

1. 发动机润滑油的选择

选择合适的发动机润滑油是保证发动机正常工作、延长其使用寿命的重要条件。发动机润滑油的选择应遵循一定的原则,即应兼顾使用性能级别和黏度级别两个方面。首先应根据发动机结构特点和要求,确定其合适的使用性能级别,然后再根据发动机使用的外部环境温度,选择该质量等级中的黏度等级。

1）使用性能级别选择

发动机润滑油使用性能级别,主要根据发动机的结构特性、工作条件和燃油品质来选择。

(1)选择发动机润滑油压缩比、排量、最大功率、最大扭矩。

(2)发动机润滑油负荷,即发动机润滑油功率(kW)与曲轴箱机油容量(L)之比。

(3)曲轴箱强制通风、废气再循环等排气净化装置的采用对发动机润滑油的影响。

(4)汽车时开、时停等运行工况对生成沉积物和发动机润滑油氧化的影响等。

表 3-15 列出了部分汽油发动机的技术特征和要求以及润滑油规格。

表 3-15 部分汽油发动机的技术特征和要求以及润滑油规格

汽车型号	发动机型号结构特征	功率/(kW)/(r/min)	扭矩/(N·m)/(r/min)	排量/L	压缩比	汽油机油规格
解放 CA1092	CA6102	99/3 000	373/1 200~1 400	5.56	6.75 或 7.2	SD30 或 SD10W/30
东风 EQ1092	EQ6100-1 改进型	99/3 000	353/1 200~1 600	5.42	7.0	SD30 或 SD10W/30
桑塔纳 2000	闭环电控多点喷射	72/5 000	150/3 100	1.8	9.0	VW50000(改良)或 SF
捷达 CL	L-4 水冷汽油发动机	53/5 200	121/2 500	1.595	8.5	VW50101 或 SF
红旗 CA7220E	CA488 系列电控多点喷射	73.5/5 200	170/2 800~3 200	2.194	9.0	SF10W/30 或 SF15W/40
雪佛兰	VIN-L	125/4 800	300/3 200	3.8	8.5	SG 或 SH

柴油发动机润滑油使用性能级别的选择主要依据发动机润滑油的平均有效压力、活塞平均速度、机油负荷、使用条件和柴油含硫量等因素。发动机的平均有效压力、活塞平均速度等反映

发动机的强化程度,用强化系数表示。强化系数与柴油发动机润滑油使用性能级别的关系如表3-16所示。

表3-16 柴油发动机的强化程度对柴油发动机润滑油使用性能级别的要求

柴油发动机的强化程度	强 化 系 数	要求的柴油发动机润滑油使用性能级别
高强化	大于50	CD 或 CE
中强化	30~50	CC
低强化	小于30	CA(废除)或 CB(废除)

表3-17列出了部分柴油发动机的技术特性和要求以及润滑油规格。

表3-17 部分柴油发动机的技术特性和要求以及润滑油规格

汽车型号	发动机型号结构特征	缸径×行程/mm	排量/L	压缩比	最大功率/(kW)/(r/min)	最大扭矩/(N·m)/(r/min)	柴油发动机润滑油规格
解放CA1091K2	CA6110Aω形燃烧室	110 120	6.842	17	103/2 900	392/1 800~2 000	CC
依维柯8140.27S	8140.27涡轮增压	9 392	2.499	18	76/3 800	230/2 200	CD
黄河JN1181C13	X6135	135×140	12	16.5	154.4/2 100	785/1 300	CC 或 CD
斯太尔1491	WD615 67/77ω形燃烧室增压中冷型	126×130	9.7	16	206/2 400	1 070/1 400	CD15W/40
太脱拉815-2	T3A-929-1610缸,V型ω形燃烧室	120×140	16	16.6	210/2 200	1 030/1 400	CD

2)黏度级别选择

黏度是评价发动机润滑油品质的一个重要指标。它直接影响发动机润滑油的减磨、降温、清洁、除锈、防尘、吸收振动和密封等作用。选择发动机润滑油的黏度级别主要是根据气温、工况和发动机润滑油的技术状况。

发动机润滑油黏度选用要适当,一般要遵循以下原则。

(1)应根据工作地区的环境温度、发动机负荷、转速选用适宜黏度等级的发动机润滑油,以保证零件正常润滑。

一般我国南方夏季气温较高,对重负荷、长距离运输、工况恶劣的汽车应选用黏度较大的发动机润滑油。北方地区冬季气温低,应选用低黏度发动机润滑油,以保证发动机易于启动,减少零部件磨损。

发动机润滑油黏度级别的选择,还与发动机润滑油的技术状况有关。新发动机应选择黏度较小的发动机润滑油;磨损严重的发动机应选择黏度较大的发动机润滑油。发动机润滑油的黏度要保证发动机润滑油低温易于启动,而走热后又能维持足够黏度保证正常润滑。

从工况方面考虑,重载低速和高温下应选择黏度较大的发动机润滑油;轻载高速应选择黏度较小的发动机润滑油。

(2)应尽量选用黏温特性好、黏度指数高的多级油。多级油使用温度范围比单级油大,具有低温黏度油和高温黏度油的双重特性。

发动机润滑油黏度级别选择可参考表 3-18。

表 3-18　SAE 黏度级号与适用气温对照表

SAE 黏度级号	适用温度/℃
5W/30	−30～30
10W/30	−25～30
15W/30	−20～30
15W/40	−20～40 以上
20/20W	−15～20
30	−10～30
40	−5～40 以上

2. 使用注意事项

对发动机润滑油作出合理选择后,必须依据规定对其加以正确使用。

(1)要注意使用中润滑油颜色、气味的变化,有条件者可以定期检查润滑油的各项性能指标,一旦发现颜色、气味及性能指标有较大变化,应及时更换,不应教条地照搬换油期限。

(2)换油时应采用热机放油方法。即在更换发动机润滑油时,应先运行车辆,然后趁热放出润滑油,以便使机内的油泥、污物等可能地随润滑油一起排出。

(3)加注发动机润滑油要注意适量。油量不足会加速润滑油的变质,而且会因缺油而引起零件的烧损;发动机润滑油过多,则不仅会增大润滑油的消耗量,而且过多的润滑油易窜入燃烧室内,将恶化混合气的燃耗。

(4)要定期检查清洗发动机润滑油滤清器,清理油底壳中的脏、杂物。

(5)要避免不同牌号的发动机润滑油混用,以免相互起化学反应。

(6)选购时,应尽可能地购买有影响、有知名度的正规厂家的发动机润滑油,要特别注意辨别真假,确保润滑油的品质。

此外,业内人士就发动机润滑油使用中存在的主要问题,归纳出了使用八忌:

(1)忌选用黏度偏高的润滑油;

(2)忌随意选择代用油品;

(3)忌使用中只添不换;

(4)忌把润滑油颜色变黑作为更换润滑油的主要依据;

(5)忌润滑油加注量过多;

(6)忌不了解发动机的结构特点选择润滑油;

(7)忌储存、使用中混入水分;

(8)忌选用劣质冒牌润滑油。

【复习延伸】

(1)发动机润滑油的主要作用有哪些?

(2)为确保发动机正常工作,对发动机润滑油提出了哪些要求?

(3)简述发动机润滑油的主要使用性能指标。

(4)国外是如何对发动机润滑油进行分类的? 我国是如何对发动机润滑油进行分类的?

(5)简述发动机润滑油的规格。

(6)如何正确选用发动机润滑油?

(7)如何检测发动机润滑油的质量?

◀ 任务3 润滑脂及其选用 ▶

【学习目标】

通过本任务的学习,了解车用润滑脂的分类及其主要使用性能指标,熟悉常用润滑脂使用性能和特点,掌握车用润滑脂的选择和使用方法。

【基础知识】

一、车用润滑脂的组成与分类

润滑脂是将稠化剂分散于液体润滑剂中形成的一种固体或半流体的产品,其中也可能包含为改善其特性而加入的某些添加剂。润滑脂的主要作用是润滑、保护和密封。绝大多数润滑脂用于润滑,称为减摩润滑脂。

1.润滑脂的基本组成

润滑脂主要由基础油、稠化剂、添加物(添加剂和填料)三部分组成。一般润滑脂中基础油的质量分数为 $75\%\sim90\%$,稠化剂的质量分数为 $10\%\sim20\%$,添加剂和填料的质量分数在 5% 以下。

1)基础油

基础油是润滑脂分散体系中的分散介质,对润滑脂的性能有较大影响。一般润滑脂多采用中等黏度及高黏度的石油润滑油作为基础油。

2)稠化剂

稠化剂是润滑脂的重要组成部分。稠化剂分散在基础油中并形成润滑脂的结构骨架,使基础油被吸附和固定在结构骨架中。润滑脂的抗水性及耐热性主要由稠化剂所决定。

3)添加剂和填料

一类添加剂是润滑脂所特有的,称为胶溶剂,它能使油皂结合更加稳定,如甘油和水等。另一类添加剂和润滑油中一样,如抗氧、抗磨和防锈剂等,但用量一般较润滑油中多。有时为了提高润滑脂抵抗流动和增强润滑的能力,常添加一些石墨、二硫化钼和炭黑等作为填料。

2. 润滑脂的分类

1）按稠化剂分类

按稠化剂进行分类即分为皂基脂、羟基脂、无机脂和有机脂四类。皂基脂按所含皂类稠化剂的不同又分为单一皂基脂、混合皂基脂和复合皂基脂。

常见的单一皂基脂有钙基脂、钠基脂、锂基脂、铝基脂、钡基脂、铅基脂等；常见的混合皂基脂有钙钠基脂、钙铝基脂、铅钡基脂、铝钡基脂等；常见的复合皂基脂有复合钙基脂、复合铝基脂等。

润滑脂按稠化剂组成分类，局限性较大，使用同一种稠化剂可以生产出许多种具有不同性能的润滑脂，即使是不同类型的稠化剂生产的润滑脂，其性能也往往难以准确区分。所以，以稠化剂组成分类，使用者会感到混淆不清，不依据使用经验及查找对应标准就难以选用。

2）按操作条件分类

这种分类标准主要参照采用国际标准（ISO），适用于润滑各种设备、机械部件、车辆等所有种类的润滑脂，不适用于特殊用途的润滑脂，即只对起润滑作用的润滑脂适用，对起密封、防护等作用的专用润滑脂不适用。润滑脂属于 L 类（润滑剂和有关产品）的 X 组（润滑脂）。

根据规定，每一种润滑脂用一组（5 个）大写字母组成的代号来表示，每个字母都有特定的意义。字母 1 指润滑脂的组别代号，字母 2 指最低操作温度，字母 3 指最高操作温度，字母 4 指在水污染的操作条件下，其抗水性能和防锈水平，字母 5 指在高负荷或低负荷场合下的润滑性能。

润滑脂标记的字母顺序及含义分别见表 3-19、表 3-20、表 3-21。

表 3-19　润滑脂标记的字母顺序

L	字母 1	字母 2	字母 3	字母 4	字母 5	稠度等级
润滑剂类	润滑剂组别	最低温度	最高温度	水污染（抗水性、防锈性）	极压性	稠度号

表 3-20　水污染的确定

环境条件①	防锈性②	字母 4
L	L	A
L	M	B
L	H	C
M	L	D
M	M	E
M	H	F
H	L	G
H	M	H
H	H	I

注：①L 干燥环境；M 静态潮湿环境；H 水洗。

②L 不防锈；M 淡水存在下的防锈性；H 盐水存在下的防锈性。

表 3-21 X 组的分类

字母1	总的用途	使用要求									标记	备注
		操作温度范围				水污染	字母4	负荷EP	字母5	稠度		
		最低温度①/℃	字母2	最高温度②/℃	字母3							
X	用润滑油脂的场合	0 -20 -30 -40 <-40	A B C D E	60 90 120 140 160 180 >180	A B C D E F G	在水污染的条件下,润滑脂的润滑性、抗水性和防锈性	A B C D E F G H I	在高负荷或低负荷下,表示润滑脂的润滑性和极压性,用A表示非极压型脂,用B表示极压型脂	A B	可选如下稠度号 000 00 0 1 2 3 4 5 6	润滑脂的标记是由代号X与其他字母及稠度等级号联系在一起来标记的	包含在这个分类体系里的所有润滑脂彼此相融是不可能的。而由于缺乏相容性,可能导致润滑脂性能水平的剧烈降低,因此,在允许不同的润滑脂相接触前,应和产销部门协商

注：①设备启动、运转，或者泵送润滑脂时所经历的最低温度。

②在使用时，被润滑部件的最高温度。

3. 润滑脂的使用特点

与润滑油比较，润滑脂有如下特点。

(1)在金属表面有良好的黏附性，不易流失，在不易密封的部位使用，可简化润滑系统的结构。

(2)抗碾压，在高负荷和冲击负荷下，仍有良好的润滑能力。

(3)润滑周期长，不需要经常补充，可以降低维护费用。

(4)具有更好的密封和防护作用。

(5)使用温度范围较宽。

(6)黏滞性大，运转时阻力大，功率损失也大。

(7)流动性差，冷却和清洗作用差，固体杂质混入后不易清除。

(8)加脂、换脂比较困难。

二、车用润滑脂的主要使用性能指标

根据汽车用脂部位的工作条件，对润滑脂的基本要求：适当的稠度，良好的耐热性、抗水性、抗磨性、防锈性、防腐性和胶体安定性等。

1. 稠度

稠度是指像润滑脂一类的塑性物质在受力作用时抵抗变形的程度。稠度是塑性的一个特征，是反映润滑脂的变形和流动阻力的一个笼统概念。

润滑脂稠度的评定指标是锥入度，一般用锥入度计测定。锥入度值越大，表示润滑脂体系的结构力越弱,即稠度越小,越易变形和流动。

选用润滑脂必须考虑适宜的稠度。美国润滑脂协会(NLGI)按润滑脂在 25℃ 的工作锥入度将润滑脂分为 9 个牌号,国际上已经广泛采用,具体分法如表 3-22 所示。

表 3-22　NLGI 稠度分级和锥入度范围　　　　　　　　单位:0.1mm

级　号	000	00	0	1	2	3	4	5	6
锥入度范围	445～475	400～430	355～385	310～340	265～295	220～250	175～205	130～160	85～115

2. 低温性能

在寒冷地区使用的汽车,要求润滑脂仍能保持良好的润滑性能。评定润滑脂低温性能的指标是相似黏度和低温扭矩。

相似黏度是指在一定温度和一定剪切速率下,润滑脂流动时的切应力量与剪切速率的比值,一般随温度的上升而下降。由于润滑脂的相似黏度以温度和剪切速率两个固定条件为前提,因此对相似黏度要注明这两个前提条件。

低温扭矩表示润滑脂在低温条件下使用时阻滞低速度滚珠轴承转动的程度,一般用 9.8 N·cm 的转矩测出轴承在 1 min 内转动一周时的最低温度,作为润滑脂的最低使用温度。

3. 高温性能

温度对润滑脂的流动性具有较大影响,温度升高,润滑脂变软,使得润滑脂附着性能降低而易于流失。另外,在较高温度条件下还易使润滑脂的蒸发损失增大、氧化变质和分油严重。高温性好的润滑脂可以在较高的使用温度下保持其附着性能,其变质失效过程也较缓慢。

评定润滑脂高温性的指标主要有滴点、蒸发量和漏失量。

润滑脂的滴点是其在规定的试验条件,润滑脂达到一定流动性的最低温度。它主要取决于稠化剂的种类与含量。滴点越高,润滑脂的耐热性越好。

润滑脂的蒸发量是指在规定的试验条件下,因蒸发而引起润滑脂质量损失的百分数。润滑脂的蒸发量主要取决于所采用的基础油的种类、馏分组成和分子量。蒸发量可以定性地表示润滑脂上限使用温度。

评定润滑脂高温性能还有一项指标是测定润滑脂轴承漏失量,漏失量越大,润滑脂的高温工作性能越差。

4. 抗水性

润滑脂的抗水性表示润滑脂在遇水后抵抗结构和稠度改变的性能。润滑脂吸水后,会使稠化剂溶解而致滴点降低,引起腐蚀,从而降低保护作用。

润滑脂抗水性的评定指标是水淋流失量,一般根据 SH/T 0109－2004《润滑脂抗水淋性能测定法》测定。

5. 防蚀性

润滑脂的防蚀性是指润滑脂防止零件锈蚀、腐蚀的性能,一般通过防腐蚀性试验、腐蚀试验、测定游离碱和游离有机酸的方法进行评定。

6. 机械安定性

机械安定性是指润滑脂在机械工作条件下抵抗稠度变化的能力。它主要取决于稠化剂纤维本身的强度、纤维间接触点的吸引力和稠化剂的量。机械安定性差的润滑脂使用时容易变稀甚至流失,影响润滑脂的寿命。

7. 胶体安定性

胶体安定性是指润滑脂抵抗温度和压力影响而保持胶体结构的能力,也就是基础油与稠化剂结合的稳定性。

润滑脂是一个胶体分散体系,胶体结构的稳定常受温度、压力的影响而不同程度地遭受破坏,使固定在纤维空间骨架中的基础油分离出来,严重的会使润滑脂变质。因此,对润滑脂的分油性要有适当的要求,分油量是评定润滑脂胶体安定性的重要指标。

8. 氧化安定性

润滑脂氧化产生腐蚀性物质,破坏脂的结构,引起金属腐蚀和缩短脂的使用寿命。

润滑脂的氧化安定性是其在储存和使用中抵抗氧化、保持其性质不发生永久变化的能力,主要取决于基础油的抗氧化性。

9. 极压抗磨性

涂在相互接触的金属表面的润滑脂所形成的脂膜,能承受来自轴向和径向的负荷。脂膜承受负荷的特性叫做润滑脂的极压性。

抗磨性是指润滑脂通过保持在运动部件表面间的脂膜,防止金属与金属相接触而磨损的能力。润滑脂的稠化剂本身就是油性剂,具有较好的抗磨性。

三、车用润滑脂的选用

1. 润滑脂的选用原则

润滑脂的选用应根据车辆和机械设备使用说明书的规定,选用与用脂部位工作条件相适应的润滑脂品种和稠度牌号。考虑的因素主要有:使用润滑脂的目的、润滑部位、工作温度、转速、负荷、工作环境及润滑脂加注方式等。

1)明确润滑脂的使用目的

选择润滑脂时,首先应明确使用润滑脂的目的。按润滑脂所起的主要作用,润滑脂主要分为减摩、防护、密封三大类,而选用润滑脂就要看其在使用部位所要起的作用是以哪一个为主,选用符合要求的润滑脂。

2)考虑润滑部位的工作温度

机械摩擦部位的温度高低及温度变化对润滑脂的润滑作用和使用寿命有决定性影响,润滑部位的工作温度是选择润滑脂的重要依据。表3-23所示为根据润滑部位最高温度选择润滑脂的方法。

表3-23　根据润滑部位最高温度选择润滑脂

最高温度	稠化剂类型	基础油类型
40~50℃	Ca皂、Li皂	矿物油
100~120℃	Li皂、复合皂	矿物油
~150℃	复合锂、复合铝、复合钡	矿物油、聚α烯烃
180~20℃	复合锂、膨润土、聚脲、酰胺盐	酯类油、聚α烯烃、烷基硅油
~250℃	聚脲、含氟化合物	苯基硅油、含氟聚醚
~300℃	淡化硼、硅胶	高苯基聚醚

3)考虑润滑部位的负荷

负荷是指摩擦面单位面积所受的压力。根据高负荷和低负荷的工作条件分别选用极压型润滑脂(B)和非极压型润滑脂(A)。

重型机械设备的齿轮、轴承、蜗轮、蜗杆等都承受较大的负荷,必须考虑使用加有抗磨极压添加剂的润滑脂。为了提高抗磨作用,增强抗振动、抗冲击负荷的能力,还可考虑选用加有二硫化钼、石墨或其他固体润滑剂的润滑脂。

4)考虑润滑部位的速度

由于润滑脂属于流变体系,它的相似黏度随剪切速率而改变。因此,润滑脂的物理状态和润滑作用对润滑部件的运转速度特别敏感,这一点与润滑油有所不同。

运动速度越大,润滑脂所受的剪切应力越大,稠化剂结构受到的破坏作用越大,使用寿命就会缩短。因此,在负荷、温度相同情况下,速度是影响润滑脂应用的主要因素。

对于轴承来说,设 d 为轴承内径(mm),n 为轴承转速,$d \leqslant 50$ mm,当 $dn \leqslant 300\ 000$ 时,采用脂润滑,当 $dn > 300\ 000$ 时,采用油润滑;$d > 50$ mm,当 $dn \leqslant 300\ 000$ 时,采用脂润滑,当 $dn > 300\ 000$ 时,采用油润滑。

一般情况下,同种轴承转速越快,应选用稠度较小的润滑脂,反之亦然。个别性能优异的轴承脂可用于 dn 值为 $500\ 000 \sim 1\ 000\ 000$ 的轴承。

5)考虑润滑部位的环境和所接触的介质

润滑部位所处的环境和所接触的介质对润滑脂的性能有极大影响。因此,在选择润滑脂时,应慎重考虑。

(1)潮湿或易与水接触的部位,不能选用钠基脂;易接触大量水或经常浸泡在水中的部位,甚至不宜使用锂基脂,应考虑选用抗水性更好的复合铝、锂-钙基脂或聚脲脂。

(2)与酸或酸性气体接触的部位,不能使用普通的锂基脂、复合钙、复合铝、膨润土脂等,否则易变稀流失。可选用抗酸性能较好的复合钡基脂或聚脲脂。若接触强酸性或强氧化性介质,应使用全氟润滑脂。

(3)与海水、食盐水接触的部位,可选用复合铝基脂;与橡胶接触的部位,可选用以石蜡基基础油或酯类油-硅油组成的基础油制成的脂。

(4)接触燃料油类或矿物润滑油介质的部位,可选用由无机稠化剂(如膨润土)稠化硅油等合成油的脂。

6)考虑润滑脂的加注方式

润滑脂的加注方法有人工加注和泵集中加注。涂抹、填充、脂枪加注、脂杯加注等都属于人工加注。表 3-24 所示为考虑加注方式的润滑脂选用原则。

表 3-24 考虑加注方式的润滑脂选用原则

NLGI 稠度等级	工作锥入度(25℃)	使 用 方 式
000 号	445~475	集中润滑系统
00 号	400~430	集中润滑系统、齿轮箱
0 号	355~385	同 00 号
1 号	310~340	脂杯、脂枪、集中润滑系统
2 号	265~295	同 1 号

续表

NLGI稠度等级	工作锥入度(25℃)	使用方式
3号	220～250	脂杯、脂枪、手工涂抹
4.5号	175～205,130～160	同3号、开式齿轮
6号	85～115	块脂、较硬、手工加注、开始齿轮

7)考虑综合效益

满足机械使用要求的润滑脂有多种,而选用润滑脂时,不仅关心其价格高低,还要看其是否延长了润滑周期、降低检修费用等相关内容,只有综合效益突出的润滑脂,才是适用的润滑脂。考虑综合效益选用润滑脂时可参考表3-25和表3-26。

表3-25 矿物油及合成油润滑脂的分类、性能和应用特性

润滑脂		注 释						
稠化剂	基础油	使用温度/℃	滴点/℃	抗水性	防腐蚀性	极压性	滚动轴承适应性	应 用
钙基(12-羟硬脂酸钙)	矿物油	−20～70	<130	0～40	0/2	++	−−	密封脂
锂基(12-羟硬脂酸锂)	矿物油	−30～120	<200	0/2−90	0/3	+	+++	滚动轴承基础脂
	酯类油	−60～120	<200	0/2−90	0/3	+	+++	低温润滑脂
								高温润滑脂
								高速润滑脂
	PAO	−50～120	<200	0/2−90	0/1	−	+	低温、高速润滑脂
	聚乙二醇	−40～140	=200	1/2−90	1/5	++	++	高温润滑脂
	硅油	−60～160	=200	0−90	0/3	−−	++	高、低温润滑脂
钠基	矿物油	−20～100	130/200	3−90	2/5	+	++	滚动轴承基础脂
复合铝	矿物油	30～140	>230	0/1−90	0/3	++	+++	高温润滑脂
复合锂	PAO	−50～150	>250	0/1−90	0/10/1	++	++++	滚动轴承润滚动轴滑脂承润滑脂
	矿物油	−30～140	>250	0/1−90				
复合钡	矿物油	−30～120	>200	0−90	0/1	+++	+++	极压润滑脂
	酯类油	−40～120	>200	0−90	0/1	+++	+++	高速、极压、低温润滑脂
复合钙	矿物油	−30～120	>200	0−90	0/1	+++	+++	极压润滑脂低温润滑脂密封脂

润滑脂								注　释
	酯类油	−50～140	＞200	0−90	0/1	＋＋＋	＋＋＋	高速、极压、低温润滑脂
复合钠	矿物油	−30～160	＞220	1−90	0/1	＋＋	＋＋＋	低温润滑脂
	硅油	−50～200	＞220	1−90	0/1	－－	＋＋	长寿命润滑脂
膨润土聚脲	矿物油	−20～160	＞220	0−90	0/5	＋＋	＋＋＋	高温润滑脂
	矿物油	−20～160	＞250	0−90	0/1	－	＋＋	高温润滑脂
	酯类油	−40～180	＞250	0−90	0/1		＋＋	高温润滑脂
	PAO	−40～165	＞250	0−90	0/1		＋＋	长寿命润滑剂同酯类油
	聚苯醚	−5～200	＞250	0−90	0/1	＋＋	＋＋	高温、长寿命润滑剂
聚合物（聚乙烯、聚四氟乙烯、氟化乙丙烯）	硅油	−50～200	无	0−90	0/3	－－	＋＋	高温、长寿命润滑脂
	高温、永久润滑脂 聚苯醚	−40～250	不可测量	0−90	0/1	＋＋		＋＋

注：＋＋＋为很好，＋＋为好，＋为一般，－为差，－－较差。

表 3-26　不同工况下润滑脂的选用标准

润滑部位的条件			皂基				非皂基	润滑油黏度			稠度		
			钙	钠	铝	锂		高	中	低	硬	中	软
轴承	滑动		○	○	○	○	○						
	滚动		○	○	○	○	○						
环境	接触水分		○	×	○	○	○						
	接触化学品		×	×	×	×	○						
	轴承温度	高	×	○	×	○	○	○	×	○	○	○	×
		中	○	○	○	○	○	×	○	○	○	○	○
		低	○	×	○	○	○	×	×	○	×	○	○
运转条件	速度条件(dn)	大	○	×	×	○	○	×	○	○	×	○	○
		小	○	○	○	○	○	○	○	○	×	○	○
	负荷	大	○	○	×	○	○	○	○	×	○	○	×
		小	○	○	○	○	○	×	○	○	×	○	○
	冲击负荷		×	○	○	○	○	○	○	×	○	○	×
加注方式	人工		○	×	○	○	○	○	○	×	○	○	×
	油杯		○	○	○	○	○	×	○	○	×	○	○
	压力注脂器		○	○	○	○	○	×	○	○	×	○	○
	集中		○	×	○	○	○	×	○	○	×	○	○

注：○为可选用，×为不可选用。

2.使用注意事项

(1)不同种类的润滑脂不得混用,否则易使润滑脂变软和胶体安定性下降,换用新鲜润滑脂时,须将原润滑脂擦净,否则会加速新鲜润滑脂氧化变质。

(2)润滑脂一次加入量不要过多,否则会使运转阻力增加,工作温度过高。

(3)一般情况下,润滑脂与润滑油不能混用。

(4)润滑脂应储存在阴凉干燥处,不要在露天存放,并防止日晒、雨淋和灰、砂的浸入。

【复习延伸】

(1)润滑脂主要由哪几部分组成?

(2)汽车哪些部位使用润滑脂?各种性能的评定指标是什么?

(3)润滑脂的牌号是怎样划分的?

(4)我国大部分汽车推荐使用哪种润滑脂?

(5)中、高档润滑脂是根据什么划分?

◀ 任务4 手动变速器润滑油及其选用 ▶

【学习目标】

通过本任务的学习,了解手动变速器润滑油(MTF)的主要使用性能指标,掌握 MTF 的选用原则。

【基础知识】

随着手动变速器技术不断发展,普遍使用的满足 API GL-4 规格的油品在同步器性能、橡胶相容性、氧化安定性等方面已经不能满足当前带同步器的新型手动变速器的运行要求,手动变速器润滑油(MTF)应运而生。MTF 与 API GL-4 的差异可见表 3-27 所列。

表 3-27 MTF 与 API GL-4 规格油品的性能差异

性 能 要 求	API GL-4	MTF
低温换挡性能	良好	优异
热氧化稳定性	良好	优异
剪切稳定性	良好	优异
抗磨性能	优异	优异
同步器耐久性能	可接受	优异
同步器换挡性能	可接受	优异
橡胶相容性	可接受	良好
抗腐蚀性	可接受	良好

一、MTF 的主要使用性能指标

MTF 的性能要求包括热氧化安定性、低温换挡性、同步器耐久性、橡胶相容性、低黏度及剪

1. 热氧化安定性

MTF必须具有良好的热氧化安定性,能够有效防止沉积物的生成,避免造成轴承、密封材质及同步器等损坏;同时有利于延长油品的使用寿命,甚至达到终身不换油。

2. 低温换挡性

油品的运动黏度和摩擦特性对手动变速器换挡质量影响较大。由于油品黏度会随着温度降低而显著增大,造成换挡不顺畅。因此,要求MTF具有较好的换挡性能。建议采用多级MTF,比较常见的黏度等级是80W-90、75W-90等。

MTF的动、静摩擦系数数值对手动变速器的换挡质量影响较大。因此,油品须具有较合理的动、静摩擦系数。

3. 同步器耐久性

同步器的性能影响着变速器的换挡质量,要求MTF不但具有优良的黏温特性和摩擦特性,而且应具有良好的抗氧化安定性、防腐性、摩擦特性的保持性,以保证同步啮合的性能。

4. 橡胶相容性

MTF必须具有较好的橡胶相容性,避免因油品与密封件不相容导致密封件膨胀、收缩或者变形等而发生油品泄漏等问题。

5. 低黏度及剪切安定性

由于终端用户对现代汽车燃油经济性提出了更高的要求,促进了低黏度MTF的应用。许多汽车厂商开始使用75W-85或75W-80低黏度MTF作为其装填和售后用油。为了适应车辆齿轮油的发展,美国汽车工程师协会(SAE)于2005年推出了新的SAE J306《驱动桥和手动变速器润滑剂黏度分类》,细化了黏度划分,同时要求油品具有较好的剪切安定性。每个等级的黏度指标必须通过CECL-45-T-93(20 h)剪切试验,而且试验后仍需满足最小黏度数值要求。

二、MTF的选用

MTF的选用应遵循以下原则。

(1)核实车辆用户手册,尽量选用手册推荐的手动变速器用油品种、黏度牌号;

(2)带同步器的新型手动变速器应该使用MTF,尽量不要使用普通的API GL-4车辆齿轮油;

(3)应依据车辆行驶的环境温度来确定MTF的黏度等级,MTF黏度等级可参照表3-28选择。

表3-28 MTF黏度等级选择

环境温度/℃	黏度级别
−57～+10	75W
−25～+49	80W/90
−15～+49	85W/90
−12～+49	90
−15～+49	85W/140(重载)
−7～+49	140

【复习延伸】

(1)MTF 的主要使用性能有哪些?

(2)选用 MTF 时,应遵循哪些原则?

◆ 任务5 自动变速器润滑油及其选用 ◆

【学习目标】

通过本任务的学习,了解自动变速器润滑油(ATF)的主要使用性能指标,熟悉 ATF 的分类与规格,掌握 ATF 的选用方法和原则。

【基础知识】

自动变速器润滑油(ATF)又称液力传动油,其作用除了润滑冷却外,还可以传递动力和压力能(充当液力元件及液压操纵系统的工作介质)。因此,它对自动变速器的工作、使用性能及使用寿命都有非常重要的影响。

一、ATF 的主要使用性能指标

ATF 的性能要求包括黏度、摩擦特性、抗热氧化性、防腐性、密封材料适应性和抗泡沫性等。

1. 黏度

黏度是指油温在 100℃(工作温度)时的运动黏度(ATF 内部的摩擦力,即流滞阻力)。ATF 的黏度指标一般为 7~8。黏度过小,不易形成油膜,会加剧零件磨损,并使执行机构的油压降低,从而出现换挡不正常等故障。黏度过大,流动性差,使发动机启动后,油液供至各控制阀、执行机构的时间延迟,造成换挡滞后时间增加,严重时可能引起离合器打滑或烧结。高品质的 ATF 黏度都在 7 左右,特点是反应迅速,换挡快捷而平稳,摩擦系数小,工作温度低,使用寿命长。

2. 摩擦特性

ATF 的动、静摩擦系数对自动变速器的换挡质量影响较大,因此,必须具有较合理的动、静摩擦系数。动摩擦系数对转矩传递和换挡时间有明显影响,过小会影响传递功率,使离合器打滑,换挡时间延长。静摩擦系数过大,会使换挡后期转矩急剧增大,发出异响,使换挡过程恶化。ATF 的摩擦特性在很大程度上是由被称为摩擦改进剂的添加剂所决定的。

3. 抗热氧化性

ATF 的抗氧化性是使用中一个极为重要的问题。汽车在行驶中,ATF 的温度随行驶条件变化而变化。高速行驶的轿车,ATF 的温度为 80~90℃。在苛刻的条件下,最高温度可达 150~170℃,这种温度对油温氧化的影响虽然比发动机机油低。但如果氧化产生油泥、漆膜和酸性物质,黏度的变化将对离合器产生不良影响,引起摩擦特性改变,甚至腐蚀离合器片、衬套和止推垫片。因此,汽车 ATF 对抗氧化性要求越来越高。

4. 抗磨性

为使自动变速器的行星齿轮机构的齿轮及轴承和油泵等正常工作,要求 ATF 应具有良好的抗磨性能,为此在 ATF 中加有抗磨剂。

5. 防腐性

ATF 的防腐性是指油品防止零件氧化腐蚀的性能。在液力传动装置中有许多铜接头、铜管道、有色金属轴瓦、止推轴承等。因此,该类金属的氧化腐蚀应该严加控制。否则,会影响整个传动系统的工作可靠性及寿命。

6. 密封材料适应性

ATF 的密封材料适应性是指 ATF 不应对变速器中的橡胶密封装置产生腐蚀。

7. 抗泡沫性

ATF 的抗泡沫性是指油品能否消除泡沫的性质。ATF 在高速流动中产生泡沫,泡沫对传统系统的危害极大,会影响自动控制系统的准确性,还影响变矩器的性能和破坏工作的润滑件。为了防止泡沫的产生,ATF 中要加入抗泡沫添加剂,以降低油品的表面张力,使泡沫迅速从油中析出。

二、ATF 的分类和规格

1. ATF 的分类

国外 ATF 多采用美国材料与试验协会(ASTM)和美国石油学会(API)共同提出的 PTF(power transmission fluid)分类方法,如表 3-29 所示。

表 3-29　液力传动油使用分类

分　　类	应　用　范　围
PTF-1	乘用车、普通载货汽车(原轻型货车)自动变速器
PTF-2	普通载货汽车(原重型货车)和越野汽车等自动变速器
PTF-3	农业和建筑机械等用液力传动油

2. ATF 的规格

这里仅介绍属于 PTF-1 类的 ATF 的规格。

(1)通用汽车公司的 DEXRON 系列 ATF。根据性能的不同分为 DEXRON、DEXRONⅡD、DEXRONⅡE、DEXRONⅢ。

(2)福特汽车公司的 MERCON ATF。1998 年,美国福特汽车公司新开发了 MERCON ATF,这是一种新的含有摩擦改进剂的 ATF。

(3)我国 ATF 的企业标准,将 ATF 分为 ATF-Ⅱ(DEXRON Ⅱ)、ATF-ⅡE(DEXRON ⅡE)、ATF-Ⅲ(DEXRON Ⅲ)。

以上介绍的仅是国外 ATF 的典型规格,实际上有些汽车公司经常推荐自定的 ATF。

三、ATF 的选用

1. ATF 的选用

ATF 的选择原则是一定要加注原厂推荐规格的 ATF。

(1)按照 ATF 各类油的适用范围来选择。

(2)按照车辆使用说明书的规定来选择。

(3)一般轿车和轻型货车变速器都选用符合通用公司的 DEXRON 规格的 ATF 润滑油,常用的是 DEXRON ⅡD。电控自动变速器可选低温性能优良的 DEXRON ⅡE 或选用最新规格 DEXRON Ⅲ。

(4)重负荷车辆的自动变速器可选用埃里森的 ALLISON C-3 或 C-4 规格的 ATF。

(5)卡特皮勒公司生产的大型载货汽车、挖掘机和矿山机械的自动变速器要求使用 Caeterpillar To-4 规格的 ATF。

2. ATF 使用注意事项

ATF 使用过程中,应注意以下事项。

(1)注意保持油温正常。长时间重载低速行驶,将使油温上升,加速油的氧化变质,形成沉积物和积炭,阻塞细小的通孔和油液循环管路,进而使自动变速器进一步过热,最终导致变速器损坏。

(2)经常检查油位。车辆停放在水平地面上,发动机怠速运转,油温在正常范围内,此时油位应在自动变速器游标尺上的热态油位。自动变速器油位不能过高或过低,否则,自动变速器将出现故障。

(3)按照车辆使用说明书的规定更换 ATF 和过滤器(或清洗滤网),同时拆洗自动变速器油底壳。

(4)检查油面和换油时,注意油液的状况。在手指上蘸少许油液,用手指互相摩擦看是否有渣粒存在,并从游标尺上嗅闻油液气味及观察油液外观颜色。

(5)换油时应将油底壳和油路清洗干净,按需要量加入新油。

(6)不同牌号、不同品种的 ATF 不能混用,同牌号不同厂家生产的也不宜混用。

【复习延伸】

(1)ATF 的主要使用性能有哪些?
(2)国外 ATF 是如何分类的?
(3)ATF 主要有哪些典型规格?
(4)选用 ATF 时应注意哪些事项?

◀ 任务6　动力转向液、减振器油及其使用 ▶

【学习目标】

通过本任务的学习,了解动力转向液和减振器油的主要使用性能指标,掌握动力转向液和减振器油的选用方法和原则。

【基础知识】

一、动力转向液及其使用

动力转向液又称为助力转向液,用于液压助力转向系统中传递压力以使车辆转向的工作介质。

1. 动力转向液的主要性能要求

动向转向液的性能要求主要包括低温性能、黏温特性、抗磨损性能、抗锈蚀性能、空气释放性能、抗泡沫性、剪切稳定性和橡胶适应性等。

1) 低温性能和黏温特性

动力转向液应具有优异的低温性能和良好的黏温特性，以保证动力转向液能在各种条件下都能及时传递压力。

2) 抗磨损和抗锈蚀性

动力转向液应具有良好的抗磨损和抗腐蚀性能，避免助力系统零部件的磨损和腐蚀。

3) 空气释放性能和抗泡沫性

动力转向液应具有良好的空气释放性能和抗泡沫性能，防止助力系统零部件产生气蚀（穴蚀）。

4) 剪切稳定性和橡胶适宜性

动力转向液应具有良好的剪切稳定性和橡胶适宜性。

2. 动力转向液的选用

不同的车种和车型的动力转向系统的精密程度和使用要求有差异。因此，厂家对动力转向液的选择和换油周期的规定也有所不同。目前，国际上还没有专门的动力转向液标准。通常用作动力转向液的润滑油品种包括：ATF 自动传动液、6 号或 8 号液力传动油和多级发动机油。

国内过去一些中、低档车的动力转向系统一般加注 22 号汽轮机油或 46 号液压油。低温寒带地区选用 10 号航空液压油、6 号或 8 号液力传动油。现在新型或高档的车种和车型多选择 ATF 自动传动液或合成液力传动油。

动力转向液的选择和更换，一般应根据汽车厂商的车辆保养手册中的规定。

北京奔驰戴克定时定程养护计划规定：每 72 000 km 或每 36 个月做一次动力转向系统清洗保护；每 48 000 km 或每 24 个月更换动力转向液。

北京众义达汇诚汽车销售服务有限公司针对帕萨特系列动力转向系统规定：每 60 000 km 检查转向液面，必要时加注转向液；

浙江吉奥汽车规定：每行驶 40 000～45 000 km 需清洗保养一次，或遇转向系统渗漏，更换动力转向机配件后，也须清洗保养一次。

私车车主应注意切勿将动力转向用油和制动液混淆，否则会导致系统失灵。另外，转向时不可将方向"打死"，特别是在原地转向时，要留有一定的余量，保证液压转向系统处于正常工作状态。

动力转向机构在发动机不工作时（被牵引行驶），仍可转向，但必须加大转向力。动力转向液同时也是系统的润滑剂，因此液位过低或储液罐内无液压油时切勿行驶。否则，不但会严重损坏转向油泵及其他零部件，还可能导致转向系统失灵。

二、减振器油及其使用

减振器油是汽车减振器的工作介质，其性能的好坏不仅影响汽车的舒适性，而且也影响汽车的寿命。

1. 减振器油的主要性能要求

减振器油的性能要求主要包括：①适宜的黏度；②良好的黏温性，以保证在工作温度变化时，能维持适当的黏度，起到良好的减振作用；③良好的低温流动性，凝点低，以适应在寒冷的环境下使用;④良好的抗氧化、抗泡沫性能;⑤一定的抗磨性。

2.减振器油的选用

目前,减振器油的品种不多,选用时应选具有优良性能和符合质量要求的减振器油。在缺少减振器油时,可自行配制代用油:50%的22号汽轮机油和50%的25号变压器油混合配制;也可用体积比为70%的10号汽油机润滑油和30%的35号柴油混合代替;也可用10号机械油代替。一般适于炎热季节和地区的减振器油可用10号变压器油和22号汽轮机油配制;适于寒冷季节和地区的减振器油可用45号变压器油与22号汽轮机油配制。

3.减振器油使用注意事项

减振器油在储存和使用时应注意以下几个方面:

(1)在储存和使用时,容器和加油工具必须清洁;

(2)严防混入水分和杂质;

(3)使用中,减振器应无漏油,每40 000～50 000 km应维护。拆减振器时,更换减振器油,并按规定加足油量。

【复习延伸】

(1)动力转向液的主要使用性能有哪些?

(2)选用动力转向液时应注意哪些事项?

(3)减振器油的主要使用性能有哪些?

(4)选用减振器油时应注意哪些事项?

(5)我国汽车减振器一般推荐使用哪些减振器油?

◀ 任务7 制动液及其使用 ▶

【学习目标】

通过本任务的学习,了解汽车制动液的主要使用性能指标,熟悉汽车制动液的相关标准,掌握制动液的选用方法和原则。

【基础知识】

一、制动液的主要使用性能指标

汽车制动液俗称刹车油,是在汽车液压制动系统和汽车离合器的液压操纵系统中,用来传递压力以便使汽车产生制动或使离合器分离的液体,是液压油的一个特殊品种。现代轿车和轻型汽车大多都采用液压制动系统,与机械制动相比,液压制动具有压力传递迅速、均匀安全、结构简单、使用安装方便、摩擦损失小、工作效率高等优点。制动液的性能对汽车安全行驶具有重要影响。

1.高温抗气阻性

制动液应具有优良的高温抗气阻性,即应有高的沸点。如果制动液沸点过低,在高温时就会蒸发成蒸气,使液压制动系管路中产生气阻,导致制动失灵。

制动液高温抗气阻性的评定指标主要有平衡回流沸点、湿平衡回流沸点和蒸发性。

2. 低温流动性和黏温性

制动液应在使用温度范围内具有很好的流动性,使系统内压力能随制动踏板的动作迅速上升和下降,橡胶皮碗能在制动缸中顺利地滑动。因此,要求制动液在很宽的温度范围内保持适当的黏度。在制动液规格中都规定了 $-40℃$ 最大运动黏度和 $100℃$ 等的最小运动黏度。

3. 与橡胶的配伍性

汽车液压制动系统有橡胶皮碗等橡胶件,要求制动液对橡胶件不会造成显著的溶胀、软化或硬化等不良影响。

制动液与橡胶配伍性通过橡胶皮碗试验评定。

4. 金属腐蚀性

汽车液压制动系统的主缸、轮缸、活塞、复位弹簧、导管和阀等主要采用铸铁、铝铜和钢等材料制成,要求制动液不引起金属腐蚀。另外,当制动液深入橡胶中时,会从橡胶中抽出一部分组分,抽出物对金属的腐蚀作用也要限制。

制动液的金属腐蚀性通过金属腐蚀试验评定。

5. 稳定性

制动液的稳定性包括高温稳定性和化学稳定性,即制动液在高温和与相容液体混合后平衡回流沸点的变化。

制动液稳定性通过稳定性试验评定。

6. 耐寒性

制动液的耐寒性是指制动液在低温的流动性和外观变化。制动液的耐寒性通过低温流动性和外观试验评定。

7. 溶水性

要求制动液吸水后能与水相溶,不产生分离和沉淀。制动液的溶水性通过溶水性试验评定。

8. 抗氧化性

零件腐蚀一般是因制动液氧化而引起的,为防止零件腐蚀,要求制动液在高温条件下具有良好的抗氧化性。制动液的抗氧化性通过氧化性试验评定。

9. 润滑性和材料适应性

为保证橡胶皮碗能在制动缸中顺利地滑动,要求制动液具有润滑性。同时,也要求制动液与液压制动系统零件相适应。制动液的润滑性和材料适应性通过制动液行程模拟试验评定。

二、制动液的分类

根据制动液的组成和特性,一般把它们分成 5 种类型。

(1)醇型。这种制动液已基本被淘汰,主要由大约 50% 的低碳脂肪醇与 50% 的精制蓖麻油混合组成,最低使用温度为 $-20\sim25℃$。

(2)醇醚型。这是目前广泛应用的主要品种,由基础液、润滑剂和添加剂 3 种成分构成。

(3)脂型。脂型制动液是为了克服醇醚型制动液吸水后沸点降低的缺点发展起来的,也是目前广泛应用的主要品种之一。

(4)矿油型。这种制动液是以精制的柴油馏分为原料,经深度精制后加入黏度指数改进剂、抗氧剂、防锈剂及染色等调和制成。

(5)硅油型。这是一种性能很好的汽车制动液。但价格太贵,难以推广。

三、制动液的相关标准或规范

为保证汽车行驶安全,各国不断制定、修订汽车制动液标准。

1. 国外汽车制动液标准

国外汽车制动液的代表性标准如下。

(1)美国联邦政府运输安全部(DOT)制定的联邦机动车辆安全标准(FMVSS),具体是FMVSS No. 116 DOT$_3$、DOT$_4$和DOT$_5$(见表3-30)。这是世界公认的汽车制动液通用标准。

(2)美国汽车工程师学会标准(SAE),具体是SAEJ 1703e和SAEJ 1703f等(见表3-30)。

(3)国际标准化组织于2005年发布了ISO 4925—2005《道路车辆 液压系统用非石油基制动液》的标准。

表 3-30　SAE 和 DAT 系列汽车制动液规格标准

项　　目		SAE 系列		DOT 系列		
		J1703e	J1703f	DOT$_3$	DOT$_4$	DOT$_5$
平衡回流沸点/℃	干沸点	190	250	205	230	260
高于闪点/℃	湿沸点			140	155	180
运动黏度/	−40		<1 800			<900
(mm^2/s)	100		>1.5			>1.5
pH 值		7.0～11.5				
稳定性(平衡回流沸点变化,℃)	高温稳定性	<3				
	化学稳定性	<2				
金属腐蚀性(100℃,120 h)	金属试验片 质量变化/(mg/cm^2)	马口铁		±0.2		
		钢		±0.2		
		铝		±0.1		
		铸铁		±0.2		
		黄铜		±0.4		
		紫铜		±0.4		
	外观		无点蚀			
	液体性状	外观	不生产胶状或结晶性物质			
		pH 值	7.0～11.5			
		沉淀(%)(V/V)	<0.10			
	橡胶皮碗状态	根部直径增加值/mm	<1.4			
			0～−15			
		外观	无鼓泡,不析出炭黑,形状和表面无显著变化			
耐寒性	−40℃,120h	透明,不分层,无沉淀,起泡上升时间<10s				
	−50℃,60h	透明,不分层,无沉淀,起泡上升时间<35s				

续表

项　目		SAE 系列		DOT 系列		
		J1703e	J1703f	DOT$_3$	DOT$_4$	DOT$_5$
容水性 (DOT$_5$,仅吸湿试验)		−40℃,120h		容器倒置,起泡上升时间<10s		
		−50℃,60h,沉淀		<0.05%(体积)		
		外观		透明,不分层		
蒸发性 100℃,168 h	蒸发减量,质量/(%)			<80		
	残留物	外观残留物		无砂粒磨料性沉淀		
		中倾点/℃		<−5		
液体相容性		−40℃,24 h		透明,不分层,无沉淀(DOT$_5$,允许分层)		
		60℃,24 h		不分层,沉淀 0.05%(体积)以下(DOT$_5$,允许分层)		
抗氧化性	质量变化/(mg/cm^2)	铝		<0.05		
		铸铁		<0.3		
	外观			无点蚀,不粗糙,无胶状附着物		
橡胶相容性 (SHR)橡胶	70℃,70h	根部直径增加值(mm)		0.15～1.4		
		硬度变化(HS)		0～−10		
		外观		橡胶形状和表面无显著变化		
	120℃,70 h	根部直径增加值(mm)		0.15～1.4		
		硬度变化(HS)		0～−10		
		外观		橡胶形状和表面无显著变化		
台架试验,120℃,85 000 行程				通过		

2. 我国汽车制动液标准

我国于 2012 年发布了 GB 12981—2012《机动车辆制动液》标准。本标准按机动车辆安全使用要求分为 HZY$_3$、HZY$_4$、HZY$_5$ 三种产品,分别对应国际通用产品 DOT$_3$、DOT$_4$、DOT$_5$ 或 DOT$_{5.1}$。本标准技术要求见表 3-31。

表 3-31　机动车辆制动液的技术要求

项　目		质量指标		
		HZY$_3$	HZY$_4$	HZY$_5$
外观		无沉淀及悬浮物,清澈透明液体;硅铜型 HZY$_5$ 制动液为紫色透明液体		
平衡回流沸点(ERBP)/℃	不小于	205	230	260
湿平衡回流沸点(WERBP)/℃	不小于	140	155	180
运动黏度/(mm^2/s) −40℃	不大于	1500	1800	900
100℃	不小于	1.5	1.5	1.5
pH 值		7.0～11.5		

项 目		质 量 指 标		
		HZY$_3$	HZY$_4$	HZY$_5$
液体稳定性(ERBP)变化/℃	不大于		±[3+0.05× (ERBP−225)]	
高温稳定性(185℃±2℃,120 min±5 min)		±3	±[3+0.05× (ERBP−225)]	
化学稳定性		±3		
腐蚀性(100℃±2℃,120h±2h) 试验后金属片状态 质量变化/(mg/cm^2)	不大于			
镀锡铁皮		±0.2		
铜		±0.2		
铸铁		±0.2		
铝		±0.1		
黄铜		±0.4		
紫铜		±0.4		
锌		±0.4		
外观		无肉眼可见坑蚀和表面粗糙不平,允许脱色或出现色斑		
试验后试液性能 外观		23℃±5℃下不凝胶,在玻璃容器壁或金属表面不形成结晶状物质		
		0.10		
沉淀物体积分数/(%)	不大于	7.0~11.5		
pH 值				
试验后橡胶皮碗状态 外观		无鼓泡、脱落表现出的变质		
硬度降低值/IRHD	不大于	15		
根茎增值/mm	不大于	1.4		
低温流动性和外观 −40℃±2℃,144 h±4 h 外观		通过试液观察,遮盖力图上的线条清晰可辨认。试液无淤渣、沉淀、结晶,不分层		
		10		
气泡上浮至液面的时间/s −50℃±2℃,6 h±12 min 外观	不大于	通过试液观察,遮盖力图上的线条清晰可辨认。试液无淤渣、沉淀、结晶,不分层		
气泡上浮至液面的时间/s		35		

项　　目	质　量　指　标		
	HZY$_3$	HZY$_4$	HZY$_5$
蒸发性能(100℃±2℃,168 h±2 h) 蒸发损失质量分数/%　　　　　不大于	80		
残余性物质	用指尖摩擦时,沉淀中不含有颗粒性砂粒和磨蚀物		
残余物倾点/℃　　　　　　　　不大于	－5		
容水性(22 h±2 h) －40℃ 外观	通过试液观察,遮盖力图上的线条清晰可辨认。试液无淤渣、沉淀、结晶,不分层		
气泡上浮至液面的时间/s　　　　不大于	10		
60℃ 外观	试液不分层		
试液中沉积物体积分数/(%)　　　不大于	0.05(鉴定) 0.15(商品)		
液体相溶性(22 h±2 h) －40℃ 外观	通过试液观察,遮盖力图上的线条清晰可辨认。试液无淤渣、沉淀、结晶,不分层		
60℃ 外观	试液不分层		
沉淀物体积分数/(%)　　　　　　不大于	0.05		
抗氧化性 金属片外观	金属片与锡箔接触面之外的部分,无可见坑蚀和点蚀,允许脱色或出现色斑,允许痕量胶质沉积		
金属片质量变化/(mg/cm²)　　　不大于 铝片 铸铁片	±0.05 ±0.03		
橡胶相容性(SBR 橡胶皮碗及 EPDM 橡胶试件) 硬度降低值(SBR 橡胶皮碗及 EPDM 橡胶皮碗或试件)(IRHD)　　　不大于 70℃ 120℃	10 15		
皮碗外观	无鼓泡,无脱落		
根径增值(SBR 橡胶皮碗)/mm	0.15～1.40		
体积变化分数(EPDM 橡胶皮碗或试件,70℃和120℃)/(%)	1～10		

续表

项 目		质 量 指 标		
		HZY₃	HZY₄	HZY₅
行程模拟性能(85000次行程,120℃±5℃,6.86 MPa±0.34 MPa) 金属部件状态		金属部件无可见坑和点蚀,允许脱色或出现色斑		
缸体和活塞直径变化/mm	不大于	0.13		
皮碗状态 硬度降低值	不大于	15		
外观		不出现过度的划痕、变形、鼓泡、裂纹、蜕皮或外形变化		
皮碗根径增值/mm	不大于	0.90		
皮碗唇径过盈量/(%)	不大于	65		
任意24000次行程期间液体损失量/mL	不大于	36		
缸体、活塞工作状态		无卡滞和不良工作状况		
最后的100次行程期间液体损失量/mL	不大于	36		
试验后试液状态 液体状态		不含去除不掉的沉淀和胶状附着物		
沉淀物体积分数/(%)	不大于	1.5		
缸体外观		试验期间缸体和其他金属部件上沉淀不多于痕量,制动缸体上不附着用蘸乙醇的布擦除不掉的沉淀		

四、汽车制动液的选用

1. 制动液的选择

选择制动液要求其性能与工作条件相适应,以确保汽车运行安全。选择制动液时,可根据以下两点。

(1)根据环境条件。主要指气温、湿度和道路条件,如在炎热的夏季,在山区多坡或高速公路上行驶,车辆制动强度大,制动液工作温度高,特别是在湿热条件下,一般要求选用 HZY₄、HZY₅ 合成制动液。在车速不高的平原地区或非湿热条件则可选用 HZY₃ 制动液。

(2)根据车辆速度性能。高速车辆,特别是高级轿车与一般货车比,制动液的工作温度要高,应使用级别较高的制动液。国产车使用进口制动液或进口车使用国产制动液,应根据其对应关系正确使用。选用时应依据该车型使用说明书。

2. 制动液使用注意事项

(1)不同种类的制动液不能混用,以防分层、失效。即使同属合成型制动液不同厂牌产品,也不一定具备相容性(有的产品已通过相容性试验的除外)。

(2)按期更换制动液(按车辆使用说明书要求),更换时应彻底清洗制动系(严禁用汽油、煤油等作清洗液),特别要防止水分、矿物油和机械杂质混入;当换用不同品种制动液时,应用新液清洗一次。

（3）矿物油型制动液对橡胶零件有腐蚀作用，使用这类油时，制动系内必须换用耐矿物油的橡胶制品。

（4）制动液应密封存放，特别是醇醚型制动液，以免吸收大气中的水分后使沸点降低；灌装制动液的工具、容器，必须专用，不得与其他油品混用。

（5）制动液易挥发、易燃，应注意防火；不可露天存放，以免制动液早期变质、失效。

【复习延伸】

（1）我国汽车制动液可分成哪三类？目前国际上使用最多的是哪种？

（2）汽车制动液主要有哪些使用性能？各性能评定指标是什么？

（3）国外汽车制动液有哪些典型规格标准？我国的车辆制动液有哪些标准及分类？

（4）选用汽车制动液时应注意哪些事项？

◆◆ 任务 8　发动机冷却液及其使用 ▷

【学习目标】

通过本任务的学习，了解汽车发动机冷却液的主要使用性能指标，熟悉发动机冷却液的相关标准，掌握冷却液的选用方法和原则。

【基础知识】

一、发动机冷却液的主要使用性能指标

汽车发动机广泛采用强制循环水冷却系，冷却液即为发动机水冷却系中带走高温零件热量的一种工作介质。为保证汽车发动机正常工作和延长发动机的使用寿命，发动机冷却液应具有以下使用性能。

1. 低温黏度小、流动性好

汽车发动机冷却液的低温黏度越小，说明冷却液流动性越好，其散热效果好。

2. 冰点低、沸点高

冰点就是在没有过冷情况下冷却液开始结晶的温度。若发动机在低温条件下存放时间过长，而发动机冷却液的冰点达不到应有温度时，则发动机冷却系统就会被冻裂。因此，要求发动机冷却液的冰点要低。

沸点是在发动机冷却系与外界大气压相平衡的条件下，冷却液开始沸腾的温度。其沸点高，则发动机冷却液在较高温度下不沸腾，可保证汽车在满载、高负荷等苛刻工作条件下工作时正常运行，同时沸点高则蒸发损失也少。

特别对现代电控燃油喷射系统及电子控制点火的发动机来说，因其燃烧温度高，所以对其沸点的要求更高。

3. 防腐蚀性好、不损坏汽车有机涂料

发动机冷却液在工作中要接触多种金属材料，如果它对金属有腐蚀性，就会影响发动机正

常工作,甚至造成事故。为使发动机冷却液有良好的防腐性,要保持冷却液呈碱性状态,冷却液pH 值在 7.5～11.0 之间为好,超出范围将对金属材料产生不利影响。

发动机冷却液是一种化学物质的调和物,有些有机物对汽车涂层有不良影响。所以,在冷却液配方中,应严格掌握配伍性,使冷却液对汽车涂层不能产生损害,如剥落、鼓泡和褪色等。

4. 不易产生水垢、抗泡沫性好

水垢对发动机冷却系的散热强度影响很大。试验表明,水垢的导热性比铸铁差很多,比铝差得更多。所以冷却液在工作中,应不易产生水垢。

发动机冷却液如果产生过多的泡沫,不仅会降低传热效率、加剧气蚀,而且会造成冷却液溢流而损失。

此外,还要求冷却液传热效果好,不损坏橡胶制品;热化学安定性好;蒸发损失少;热容量大;价廉无毒。

二、发动机冷却液的分类及相关标准

1. 冷却液的分类及性能特点

发动机冷却液主要由水、防冻剂和添加剂三部分组成。按防冻剂成分不同可分为酒精型、甘油型、乙二醇型等类型的冷却液。

酒精型冷却液是用乙醇(俗称酒精)作防冻剂,价格便宜,流动性好,配制工艺简单,但沸点较低、易蒸发损失、冰点易升高、易燃等,现已逐渐被淘汰。甘油型冷却液沸点高、挥发性小、不易着火、无毒、腐蚀性小,但降低冰点效果不佳、成本高、价格昂贵,用户难以接受,只有少数北欧国家仍在使用。乙二醇型冷却液是用乙二醇作防冻剂,并添加少量抗泡沫、防腐蚀等综合添加剂配制而成。由于乙二醇易溶于水,可以任意配成各种冰点的冷却液,其最低冰点可达 −68℃,这种冷却液具有沸点高、泡沫倾向低、粘温性能好、防腐和防垢等特点,是一种较为理想的冷却液。目前国内外发动机所使用的和市场上所出售的冷却液几乎都是这种乙二醇型冷却液。

表 3-32 所示为冷却液的冰点与乙二醇含量的关系,供选用冷却液时参考。

表 3-32   冷却液冰点与乙二醇含量的关系

冰点/℃	乙二醇/(%)	相对密度(4℃)
−10	28.4	1.0340
−15	32.8	1.0426
−20	38.5	1.0506
25	45.3	1.0586
−30	47.8	1.0627
−35	50	1.0671
−40	54	1.0713
−45	57	1.0746
−50	59	1.0786
−11.5	100	1.1130

2. 乙二醇冷却液的标准

1)国外标准

日本的冷却液标准 JIS K2234 规定了普通冷却液(AF)和长寿冷却液(LLC)。AF 型冷却液有一定的碱性,因此对发动机冷却系机件有轻微的腐蚀性,故只能短期使用(主要是冬季使用);LLC 型冷却液是一种冬、夏都可以使用的冷却液。

美国的冷却液标准一种符合 ASTM D3306 要求,适合于轻负荷发动机使用;另外一种符合 ASTM D4985、D6210 和 D6211 要求,适合于重负荷发动机使用。

2)国内标准

我国于 2011 年发布了 NB/SH/T 0521—2010《乙二醇型和丙二醇型发动机冷却液》。本标准规定了汽车和轻负荷发动机用冷却液及其浓缩液的技术要求。表 3-33 所示为发动机冷却液及浓缩液的技术要求。

表 3-33 发动机冷却液及浓缩液的技术要求

项 目		质 量 指 标						
		浓缩液	冷却液					
			－25 号	－30 号	－35 号	－40 号	－45 号	－50 号
颜色		有醒目的颜色						
气味		有异味						
密度(20℃)/(kg/m³)		1 107 ~1 142	1 053 ~1 072	1 059 ~1 076	1 064 ~1 085	1 068 ~1 088	1 073 ~1 095	1 075 ~1 097
冰点/℃	不高于	—	－25.0	－30.0	－35.0	－40.0	－45.0	－50.0
50%(V/V)蒸馏水	不高于	－37.0	—					
沸点/℃	不低于	163.0	106.0	106.5	107.0	107.5	108.0	108.5
50%(V/V)蒸馏水	不低于	107.8	—					
对汽车有机涂料的影响		无影响						
灰分①(%)/(m/m)	不大于	5.0	2.0	2.3	2.5	2.8	3.0	3.3
pH 值		7.5~11.0						
50%(V/V)蒸馏水		7.5~11.0	—					
水分(%)/(m/m)	不大于	5.0	—					
储备碱度/mL		报告①						
氯含量/(mg/kg)	不大于	25	报告①					
玻璃器皿腐蚀②试片 变化值/(mg/片)								
紫铜		±10						
黄铜		±10						
钢		±10						
铸铁		±10						
焊锡		±30						
铸铝		±30						

续表

项 目		质 量 指 标						
	浓缩液	冷却液						
		−25 号	−30 号	−35 号	−40 号	−45 号	−50 号
模拟使用腐蚀③试片 变化值/(mg/片)								
紫铜		±20						
黄铜		±20						
钢		±20						
铸铁		±20						
焊锡		±60						
铸铝		±80						
铝泵气穴腐③蚀(级) 不小于		8						
铸铝合金传热腐蚀② /(mg/cm²) 不大于		1.0						
泡沫倾向 泡沫体积/mL 不大于 泡沫消失时间/s 不大于		150 5.0						

注:①供需双方协商确定的数值。

②为保证项目,不同批次的原材料必须测试。

③为保证项目,但产品定型时必须测试。

三、发动机冷却液的选用

正确使用冷却液,可起到防腐蚀、防穴蚀渗漏、防散热器开锅、防水垢和防冻结等作用,能够使冷却系统始终处于最佳的工作状态,保持发动机的正常工作温度,从而使发动机具有良好的技术状态。如果在使用中不注意,将会给冷却系统造成伤害,严重影响发动机的性能和使用寿命,因此在使用中应特别加以注意。

1.冷却液的选择

选择发动机冷却液时应遵循以下几个原则。

(1)要针对各种发动机具体结构特点选用冷却液种类。强化系数高的发动机,应选用高沸点冷却液;缸体或散热器用铝合金制造的发动机,应选用含有硅酸盐类添加剂的冷却液。另外,有一些高档汽车还为其发动机规定专用的冷却液。例如,上海桑塔纳发动机就要求使用大众公司特制的 G11 冷却液(如力达牌冷却液)。因此,在选用冷却液时要严格按照发动机使用说明书中的要求选用。

(2)要根据汽车使用地区的气温,选用不同冰点的冷却液,冷却液的冰点至少要比该地区最低温度低 10℃,以免失去防冻作用。

(3)按发动机的负荷性质选择汽车制造厂要求的发动机冷却液。

2.冷却液使用注意事项

使用冷却液时,应注意以下事项。

（1）对浓缩液进行稀释时，应按适当的比例，添加去离子水或蒸馏水。

（2）不同牌号的冷却液不能混装混用，以免起化学反应，破坏各自的综合防腐能力，用剩后的冷却液应在容器上注明名称，以免混淆。

（3）如果发动机冷却系原先使用的是水或换用另一种冷却液，在加入新的一种冷却液之前，务必要将冷却系统冲洗干净。

（4）经常检查发动机冷却液的液面高度和冷却系统的密封性。

（5）按制造厂规定的发动机冷却液更换周期更换。但应经常注意发动机冷却液的颜色、气味等是否有变化。

（6）要坚持常年使用冷却液，要注意冷却液使用的连续性。那种只想在冬季使用的观点是错误的，只知道冷却液的防冻功能，而忽视了冷却液的防腐、防沸、防垢等作用。要购买经国家指定的检测站检测合格的冷却液产品，应向商家索要检测报告、质量保证书、保险及使用说明书等资料，切勿贪便宜购买劣质品，以免损坏发动机，造成不必要的经济损失。

（7）在使用后，若因冷却系渗漏引起散热器液面降低时，应及时补充同一品牌冷却液，若液面降低系水蒸发所致，则应向冷却系添加蒸馏水或去离子水，切勿加入井水、自来水等硬水；当发现冷却液中有悬浮物、沉淀物或发臭时，证明冷却液已起化学反应，已变质失去功效，应及时地清洗冷却系统，并全部更换其冷却液。

（8）要注意防止冷却液的渗漏，渗漏的结果不但会造成冷却液的损失，而且严重的渗漏会稀释机油，使润滑系产生故障。要定期检查气缸盖接合情况，保证气缸垫密封完好，缸盖螺栓要按规定拧紧。

（9）乙二醇冷却液有毒，对肝脏有害，切勿吸入口中，皮肤接触后，应立即用水清洗干净。另外，这种冷却液中的亚硝酸盐防腐添加剂具有致癌性，废液不要乱倒，以免污染环境。

（10）酒精型冷却液容易挥发，使用中应注意防火，在发动机水温高时，不要打开散热器盖，也不要让发动机立即熄火，以免因冷却液急剧升温而突然喷出，造成失火；如果因酒精挥发使散热器液面下降时，可用 80％的乙醇加注补充。

【复习延伸】

（1）发动机冷却液主要有哪些使用性能？
（2）现代汽车发动机冷却液主要由哪几部分组成，各有什么特点和作用？
（3）国外发动机冷却液标准主要有哪些？
（4）我国发动机冷却液标准主要有哪些？
（5）选用发动机冷却液应注意哪些事项？

◀ 任务9 空调制冷剂及其使用 ▶

【学习目标】

通过本任务的学习，了解汽车空调制冷剂的主要使用性能指标，熟悉汽车空调制冷剂品种，掌握空调制冷剂的选用方法和原则。

【基础知识】

一、汽车空调制冷剂的主要使用性能指标

在制冷设备中完成制冷循环的工作介质称制冷剂。根据汽车空调制冷系统的特点，对使用的制冷剂提出以下性能要求。

(1) 蒸发潜热大，且易于液化。

(2) 化学稳定性好，不易变质。

(3) 工作温度和压力适中。

(4) 对金属物件无腐蚀。

(5) 不燃烧、不爆炸。

(6) 无毒性、无污染。

(7) 与压缩机润滑油可以任何比例相溶。

二、汽车空调用制冷剂品种

汽车空调用制冷剂最早广泛使用 CFC-12（亦写为 R-12），后来使用环保型产品 HFC-134a（亦写为 R-134a）。这两种制冷剂的理化指标如表 3-34 所示。

表 3-34　R-12 和 R-134a 制冷剂的理化特性

项　　目	R-12	R-134a
学名	二氯二氟甲烷	1.1.1.2 四氟乙烷
分子式	CF_2Cl_2	CH_2FCF_3
分子量	120.91	102.03
沸点/℃	−29.79	−26.19
临界温度/℃	111.80	101.14
临界压力/MPa	4.125	4.065
临界密度/(kg/m³)	558	511
0℃蒸发潜热/(kJ/kg)	151.4	197.5
燃烧性	不燃	不燃
臭氧破坏系数	1.0	0

CFC-12 制冷剂具有制冷能力强、化学性质稳定、安全性好等优点。但是研究表明，CFC-12 释放在大气中后，会消耗大气层中的臭氧，而破坏大气对地球的保护作用，给人类和生物带来危害。

HFC-134a 传热性能优越，对大气层不起破坏作用，但是制冷能力较小。

三、汽车空调用制冷剂使用注意事项

在使用空调制冷剂时，应注意以下事项。

(1) 确认汽车是采用哪种制冷剂的空调系统。

（2）制冷剂易挥发，在保管时应避开日光直射、火炉及其他热源。添加制冷剂应在低温下进行。

（3）制冷剂在大气压力下会急剧蒸发制冷，会冻伤皮肤，添加时要避免其进入眼睛。

（4）尽管 CFC-12 无毒或低毒，但与火焰接触时，会产生毒气。

（5）操作现场应通风良好。

（6）HFC-134a 的干燥剂应选用 XH-7，并增加用量。

（7）HFC-134a 与 CFC-12 两种制冷剂不能混用。

（8）两种制冷系统中的密封件、橡胶软管、检测仪表和加注工具等不能混用。

【复习延伸】

（1）汽车空调制冷剂的主要使用性能有哪些？

（2）常用的汽车空调制冷剂有哪些？

（3）HFC-134a 与 CFC-12 制冷剂相比，最突出的性能是什么？

（4）选用汽车空调用制冷剂时应注意哪些事项？

项目 4
汽车行驶 5 000 km 维护保养

　　虽然汽车的性能和质量随着技术的进步已经有了很大的提高,但是随着汽车行驶里程和使用时间的增加,各个零部件都在不断老化、磨损,使车辆的各种性能下降,同时还存在尾气污染和噪声污染,无法保证车辆的安全行驶。具有安全隐患的车辆行驶在公路上,不仅对自身的安全无法保障,也会对其他车辆和交通参与者的安全产生极大影响。所以,为了安全、舒适地使用车辆,一定要对车辆进行及时的维护保养。

　　对于雅阁、奥德赛、锋范、飞度等本田系列轿车,其保养一般分成 5 000 km 保养、20 000 km 保养、40 000 km 保养、60 000 km 保养和 100 000 km 保养。对于桑塔纳、捷达等大众系列轿车,其保养一般分成 7 500 km 保养、15 000 km 保养、30 000 km 保养和 60 000 km 保养。本项目以雅阁等本田系列轿车为例,介绍汽车行驶 5 000 km 维护保养的主要内容。

◀ 任务1 车身电器的检查 ▶

【学习目标】

通过本任务的学习,要学会在车外指挥车内人员操作的手势,认识各个电器并掌握其功能;认识车内各个电器开关及相关符号,并会使用操作这些开关。

【工作场景】

车辆停放在检修场地,拉起驻车制动器,两名同学配合检查车身内外电器、用电设备的各项功能是否完备。一人在驾驶室内操作,另一人在车外指挥操作,同时观察并记住各电器的功能状况。

【基础知识】

一、检查灯光电器等的常用手势

检查车外灯光电器时需要车外一人指挥,车内一人操作,两人配合完成。不同的厂家手势各异,但基本手势也相差不多。广汽本田轿车检查灯光电器时的手势如下。

(1)鸣喇叭,如图4-1所示。

(2)操作前风挡玻璃雨刮器,如图4-2所示。

(3)操作大灯清洗器,如图4-3所示。

(4)打开左转向灯,如图4-4所示。

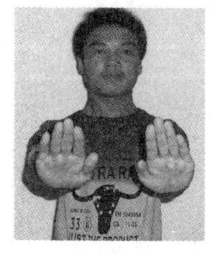  

图4-1　鸣喇叭或打开刹车灯　　图4-2　打开雨刮器　　图4-3　清洗大灯　　图4-4　打开左转向灯

(5)打开右转向灯,如图4-5所示。

(6)打开紧急报警灯(双闪灯),如图4-6所示。

(7)打开小灯,如图4-7所示。

(8)打开(前)雾灯,如图4-8所示。

 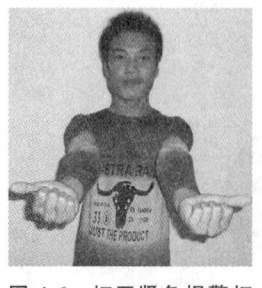  

图4-5　打开右转向灯　　图4-6　打开紧急报警灯　　图4-7　打开小灯　　图4-8　打开雾灯

(9)打开大灯(近光),如图 4-9 所示。

(10)打开大灯(远光),如图 4-10 所示。

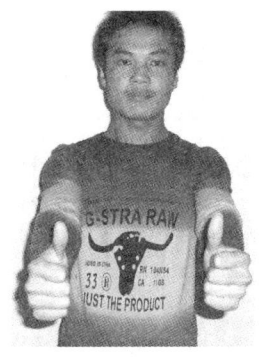

图 4-9　打开大灯(近光)

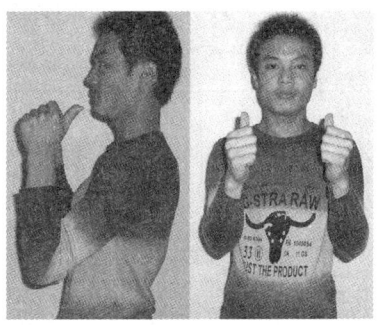

图 4-10　打开大灯(远光)或倒车灯

以上内容需指挥人员在车辆前方动作,驾驶室内操作人员透过前挡风玻璃观察手势,然后按手势操作相应的开关。下面几项内容需要指挥人员到车辆后面动作,驾驶室内人员需通过室内后视镜透过后挡风玻璃观察后操作。

①踏下刹车踏板(刹车灯亮),如图 4-1 所示。

②打开左转向灯,如图 4-4 所示。

③打开右转向灯,如图 4-5 所示。

④打开紧急报警灯(双闪灯),如图 4-6 所示。

⑤打开小灯,如图 4-7 所示。

⑥打开(后)雾灯,如图 4-8 所示。

⑦挂上倒挡(打开倒车灯),如图 4-10 所示。

二、车内各操作开关的图形符号

驾驶室内的人按上述手势操作各种开关,同时观察仪表的显示情况,如显示不正确,则需记录下来,以便进一步检查。如对某些开关不熟悉,可参见表 4-1。

表 4-1　仪表及开关的常见图形符号

燃油	(水)温度	油压	充电指示	转向指示灯	远光
近光	雾灯	手制动	制动失效	安全带	油温
示廓(宽)灯	真空度	驱动指示	发动机舱	行李舱	停车灯

续表

危急报警	风窗除霜	风机	刮水/喷水器	雨刮器	喷水器
车灯开关	阻风门	喇叭	点烟器	后雨刮器	后喷水器

【技能训练】

一、操作训练

检查车身电器时需要两个人配合完成,外面的人要求手势规范、准确,指挥过程中如发现哪些设备未能正常工作,需要正确地记下来,以便进一步检查和修理。具体操作顺序以双方操作方便为宜,一般可按下列顺序进行。前方:鸣喇叭→操作前风挡玻璃雨刮器→操作大灯清洗器(部分车型有)→打开左转向灯→打开右转向灯→打开紧急报警灯(双闪灯)→打开小灯→打开大灯(近光)→打开大灯(远光)→打开(前)雾灯;后方:踏下刹车踏板(刹车灯亮)→打开左转向灯→打开右转向灯→打开紧急报警灯(双闪灯)→打开小灯→打开后雾灯→挂上倒挡(打开倒车灯)。驾驶室内操作人员要求操作准确,在相关的开关操作完成后及时关闭,以免影响其他项目的检查。操作各开关的同时,还应观察相应的仪表指示灯发光情况,以便能够发现问题,解决问题。

不同品牌、不同年份的车辆各开关的位置、符号、指示灯等都不尽相同,需操作者平时多观察、多积累、多练习。操作时才能配合默契、得心应手。

二、操作注意事项

(1)鸣喇叭不可持续时间过长,一般不超过2 s,外面的人要能够听出是双音鸣响还是单音鸣响,鸣响的音量、音色等是否正常。

(2)操作雨刮器时,不可让刮片在玻璃上"干刮",要让喷水电动机工作,往玻璃上先喷水后刮水,然后把雨刮器的几个挡位都试验到,以检查其功能是否完善。

(3)大灯、雾灯等灯光电器以能够看清其是否正常工作为宜,也不要使其工作持续时间过长。操作雾灯时,一般大灯开关要处于打开状态,有些车辆后雾灯只有一个。刹车灯除了两侧的两个外,很多车辆还有一个高位刹车灯,检查时不要忘记。检查后面的小灯(夜行灯),同时也要检查牌照灯。

(4)转向灯的闪光频率若过快,一般是某个同侧的转向灯泡损坏所致。

(5)所有项目检查完毕后关闭点火开关,保管好点火开关钥匙。

【相关拓展】

桑塔纳、捷达等轿车后面的CL、GL等字母的含义

CL:装备化油器发动机的基本型。

GL:装备化油器发动机、电动门窗、金属漆的豪华型。

CT:装备 5 阀电喷发动机的基本型。

GT:装备 5 阀电喷发动机、电动门窗、金属漆的豪华型。

CLX:装备新型车身的 CL 型。

GLX:装备新型车身的 GL 型。

GTX:装备新型车身的 GT 型。

AT:装备新型车身、5 阀电喷发动机、自动变速器的车型。

CI:装备新型 2 阀电喷发动机的车型。

GI:装备新型 2 阀电喷发动机的豪华型。

CIX:装备新型车身的 CI 型。

GIX:装备新型车身的 GI 型。

【复习延伸】

(1)收集各种车型仪表板上的指示灯及图形符号,并查阅其用途或意义。

(2)几乎每个开关上都有一个图形或符号,并且越是高档车辆,其开关越多,图形符号也越多,需尽可能多地收集这些图形符号,并了解其意义。

◀ 任务 2   发动机舱的检查 ▶

【学习目标】

通过本任务的学习,熟悉发动机舱内各主要零部件的名称和作用;了解常见故障的部位及现象;找到一些主要传感器的安装位置。

【工作场景】

车辆停放在检修场地,拉起驻车制动器手柄,打开发动机舱盖,在发动机舱两侧铺上防护垫。若环境亮度不够,准备好局部照明设备。

【基础知识】

打开发动机舱盖(如图 4-11 所示),主要应该看到下列内容。

(1)主要标识:发动机型号、车辆铭牌、车辆识别码(VIN 码)(左前或右前挡风玻璃下也有,且各处的 VIN 码一定要一致)。

(2)各种储液罐:膨胀水箱、刹车助力油罐、转向助力液罐、清洗液液罐(玻璃水壶)、离合器油壶(装有液压离合器的车辆上)、制冷剂干燥罐等。

(3)各系统、总成:发动机总成、进气系统、排气系统、制冷系统、冷却系统、电源系统(蓄电池和发电机)、启动系统、点火系统、电控系统、转向助力泵总成、刹车助力泵总成、ABS 泵总成等。

图 4-11   打开雅阁 2.0L 发动机舱盖

(4)各线束插头及管路接头:蓄电池夹子、发电机上各接线端子、各种灯光电器上的线束插头、各种传感器、执行器上的线束插头、各保险丝、继电器;进出水管、燃油管、液压油管、制冷剂高低压管、进排气管等。

(5)传动带。

(6)各总成、壳体、管线的紧固装置。

【技能训练】

一、操作训练

在发动机舱内,从上到下目测上述能够看到的各零部件是否有泄漏、损坏、松脱、刮碰等现象。目测的顺序可以是从一侧到另一侧整体全面观察,也可按上述内容分类观察。一旦确认损坏或泄漏故障,应立即查明原因,进行修理作业,直至确定故障已排除,方可继续使用。切不可让车辆"带病"行驶。

实际操作时,应根据不同的车型列出不同的"发动机舱目测单",分发给学生或学员,每个人都是一边目测一边记录。这样,既能保证不漏查某些内容,又能及时记录下不和谐点,同时也是考核的主要依据。

二、操作注意事项

(1)目测操作前一定要将车停稳,并拉起驻车制动器,最好再将车轮用三角木垫好。

(2)目测操作时,点火开关钥匙要妥善保管,以免有人误打火引起危险;同时确认发动机舱罩盖支起可靠,不会因振动等自行落回。

(3)用手触摸某些零部件时,一定要确认发动机机体、排气管、水箱水管等温度不是很高,以免烫伤。

(4)尽量不要用螺丝刀、扳手等金属工具到里面指指点点,以免正极搭铁损坏保险或某些电子元件。

(5)操作时应当戴上棉线手套,工作服上不宜有金属纽扣,头发较长者应事先盘起并戴上帽子。

(6)确需打火检查的项目,驾驶室内的人要和检查者配合默契,听外面检查者的指挥口令或看其手势,切不可随意打火。打火时也要确认变速杆处在空挡位置,并踩下离合器踏板。

【相关拓展】

汽车VIN码

VIN是vehicle identification number(车辆识别码)的缩写。因为SAE(美国机动车工程师协会)标准规定:VIN码由17位字符组成,所以俗称十七位码。它包含了车辆的生产厂家、年代、车型及代码、发动机代码及组装地点等信息。正确解读VIN码,对于正确地识别车型,以致进行正确的诊断和维修都是十分重要的。

第1~3位:世界制造厂识别代号(WMI),用于表明制造厂、品牌和类型。

第1位:生产国家和地区代码。

1——美国;2——加拿大;3——墨西哥;4——美国;6——澳大利亚;9——巴西;J——日

本；K——韩国；L——中国；S——英国；T——瑞士；V——法国；W——德国；Y——瑞典；Z——意大利。

第 2 位：汽车制造商代码。

1——Chevrolet；2——Pontiac；3——Oldsmobile；4——Buick；5——Pontiac；

6——Cadillac；7——GM Canada；8——Saturn；8——Isuzu；A——Alfa Romeo；

A——Audi；A——Jaguar；B——BMW；B——Dodge；C——Chrysler；D——Mercedes；

E——Eagle；F——Ford；G——General Motors；G——Suzuki；H——Acura；

H——Honda；J——Jeep；L——Daewoo；L——Lincoln；M——Hyundai；

M——Mitsubishi；M——Mercury；N——Infiniti；N——Nissan；P——Plymouth；

S——Subaru；T——Lexus；T——Toyota；V—Volkswagen；V——Volvo；Y——Mazda；

Z——Mazda。

第 3 位：汽车类型代码。

有些厂商可能使用前 3 位组合代码表示特定的品牌（不同的厂商有不同的解释）：

TRU/WAU——Audi；1YV/JM1——Mazda；

4US/WBA/WBS——BMW；WDB——Mercedes Benz；

2HM/KMH——Hyundai；VF3——Peugeot；

SAJ——Jaguar；WP0——Porsche；

SAL——Land Rover；YK1/YS3——Saab；

YV1——Volvo。

第 4～8 位（Virtual Dedicated Server，VDS）：车辆特征。

轿车：种类、系列、车身类型、发动机类型及约束系统类型。

多用途汽车（Multi-purpose Vehicles，MPV）：种类、系列、车身类型、发动机类型及车辆额定总重。

载货车：型号或种类、系列、底盘、驾驶室类型、发动机类型、制动系统及车辆额定总重。

客车：型号或种类、系列、车身类型、发动机类型及制动系统。

第 9 位：校验位，按标准加权计算（参见《世界汽车识别代号（VIN）资料手册》第 21～23 页）。

第 10 位：车型年款代码。

B——1981；C——1982；D——1983；E——1984；F——1985；G——1986；H——1987；

J——1988；K——1989；L——1990；M——1991；N——1992；P——1993；R——1994；

S——1995；T——1996；V——1997；W——1998；X——1999；Y——2000；1——2001；

2——2002；3——2003；4——2004；5——2005；6——2006；7——2007；8——2008；

9——2009；A——2010。

第 11 位：总装工厂代码。

第 12～17 位：顺序号。

【复习延伸】

(1)根据 VIN 码 LSVHJ133022221761，能了解该车的多少信息呢？

(2)请多观察记录各款轿车的发动机舱，总结出它们的哪些部位容易出现问题。

(3)针对某一款车，找到它的所有的传感器。

◀ 任务3　蓄电池的检查与保养 ▶

【学习目标】

通过本任务的学习,充分认识蓄电池的作用,掌握检查和保养蓄电池的方法,学会给蓄电池充电,懂得蓄电池使用的注意事项。

【工作场景】

车辆停放在检修场地,拉起驻车制动器,打开发动机舱盖,在发动机舱两侧铺上防护垫。若环境亮度不够,准备好局部照明设备。同时,在附近的工作台上准备一个各项指标都合格的蓄电池、几个各项指标分别不合格的蓄电池。用到的检测仪器设备及工具有充电机、万用表、吸式密度计、扭力扳手、玻璃管(或吸食饮料的透明塑料吸管)、承装清水的水盆两个、适量的小苏打(碳酸氢钠)、少量润滑脂、毛刷、细砂纸等。

【基础知识】

蓄电池又称为二次电池,是一种将所获得的电能以化学能的形式储存并可将化学能转化为电能的电化学装置。它是目前世界上广泛使用的一种化学"电源",具有电压平稳、安全可靠、价格低廉、适用范围广、原材料丰富和回收再生利用率高等优点,是世界上各类电池中产量最大、用途最广的一种电池。

蓄电池应用至今已经有一百多年的历史了,在整个发展历程中,其容量、能量密度、材料及寿命等方面都有了很大的改进。进入 21 世纪,随着电子技术的发展及在其汽车上应用的推广,人们对环保的要求越来越高,蓄电池也将随着电动汽车的普及而逐渐由启动型转为驱动型。

一、蓄电池的作用

(1)启动发动机时,向启动系统、点火系统、供给系统及其他辅助电器等供电。

(2)当发动机低速运转,发电机输出电压低于蓄电池的充电电压时,由蓄电池向用电设备供电。

(3)当发动机中、高速运转,发电机输出电压高于蓄电池的充电电压时,向蓄电池充电,蓄电池将发电机的剩余电能储存起来。

(4)当发电机过载时,蓄电池协助发电机向用电设备供电。

(5)蓄电池还可以吸收电路中的瞬时过电压,保持汽车电器系统电压的稳定,保护电子元件。

二、蓄电池的充电

充电是蓄电池使用过程中延长使用寿命的一个重要环节,放电后的蓄电池必须通过充电才能重新投入使用。新蓄电池和修复后的蓄电池在首次使用前必须进行初充电;在蓄电池的正常使用过程中,为了延长蓄电池的使用寿命,还要进行一些必要的补充充电、均衡充电等。

1. 恒流充电

恒流充电是指在充电过程中,充电电流保持不变(通过调整电压,保证电流不变)的充电方法。它广泛用于初充电、补充充电和去硫化充电等。

恒流充电的适应性强,可任意选择和调整充电电流的大小,有利于保持蓄电池的技术性能和延长使用寿命。缺点是充电时间长,要经常调节充电电流。

2. 恒压充电

恒压充电是指在充电过程中,充电电压保持恒定不变的充电方法。它是蓄电池在汽车上由发电机对其充电的方法。

3. 脉冲快速充电

脉冲快速充电的过程:①用 80%～100% 的额定容量对应的大电流进行恒流充电,使蓄电池在短时间内充至额定容量的 50%～60%;②当单格电池电压升至 2.4 V,开始冒气泡时,由充电机的控制电路自动控制,开始脉冲快速充电;③停止充电 25 ms(称为前停充),放电或反向充电,使蓄电池反向通过一个较大的脉冲电流(一般为充电电流的 1.5～3 倍,脉冲宽度为 150～1000 μs),再停止充电 40 ms(称为后停充),而后按着正脉冲充电→前停充→负脉冲瞬间放电→后停充→正脉冲充电……循环进行,直至充足电为止。

脉冲快速充电的优点是充电时间可大大缩短(新蓄电池充电仅需 5 h,补充充电需 1 h)。但对蓄电池的寿命有一定的影响,并且脉冲快速充电机结构复杂,价格昂贵,故适用于电池集中、充电频繁、要求应急的场合。

【技能训练】

一、操作训练

1. 拆下并清洁蓄电池

从车上拆卸蓄电池时,首先关闭点火开关及其他电器开关,然后先拆负极夹子,后拆正极夹子。两个夹子拆下后要尽量将蓄电池水平端出,轻轻放在水平工作台上。如夹子上或极柱上有金属氧化物,可用细砂纸将其去除干净(夹子的缝隙处可用废弃的牙刷清洁)。之后用毛刷清洁蓄电池外表面,最后用略湿但干净的抹布将其外表面擦净。

2. 检查电解液液面高度,疏通通气孔

对于有加液孔盖的蓄电池,可检查其液面高度。如壳体呈半透明状能看清内部液面,则可直接观察液面是否在上下标线(或 Max 与 Min 标线、Hi 与 Lo 标线)之间。若低于下标线应添加蒸馏水(6 个加液孔都加,因为它们在内部是不相通的)。若在外面无法看清液面高度,可将加液孔盖打开,用玻璃管或塑料吸管按如图 4-12 所示方式检测(液面高出极板 10～15 mm)。由于蓄电池内部的 6 个单格之间互不相通,所以检测时要分别检测。

加液孔盖拧下后仔细观察其上都有通气孔,宜用压缩空气或细钢丝等对其进行疏通,以保证在车上充电时顺利地将氧气和氢气排出。

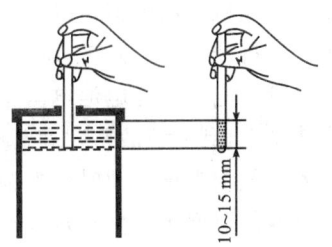

图 4-12 检测蓄电池液面高度

3. 测量蓄电池端电压

用万用表的"直流电压 20 V"挡测量蓄电池两个极柱间的
电压(数字显示的万用表黑红表笔不用严格区分,指针式万用表的黑表笔接负极,红表笔接正极,不可接反)。测量时表笔和极柱间要接触良好,不可出现虚连。测量值一般在(13.5 ± 1)V
时为正常,若低于 12.5 V,需对其进行充电。若蓄电池是刚从运行的车上卸下,需等待几分钟
后再测量。

4. 测量电解液密度

打开蓄电池的 6 个加液孔盖,用吸式密度计分别从各个加液孔中抽取电解液并测量其密度。通过其密度的大小可以判断当前蓄电池的实际容量。相对密度每下降 0.04 g/cm^3,相当于蓄电池放电 25% 的额定容量。亦可参照表4-2进行粗略判断。通过对各个单格电池电解液密度的测量,还可以确定蓄电池是否失效。如果单格电池之间的密度相差 0.05 g/cm^3,则该电池失效。一般冬季放电超过 25%,夏季放电 50%,就需要进行充电,详见表4-3所示。

表 4-2　蓄电池存电状态与密度的关系

存电状态/(%)	100	75	50	25	0
电解液相对密度/(g/cm³)	1.27	1.23	1.19	1.15	1.11

表 4-3　电解液密度选用的地区差异性

气候条件	全充电 15℃时的密度/(g/cm³)	
	冬季	夏季
冬季气温低于−40℃的地区	1.310	1.250
冬季气温高于−40℃的地区	1.290	1.250
冬季气温高于−30℃的地区	1.280	1.250
冬季气温高于−20℃的地区	1.270	1.240
冬季气温高于0℃的地区	1.240	1.240

5. 蓄电池的充电(补充充电)

蓄电池应该经常处于充满电的状态下工作,这样可以延长其使用寿命。若蓄电池的端电压较低(低于 12.5 V)、电解液的密度偏小或正常行驶在 2 个月以上未进行补充充电时,都应对蓄电池进行充电。通过平时车辆的一些表现也可判断蓄电池是否需要充电,如启动无力、大灯暗淡、喇叭沙哑等。

充电时应把蓄电池从车上拆下,到专门的充电间充电。打开 6 个加液孔盖并将盖顶朝下放置。充电机的正极接蓄电池的正极,负极接蓄电池的负极,电极夹子要夹牢并使接触面积尽可能大。打开充电机开关,调节充电电压为 12 V,调节充电电流为蓄电池额定容量的1/10时的电流进行充电。当蓄电池电量基本充足时,电解液开始产生气泡,此时转入第二阶段。将充电电流减半,直到电解液密度和蓄电池端电压都达到最大值且在 2~3 h 内不再上升,蓄电池内部产生大量气泡为止。此时蓄电池的电量已充满,先关闭充电机的电源开关,然后卸下电极夹子,待蓄电池的温度接近恢复常温时将加液孔盖全部盖好拧紧。

充电完毕后,将蓄电池装回到车上时,也要尽量保持其处于水平状态,以免电解液外泄。先装正极夹子,后装负极夹子。正负极紧固螺栓的拧紧力矩都应是 5 N·m。两个夹子紧固好后,分别往其互相接触处及表面涂上少量的润滑脂,使其与空气隔绝,避免或减少金属氧化物的生

成,保护极柱及电瓶夹子。有绝缘护罩的,把护罩装好,正极的为红色。

二、操作注意事项

(1)拆卸蓄电池夹子时,一定要先拆负极,后拆正极;安装时,一定要先装正极,后装负极。拆装时不可用钳子拧螺栓;夹子从极柱上取下较困难时,可用螺丝刀从四周均匀地、轻轻地撬动。

(2)检查电解液液面高度和测量电解液密度时,注意不要让玻璃管或密度计中的电解液滴到汽车的零部件、人的皮肤、衣物或其他物品上(电解液就是稀硫酸,它具有非常强的氧化性和腐蚀性)。若滴到人的皮肤上,可先用碳酸氢钠溶液清洗,再用大量的清水冲洗。

(3)电解液不足时要补加蒸馏水,只有当确认是由于电解液外泄(翻车)时才可添加电解液原液(密度是 $1.27~g/cm^3$ 左右的硫酸)。

(4)吸取电解液时,要一次吸够,使里面的浮子能够处于漂浮状态。吸式密度计使用时切勿倒置,应始终让其大头朝上,以免电解液流入吸球。与电解液接触的工具、设备用后应用清水清洗干净,以备再用(密度计和玻璃吸管做此处理,塑料吸管可略作清洗后投入垃圾箱)。

(5)使用万用表时注意其挡位及两个表笔。

(6)充电时的注意事项如下。

①处于寒冷天气的蓄电池在充电前需检查电解液是否结冰,不可对结冰的蓄电池进行充电,否则会引起爆炸。

②充电前需检查电解液的液面高度,电解液不足时不得充电。

③充电过程中要每隔大约 1 h 测量一次电解液的密度和电压,并检查它的温度。当温度超过 40℃时应将充电电流减半,如温度继续升高超过 45℃时应停止充电,待冷却到 35℃以下时再充电。也可用风冷或水冷的方法来降温。

④充电室内要通风良好,且严禁烟火,因为充电时电解液产生的气泡是氢气和氧气。

⑤在无人看守的情况下要停止充电。

【相关拓展】

飞轮电池是 20 世纪 90 年代才提出的新概念电池,它突破了化学电池的局限,用物理方法实现储能。据称,飞轮电池比容量可达 150 W·h/kg,比功率达 5 000~10 000 W/kg,使用寿命长达 25 年,可供电动汽车行驶 5 000 000 km。美国飞轮系统公司已用最新研制的飞轮电池成功地把一辆克莱斯勒 LHS 轿车改成电动轿车,一次充电可行驶 600 km,由 0 到 96 km/h 加速时间为 6.5 s。

一、飞轮电池与其他电池的比较

现在,使用最多最广的储能电池无疑是化学电池,它将电能转换为化学能储存,再转换为电能输出。它价格低廉,技术成熟,但污染严重,效率低下,充电时间长,用电时间短,使用过程中电能不易控制。

另一储能电池是超导电池,它把电能转换为磁能储存在超导线圈的磁场中,由于超导状态下线圈没有电阻,所以能量损耗非常小,效率也高,对环境污染也小。但由于超导状态在线圈处于极低温度下才能实现,维持线圈处于超导状态所需的低温需耗费大量能量,而且维持装置过大,不易小型化,所以市场前景不佳。

飞轮电池则兼顾了两者的优点,虽然近阶段的价格较高,但伴随着技术的进步,必将有一个非常广阔的前景。下面通过表4-4来具体比较三种电池的优缺点。

表4-4　三种电池性能比较

电池类型	化学电池	飞轮电池	超导电池
储能方式	化学能	机械能	电磁能
使用寿命/年	3～5	>20	～20
技术	成熟	待验证	待验证
温度范围	限制	不限	不限
相对尺寸(同功率)	大	最小	中间
储能密度	小	大	大
储能深度	浅	深	深
价格	低	高	较高
环境影响	污染	无污染	无污染

二、飞轮电池的应用场合及现状

由于技术和材料价格的限制,飞轮电池的价格相对较高,在小型场合还无法体现其优势。但在下列一些大型储能场合,使用化学电池价格非常昂贵,飞轮电池得到逐步应用。

(1)太空。包括人造卫星、飞船、空间站。飞轮电池一次充电可以提供同重量化学电池两倍的功率,同负载的使用时间为化学电池的3～10倍。同时,因为它的转速是可测可控的,故可以随时查看电能的多少。美国太空总署已在空间站安装了48个飞轮电池,联合在一起可提供超过150 kW的电能。据估计,相比化学电池,这些飞轮电池可节约200万美元左右。

(2)交通运输。包括火车和汽车。这种车辆采用内燃机和电动机混合推动,飞轮电池充电快,放电完全,非常适合应用于混合能量推动的车辆中。车辆在正常行驶时和刹车制动时,给飞轮电池充电,飞轮电池则在加速或爬坡时,给车辆提供动力,保证车辆运行在一种平稳、最优的状态下,可减少燃料消耗、空气和噪声污染,延长发动机的寿命。美国Texas大学已研制出一款汽车用飞轮电池,电池在车辆需要时,可提供150 kW的能量,能加速满载车辆到100 km/h。在火车方面,德国西门子公司已研制出长1.5 m、宽0.75 m的飞轮电池,可提供3 MW的功率,同时,可储存30%的刹车能。

(3)不间断电源。飞轮电池可提供高可靠的稳定电源,可提供几秒到几分钟的电能,这段时间足已保证工厂进行电源切换。

(4)军用战斗车辆。美国国防部预测未来的战斗车辆在通信、武器和防护系统等方面都广泛需要电能。飞轮电池由于其快速的充、放电,独立而稳定的能量输出,重量轻,能使车辆工作处于最优状态,减少车辆的噪声(战斗中非常重要),提高车辆的加速性能等优点,已成为美国军方首要考虑的储能装置。

作为一种新兴的储能方式,飞轮电池拥有传统化学电池无法比拟的优点,已被人们广泛认同,它非常符合未来储能技术的发展方向。目前,飞轮电池除了上面介绍的应用领域以外,也正在向小型化、低廉化的方向发展。现在,最可能出现的是手机电池。可以预见,伴随着技术和材料学的进步,飞轮电池将在未来的各行各业中发挥重要的作用。

【复习延伸】

(1)可用哪些方法区分蓄电池的正负极?

(2)选购蓄电池时需注意哪些问题?

(3)使用蓄电池时有哪些注意事项?

◀ 任务4 排气系统的检查与保养 ▶

【学习目标】

通过本任务的学习,学会检查车辆的排气系统并对其进行必要的保养操作。

【工作场景】

车辆进入举升机后,按要求将车支起至比操作人员高 10 cm 左右锁住(举升机自锁),然后把两个安全支架分别推至车辆的前后轴下以确保安全。

【基础知识】

排气管不仅是将废气排向车辆尾部的一根管道,而且其形状和容积对发动机的输出特性有直接影响,因为它们决定了作用于燃烧室上的反向压力。因此,如果废气从排气管泄漏(泄漏可能因排气管被损坏或排气管装饰件被损坏而引起),或如果排气管的腐蚀变形阻碍了废气的流动,那么发动机的性能可能会受到损害。

在绝大多数的车辆上,排气系统内配备有三元催化转换器(TWC),以便将废气中的一氧化碳(CO)、碳氢化合物(HC)和氮氧化物(NO_x)尽可能转化成无毒无害的水(H_2O)、二氧化碳(CO_2)和氮气(N_2)。三元催化转换器故障或转化器上部排气管故障都会使这些有毒有害气体进入大气,污染环境。

排气管末端的排气消声器及安装在排气消声器前面的副消声器将排气噪声减到最小。废气未经副消声器和消声器便排出,会产生过大的噪声。

排气系统用浮动支架安装在车身下面,可以适应因加速和减速引起的发动机振动。排气管与车身直接接触会大大地增加发动机噪声和振动,而且其本身也会成为一种新的噪声源。

车辆行驶时,为防止排气系统过热,在排气管线部件与车身之间装有隔热板。隔热板若损坏会使车身暴露在很高的温度下,从而会损坏车身。

车辆的品牌、年款不同,其排气系统的形状也不同。但其排气系统的检查与更换程序基本相同。

【技能训练】

一、操作训练

车辆举升起来之后,在确认车辆已被可靠牢固地支撑后,戴上安全帽在车下面对排气系统进行检查作业。

(1)检查各节之间的装配螺栓和螺母是否松动。

(2)检查吊胶环是否损蚀、磨损、损坏和硬化。

(3)检查隔热板安装螺母是否松动。

(4)检查接头之间的间隙是否漏气、是否生锈,以及焊缝处是否生锈和裂开。检查漏气时可先将车辆放下,启动尾气排放系统,然后将车打着火。然后同前面一样将车再次安全升起,从外表目测所有的接头焊缝等处是否有尾气泄漏现象。

(5)检查主消声器、副消声器、各节排气管等是否有生锈或被严重腐蚀。检查时从发动机处的排气歧管开始,用锤子或其他工具沿着排气系统轻敲。轻敲时发出低沉声音的部分可能是内部生锈或腐蚀。所以,应立即拆卸进行进一步检查,如有必要,进行更换。表面生锈的部分可能从内至外都已被腐蚀。

(6)三元催化转化器在极高的温度下处理很浓的废气。所以,随着时间的推移,它将会老化甚至失效。仔细检查三元催化转化器是否有积炭迹象及是否有焦油渗漏。

(7)检查氧传感器的线束及其他线束是否离排气管过近,若过近,则应通过捆扎等方式让其尽可能远离排气管。

二、操作注意事项

(1)进入车底之前,一定要确信车辆被牢固地支撑。为了保证安全,工作时要戴上安全帽。

(2)发动机刚刚熄火或正在工作时,排气管的温度都非常高,一定要注意防止被烫伤。

(3)不要独自工作。工作时必须有一个助手在场帮助托住排气系统,以防排气系统落下伤人。

(4)对于已生锈的螺栓不可强行拆下,要先喷涂除锈剂或螺栓松动剂,等待片刻后再拆下。

(5)拆卸排气管时,应从发动机端开始逐节拆下;安装时要从主消声器端装起逐节装回。这样可以保护排气歧管附近的装饰件不被损坏,同时也避免了排气管的异常弯曲。

(6)传感器要事先拆下并妥善保管,以免损坏。

(7)装回时各螺栓应按规定的拧紧力矩逐渐拧紧,不可一次紧固到位或力矩过大过小。

【相关拓展】

汽车发动机工作时,会产生 CO、HC、NO_x 等有害气体。对这些有害气体如何控制呢?目前发动机上主要用两种方法。一种是机内净化,如控制汽油的辛烷值、控制空燃比、改进进气道、控制曲轴箱的排放物等。用机内净化的方法,还不能够满足排放法规的要求,于是又发展出了机外净化,即在发动机排气尾管中安装废气催化转换器。因为这种装置可以同时净化 CO、HC、NO_x 三类有害气体,所以又称为三元催化转换器。

一、三元催化转换器的结构

三元催化转换器主要由壳体、减振层、载体、催化器等部分组成,如图 4-13 所示。

壳体由不锈钢板材料制成,外面装有隔热罩,避免高温对外辐射和外部撞击或溅水造成的损坏。

减振层是壳体与载体之间的减振密封垫,主要起减振、缓解热应力、保温和密封的作用。

载体一般用金属陶瓷或金属板制成,其结构做成蜂窝状。做成蜂窝状的目的是加大催化面积。在蜂窝状载体孔道的壁面上涂有一层多孔的活性层,其粗糙多孔的表面可使载体壁面的实际催化反应面积大大增加。涂层表面分散有作为催化活动材料的贵金属，主要有铂、铑、钯等，主要是为了将 CO、HC、NO$_x$ 等转化为无害气体。

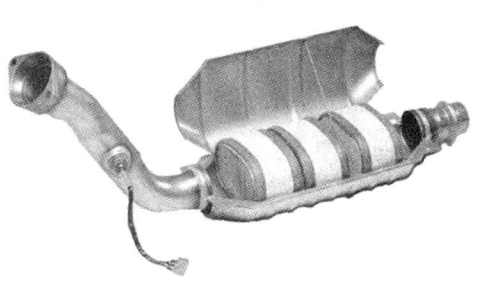

图 4-13　三元催化转换器

二、三元催化转换器的劣化

所谓三元催化转换器的劣化，主要是指三元催化转换器受各种外部因素的影响，而导致三元催化转换器性能下降或失效，主要有以下几种因素。

1. 积垢

燃料燃烧时，会产生一些积炭。这些积炭会沉积在三元催化转换器的载体孔道的表面，从而使载体表面涂层上的催化剂部分失去催化作用。积炭太多时，会使三元催化转换器完全失效，甚至堵塞整个排烟道，造成发动机排气背压升高，使发动机工作性能严重下降。

2. 热损伤

三元催化转换器的正常工作温度为 350～700℃，过热会引起贵金属表面积下降和催化剂的热失活。当三元催化转换器的工作温度超过 1 000℃时，会造成贵金属表面脱落，甚至损坏三元催化转换器的载体，导致热损伤。造成热损伤的原因，通常是发动机点火系统不良造成发动机持续失火，大量燃料在催化器中燃烧所致。

3. 中毒

三元催化转换器的中毒，主要由燃料中的硫和铅及润滑油中的锌和磷造成的，这些物质会导致催化剂活性降低甚至失效。

三、三元催化转换器的合理使用与养护

(1)发动机排气系统不能漏烟，否则会造成氧传感器数据传输失准。

(2)经常检查催化器安装是否牢靠，防止因为震动使载体破碎。

(3)禁止使用含铅汽油。

(4)定期清洗三元催化转换器。一般来讲，汽车行驶 30 000 km 就应该清洗一次三元催化器。清洗后可有效清除积炭及硫、铅、锌、磷等有害物质，消除尾气超标、动力不足、排气背压高等现象，恢复三元催化转换器活性。

(5)行驶时应特别注意不要"托底"，因为三元催化转换器大多数内部都是由蜂窝陶器形成的催化剂承载体，碰撞后容易破碎，使催化器和排气系统堵塞。

四、三元催化转换器的故障判断

在实际使用当中，如果车辆出现油耗增加、加速无力、转速提升困难甚至启动困难等故障，则应当检查三元催化转换器的工作状况，通常情况经过清洗或疏通三元催化转换器即可恢复正常的油耗和动力。并且，当驾驶员发现以下症状时，同样说明催化器工作不良，应当及时到 4S 店进行检修。

(1)车辆加油门时可以听到有"嘶嘶"的漏气声或"咕噜咕噜"的异响等声音。

(2)车辆启动后不久排气歧管到三元催化转换器之间会有明显的烧红现象。

(3)急速或加速时均可闻到刺鼻、发臭的气味,如果进行尾气分析会发现 NO_x 严重超标。

(4)工作正常的三元催化转换器,催化器前部的温度低于后部温度,如果三元催化转换器前部温度高于后部温度,则说明催化器工作不良。

【复习延伸】

(1)氧传感器的作用是什么? 为什么有的车上装有一个氧传感器,有的车上装有两个氧传感器?

(2)目前排气系统的改装都有哪些项目? 哪些是合法的,哪些是非法的?

◀ 任务5 冷却系统的检查与保养 ▶

【学习目标】

通过本任务的学习,学会检查车辆冷却系统的渗漏情况,掌握更换冷却液的方法及注意事项,能够正确更换冷却系统的水泵。

【工作场景】

车辆停放在检修场地,拉起驻车制动器,打开发动机舱盖,在发动机舱两侧铺上防护垫。若环境亮度不够,准备好局部照明设备。

【基础知识】

一、冷却系统概述

冷却系统的作用是使发动机保持在适当的温度下工作。发动机燃烧室内混合气燃烧后会产生高温高压的燃气(约为 $800\sim2\,000\,℃$),所以必须对气缸加以冷却,否则其中的运动件受热膨胀而导致正常间隙减小,力学性能降低。如果冷却过度也会造成气缸充气量减少、燃烧不正常、功率下降、油耗增加及润滑不良等影响。

二、冷却系统的结构及工作原理

目前汽车发动机的冷却广泛采用水冷式,如图 4-14 所示。令发动机高温部件的热量通过缸套、缸盖传导给周围水套内的冷却液,然后将冷却液所吸收的热量散入外界大气中。发动机正常工作时,水套内水温应保持在 $80\sim90\,℃$ 。

目前汽车发动机多采用强制循环水冷系统。发动机气缸盖和气缸体中都有水套。水泵将冷却液从机外吸入加压,使冷水在水套内流动,带走邻近部件的热量。冷却液吸热后自身温度升高,进入车前端的散热器(水箱)内。由于汽车前进和风扇的抽吸,外界冷空气通过散热器,带走散热器内冷却液的热量并送入大气。当散热器中的冷却液得到冷却后,在水泵的作用下,再次进入水套。如此循环不已地冷却了发动机的高温部件。

散热器位于汽车前端(个别的在车尾)汽车前进时的迎风处,上下端各有一个储水室,其间用众多细的冷却管相连。冷却管大多采用扁圆形截面。为了强化冷却效果,在冷却管外套上布

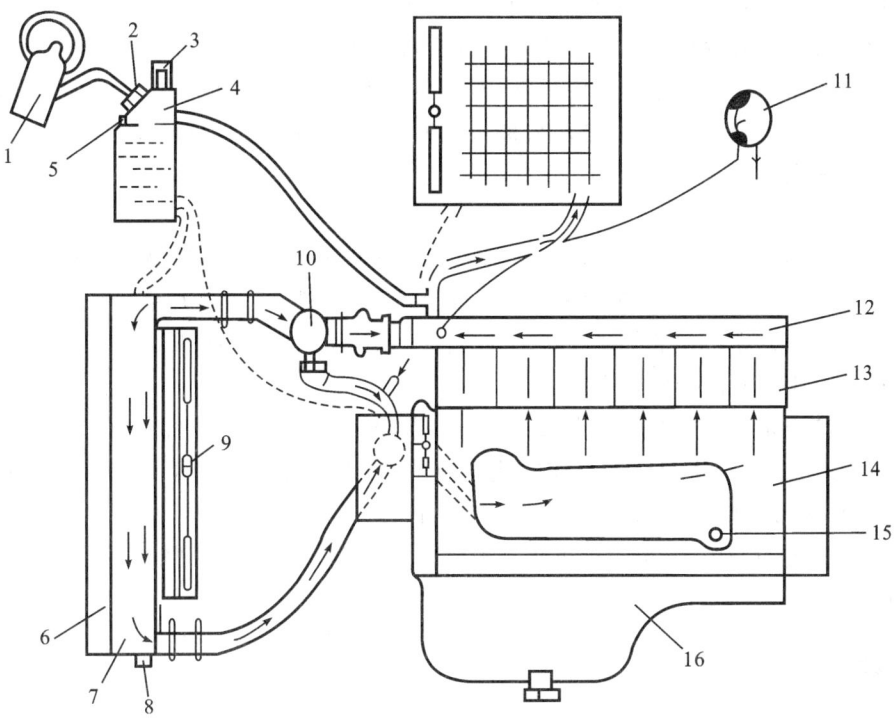

图 4-14 冷却系统示意图

1—防冻冷却液；2—加水口；3—空气蒸气阀；4—膨胀水箱；5—监视冷却液液面观察窗；
6—中冷器；7—水箱散热器；8—放水螺堵；9—风扇；10—节温器；11—暖风机风扇；
12—出水管；13—气缸盖；14——缸体；15—放水螺堵；16—油底壳

置了许多金属散热片，以增加散热面积和散热器本身的刚度和强度。由冷却管和散热片组成的部件称为散热器芯。这种结构称为管片式散热器芯。

还有一种被广泛使用的是管带式散热器芯，它是由波纹状散热带和冷却管相间排列经焊接而成。在散热带上开有扰动气流的小翅，以提高散热能力。由于这种形式的散热效果好，便于制造，质量小，故被广泛采用。缺点是结构强度不如管片式。

对散热器芯的要求是所用材料的导热性好，一般多用黄铜片制造。为了节约用铜，铝制的散热器芯大有发展前途。目前多用在高级轿车和赛车上。

冷却液的加水口位于散热器上储水室，平时用盖紧闭，以防冷却液溢出。倘若冷却液中含水蒸气过多，压力过大，可能导致散热器发生破裂，因此必须设置排气口减压阀。由于冷却液与大气连通，故称为开式冷却系。这种形式的缺点是冷却液会不断地蒸发，需经常检查和补充。还有一种为闭式。发动机在正常热状态下，整个系统封闭与大气隔开，排气口关闭。若系统内压力过大，高于大气压力，排气口开启，与大气相通。目前闭式冷却系在排气口上广泛采用空气-蒸汽阀。

近年来，大部分汽车在冷却系统里都充加防冻液。与一般加冷却液系统的不同点是在散热器盖排气口需外接出一根橡胶或塑料管与储液罐相通。当受热膨胀时，防冻液就进入储液罐。温度降低时，罐内防冻液又被吸回入散热器内。由此可避免防冻液的损失，更不必经常添加。

在散热器的后方，有一个或两个散热风扇。风扇叶转动时，将汽车前方的空气吸进，令其通过散热器芯，将芯内冷却液的热量带走。风扇类似飞机的螺旋桨，它的叶片用薄钢板制成，也有用高强度工程塑料或铝合金铸成，有 4～6 片叶片。为了降低噪声和振动，叶片间夹角不等。为了提高风扇的冷却效果，有的风扇外廓加上一个护风圈。

冷却液泵用来驱使冷却系统内的冷却液加速流动，保证带出足够的发动机热量。最被广泛采用的是离心式水泵。因为它的结构简单，体积小而排水量大，即使坏了也不影响冷却液的流动。水从散热器的下储水室出来，进入水泵的旋转中心，再被转动着的叶轮甩向水泵壳四壁，最后沿切线方向从出口喷出，进到气缸的水套里。在车辆的使用过程中，应经常检查水泵是否漏水。

某一具体车型的冷却系统是根据该车在某一常用工作状况下而设计的，然而汽车的使用条件千变万化。例如在夏季高温、发动机高负荷低转速的条件下，需要加强冷却，防止发动机过热；在寒冷的冬季、发动机在低负荷高转速的条件下，需要降低冷却效果。现代汽车一般都采用改变风扇的转速来控制冷却的效果。

改变冷却液流量的常用办法是在水路中增加节温器。一般设在气缸盖的出水口处。当冷却液温过低时，节温器堵住冷却液不使它流入散热器，而令冷却液直接回到气缸体的水套内。冷却液温高时，节温器将回流到水套的通路关闭，让冷却液通过散热器，加强对水的冷却。节温器本身起到双通阀的作用，常用的有折叠式和蜡式。前者对压力很敏感，后者结构简单，坚固耐用，价格便宜。

【技能训练】

一、冷却液的检查、更换

1. 冷却液

冷却液一般是水和乙二醇基液的混合物。若该混合物停留在冷却系统内时间过长，在冷却管内部将会形成水垢和水锈，并阻塞冷却液管路，从而降低该系统的冷却性能。另外，冷却液的防锈与防冻性能随着时间的推移而降低。因此，发动机冷却液必须定期更换，而且，更换冷却液时必须清除冷却系统内的水垢和其他累积物。

加注冷却液时，一定要排除冷却系统内的空气。若发动机运转时冷却液内有气泡，发动机一发热，气泡膨胀，就会阻碍冷却液的正常循环；若气泡聚集在散热器内，将会影响热交换的进行，从而降低冷却系统的性能。因此，必须排出冷却系统内所有的空气。

2. 检查

排放冷却液之前，检查冷却液的液位及其状况。若液位过低，检查冷却系统是否有渗漏现象。冷却液渗漏不仅会漏到发动机的外部，而且还会漏到发动机的内部。若冷却液（或储存冷却液的容器）很脏，内含褐色的油泥，则表明发动机机油渗漏到冷却系统内。若发动机机油呈乳白色，应该检查发动机机油。在任何上述一种情况下，均会引起严重故障。

冷却液必须从散热器和发动机排放（排放前打开膨胀水箱盖）。散热器的底部和发动机机体的侧面各有一个放水开关（或水堵、螺塞），车辆的品牌、款式等不同，具体位置也不同。

3. 操作步骤

（1）拆卸散热器盖时，首先慢慢地旋转散热器盖，直到到达凹口。进一步旋转散热器盖之前，检查冷却系统内是否有压力。若怀疑系统内有压力，在旋转散热器盖之前用一块工作毛巾缠绕散热器盖，不要戴棉手套。因为高温的冷却液从散热器喷出，可能会渗透手套引起特别严重的烫伤。

（2）排放冷却液时，检查冷却液是否被机油或其他物质污染。

（3）如果在散热器内发现水垢、污物及其他异物，用自来水冲洗散热器。

（4）为排放储液罐内的冷却液，首先将储液罐从安装位置拆卸下来。清空储液罐后，用自来水将之冲洗干净。

（5）将所有排放的冷却液收集在适当的容器内，注意不要将冷却液溅到或流到周围的区域。用适当的方式处理排放的冷却液。

（6）如果软管与冷却系统脱离以便排放冷却液，那么加注冷却液前将其连接，并且要牢固地安装其固定卡箍，软管或卡箍如有损坏则必须更换。将放水螺塞紧固，准备加注冷却液。

（7）从膨胀水箱口加注冷却液。加注时要缓慢进行，以免形成气泡或泡沫。

（8）散热器的上软管内可能有空气遗留，用手挤压软管以确定所有的空气被排出。

（9）使发动机以怠速运转，不要用力踩油门踏板。使发动机逐渐升温，同时观察所有的地方是否有冷却液渗漏现象，若有渗漏及时处理；膨胀水箱的液面是否下降，若下降及时添加冷却液至上下标线之间。

（10）使发动机停止运转，冷却液更换完毕。

4. 操作注意事项

（1）冷却液有毒，切勿入口。若意外地将之溅到眼内，立即用大量的清水冲洗，严重者应到医院就医。

（2）排放冷却液之前，确认发动机冷却。发动机停止工作后不要立即松开放液螺栓或散热器盖，这时冷却液温度和压力都极高，可能会喷出引起严重烫伤。

（3）发动机启动后，操作时要注意避免被高温的零件或转动的零件伤害。

（4）若发现橡胶软管有裂纹、老化、腐蚀等情况，应及时更换。

二、水泵的检查与更换、风扇的检查

1. 水泵的检查与更换

水泵的检查主要是检查水泵的安装面泄漏情况，如发现泄漏应将水泵拆下，检查 O 形密封圈损坏及安装情况，然后更换密封圈将水泵重新组装起来，再进行一次检查。需要说明的是，拆卸水泵之前一定要将冷却液放出，安装前要保证安装面和 O 形密封圈清洁，不要使密封圈扭曲或位置偏移，紧固装配螺栓都要以对角线的顺序将螺栓稍微拧紧。

此外还应检查水泵轴的间隙、驱动皮带的张紧度及皮带的老化、裂纹、腐蚀等情况。

2. 风扇的检查

对于风扇应着重检查其扇叶的清洁情况。尤其是当车辆通过泥泞道路后，扇叶上容易溅上污泥等杂物，转动起来会造成动不平衡现象，发出有规律的"嗡、嗡"声。

【相关拓展】

节温器是控制冷却液流动路径的阀门，是一种自动调温装置，通常含有感温组件，借着膨胀或冷缩来开启、关闭冷却液的流动通道，其外形如图 4-15 所示。

图 4-15 汽车节温器

一、节温器的功用

根据冷却液温度的高低自动调节进入散热器的流量,改
变冷却液的循环范围,以调节冷却系的散热能力,保证发动机在合适的温度范围内工作。节温
器必须保持良好的技术状态,否则会严重影响发动机的正常工作。如节温器主阀门开启过迟,
就会引起发动机过热;主阀门开启过早,则使发动机预热时间延长,使发动机温度过低。

二、节温器的结构及工作原理

目前,主要使用的节温器为蜡式节温器。当冷却温度低于规定值时,节温器感温体内的精
致石蜡呈固态,节温器阀在弹簧的作用下关闭发动机与散热器之间的通道,冷却液经水泵返回
发动机,进行发动机内小循环。当冷却液温度达到规定值后,石蜡开始融化逐渐变为液体,体积
随之增大并压迫橡胶管使其收缩。在橡胶管收缩的同时对推杆作用以向上的推力,推杆对阀门
有向下的反推力使阀门开启。这时冷却液经由散热器和节温器阀,再经水泵流回发动机,进行
大循环,如图 4-16 所示。

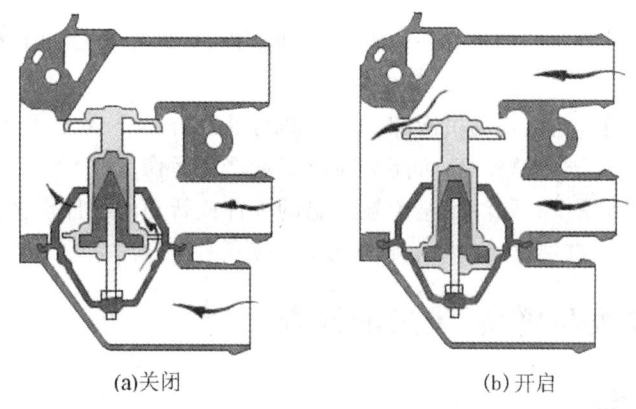

(a)关闭   (b)开启

图 4-16　节温器工作原理

节温器大多数布置在气缸盖出水管路中,这样的优点是结构简单,容易排除冷却系统中的
气泡;缺点是节温器在工作时经常开闭,产生振荡现象。

三、判断节温器的工作状态

当发动机开始冷车运转时,水箱的上水室进水管处若还有冷却液流出,则说明节温器的主
阀门不能关闭;当发动机冷却液温度超过 70℃时,水箱的上水室进水管处无冷却液流出,则说
明节温器主阀门不能正常开启,这时就需要进行修理。节温器的检查可在车上进行,方法如下。

(1)发动机启动后的检查　打开散热器加水口盖,若散热器内冷却液平静,则表明节温器工
作正常;否则,则表示节温器工作失常。这是因为,在水温低于 70℃时,节温器膨胀筒处于收缩
状态,主阀门关闭;当水温高于 80℃时,膨胀筒膨胀,主阀门渐渐打开,散热器内循环冷却液开
始流动。当水温表指示 70℃以下时,散热器进水管处若有冷却液流动,水温温热,则表示节温
器主阀门关闭不严,使冷却液过早大循环。

(2)水温升高后的检查　发动机工作初期,冷却液温度上升很快;当水温表指示 80℃后,升
温速度减慢,则表明节温器工作正常。反之,若水温一直升高很快,当内压达到一定程度时,沸
水突然溢出,则表明主阀门有卡滞,突然打开使冷却液溢出。

在水温表指示 70~80℃时，打开散热器盖和散热器放水开关，用手感其水温，若均烫手说明节温器工作正常；若散热器加水口处水温低，且散热器上水室进水管处无水流出或流水甚微，说明节温器主阀门无法打开。

卡滞或关闭不严的节温器应拆下清洗或修复，不可将就使用。

四、节温器的检查

蜡式节温器的安全寿命一般为 50 000 km 汽车行使里程。因此，要求按照其安全寿命定期更换。

节温器的检查方法是，在温度可调试的恒温加热设备内检查节温器主阀门的开启温度、全开温度及升程。其中有一项不符合规范定值，则应更换节温器。例如，桑塔纳 JV 发动机的节温器，其主阀门的开启温度为 87±2℃，全开温度是 102±3℃，全开升程大于 7 mm。

【复习延伸】

(1)发动机冷却液温度过高一般是由哪些因素引起的？

(2)汽车上的水温传感器是一种温度传感器，它能够感知发动机冷却液的温度，并通过仪表显示出来，能够控制散热风扇的高低速旋转或停止，还能够给 ECU(电控单元)传送水温信号，使 ECU 能够根据水温情况及时修正喷油量。在日常生活中，还有哪些设备上有温度传感器，它们的作用都是什么？

◀ 任务6 转向系统的检查与保养 ▶

【学习目标】

通过本任务的学习，学会检查并调整转向系统中方向盘的技术状况，转向横拉杆的检查方法及转向助力油的更换方法及注意事项等。

【工作场景】

要完成此项任务，需准备好待检查维护的车辆、举升机、两个安全支架、维修工具、直尺、足够的转向助力油及专用的抽油设备等。可在维修车间，也可在平坦坚实的路边，但一定要保证安全，在路边还需准备好千斤顶等举升设备。

【基础知识】

一、转向系统的功用

汽车在行驶过程中，根据路况驾驶员需经常改变行驶方向。汽车行驶方向的改变，是通过转向轮(一般是前轮转向，也有后轮或四轮转向)在路面上偏转一定的角度来实现的。用来控制转向轮偏转的一整套机构，称为汽车转向系统。

转向系统的功用是，按照驾驶员的意愿改变汽车的行驶方向和保持汽车稳定的直线行驶。其中，转向器是将转向盘的转动变为转向摇臂的摆动或齿条轴的直线往复运动，并对转向操纵力进行放大的机构。转向器一般固定在汽车车架或车身上,转向操纵力通过转向器后一般还会改变传动方向。

二、转向系统的类型

汽车转向系统按动力源不同,分为机械转向系统(图 4-17)和动力转向系统(图 4-18)两大类。

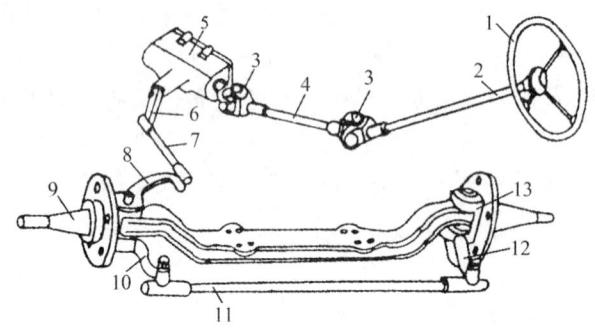

图 4-17 机械转向系统示意图

1—转向盘;2—转向轴;3—转向万向节;4—转向传动轴;5—转向器;6—转向摇臂;
7—转向直拉杆;8—转向节臂;9—左转向节;10—左转向梯形臂;11—转向横拉杆;
12—右转向梯形臂;13—右转向节

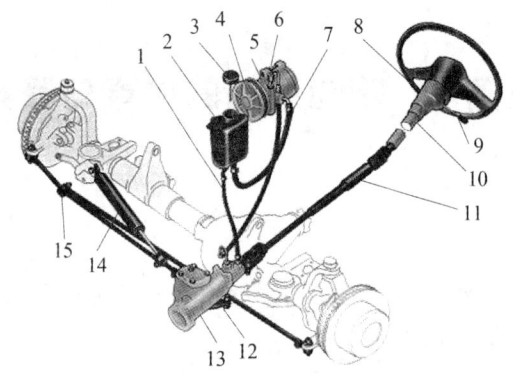

图 4-18 动力转向系统示意图

1—动力转向回油总管;2—动力转向液油罐总成;3—动力转向液油罐盖;4—动力转向泵皮带轮;5—动力转向泵;
6—动力转向压力管总成;7—油罐到泵的油管总成;8—转向盘总成;9—综合开关操纵杆总成;10—转向柱总成;
11—动力转向中间轴总成;12—转向摇臂;13—动力转向器总成;14—转向减振器;15—转向拉杆和横拉杆总成

机械转向系统以驾驶员的体力作为转向动力源,所有传力件都是机械的,主要由转向操纵机构(方向盘)、转向器和转向传动机构三大部分组成。动力转向系统除具有以上三大部分外,还有一套转向助力装置。根据辅助转向能源的不同,又可分成液压式、气压式和电动式三种动力转向系统。

【技能训练】

一、方向盘操作检查

1. 初步检查

在进入驾驶室开始向工作地点驾驶车辆之前,进行转向系统的检查。坐在驾驶员坐椅上时,应上下、前后、左右摇动方向盘,检查其是否松旷。驾驶车辆时,检查转向系统有无噪声或振动,转向操作有无异常。到达工作地点停车后再检查方向盘间隙是否超出技术要求范围。

2. 方向盘间隙的测量

(1)确认前轮指向正前方。

(2)在方向盘的顶端用胶带或细绳做好标记。

(3)将直尺紧贴方向盘顶端,然后测量在不使前轮移动的情况下,方向盘向左及向右转动的距离。用直尺测量方向盘外缘的移动量一般为 15~20 mm。以胶带或细绳作为测量参考点。

3. 注意事项

(1)向左或向右转动方向盘到转向轮就要开始移动或感觉到有阻力时即停止,测量此时的移动量。

(2)在方向盘的外围测量。

(3)左转及右转间隙的测量结果有任何差异,均表明转向机构出现故障。

二、方向盘松旷的检查

如果初步检查中发现方向盘松旷或方向盘间隙超出技术要求,首先应进行齿条导块调整,其次检查转向系统的安装是否松旷,将松动部位紧固到规定的扭矩,然后再次检查松旷情况(如果初步检查没有发现方向盘松旷,而且间隙在技术规格范围之内,那么无需执行此项调整)。若仍然间隙超标,则按下列项目检查:转向柱装配螺栓及螺母是否松动;方向盘螺栓及螺母是否松动;转向万向节螺栓是否松动;横拉杆球头球笼接头移动是否顺畅,接头有无损坏;转向机装配螺栓是否松动,转向机安装衬垫有无损坏等。

三、横拉杆球头检查

1. 检查步骤

车辆转向系统的横拉杆球头间隙能够减弱转向反应能力,并使方向盘产生振动。可按下列步骤检查球头间隙。

(1)将车轮指向正前方。

(2)将车辆举起。

(3)双手握住车轮,尽力左右摇动车轮。如有移动,表明球头出现间隙。

(4)观察横拉杆末端的橡胶防尘套有无破裂及损坏,润滑脂有无泄漏等。

2. 注意事项

(1)如果球头变脏,用抹布擦拭干净以便确切检查防尘套的状况,并且防尘套的四周都要检查到。

(2)泄漏的润滑脂会因污物而变黑。擦拭防尘套,检查抹布上的污物是否是润滑脂。此外还应检查污物中是否有金属颗粒。

(3)两个转向轮用同样的方式检查。

四、动力转向油的检查与更换

1. 检查

动力转向油比制动液的性能更加稳定,使用寿命更长。一般只有当动力转向系统修理时或在出现严重故障(如油液被污染、含有金属颗粒等)时才进行油液的更换。

检查时可将车辆停放在坚实的水平地面上,关闭发动机。打开发动机舱盖,查看动力转向油储油罐内的液位。液位应在上下标线之间。如果液位过低,则表明系统内油液泄漏,此时必须认真检查系统。检查液位的同时,还应检查油液的状态,如果油液被严重污染,则应更换油液。

2. 更换

(1)将车辆停放在坚实的水平路面上,启动车辆运行,使储液罐内的液压油达到正常的工作温度。

(2)将发动机熄火,在储油罐周围的车体及其他零部件上铺上维修用布,以防止油液迸溅。

(3)打开加油罐盖,用专用工具将储液罐内的油液全部抽出后,加入新液压油达到正常液面,盖好罐盖。

(4)运行发动机,向左、向右打方向盘到达极限位置,使液压油充分流动,达到正常液压油温度时停止发动机运行。

(5)再次打开液压油罐盖,同样将罐内液压油全部抽出,加入新液压油,盖好罐盖,继续运行发动机并向左、右打方向盘到极限位置。

(6)重复上述过程2~3次,当储液罐内的液压油颜色同新油接近时,调整液面高度至合适位置,操作完毕。

3. 注意事项

(1)不同品牌的液压油不可混用。

(2)调整液位时,不可使液面高出标线上限,以免因为车辆行驶时油温升高,油液体积大大增加而从罐内溢出。

(3)加注油液要缓慢进行,以免出现气泡。因为气泡会削弱油液传输动力的有效性,同时还会使液面看上去比实际的高。

(4)系统内有空气必须排净,方法是缓慢转动方向盘向左、向右到达极限位置停留 5 min。

(5)如油液迸溅到其他零部件上应立即擦拭。

(6)加注完成后,牢固可靠地安装储液罐盖。

【相关拓展】

四轮转向系统

四轮转向即 4WS(4 wheel steering),除了传统的以前轮为转向轮外,后两轮也是转向轮,即四轮转向。

汽车的四轮转向系统在 20 世纪 80 年代中期开始发展,其主要目的是提高汽车在高速行驶或在侧向风力作用时的操作稳定性,改善在低速下的操纵轻便性,以及减小在停车场时的转弯半径。

四轮转向主要有两种工作方式:车辆中高速行驶时,后轮转向与前轮转向方向相同称为同向位转向;车辆低速行驶时,后轮转向与前轮转向方向相反称为逆向位转向。图 4-19 所示为同向位转向时的示意图。

四轮转向技术目前被很多公司所采用,其中大多应用在大型车辆上,也有一些 SUV(运动型多用途汽车)及跑车具有四轮转向的功能。配备四轮转向之后,车辆可以减小转弯半径、提高低速行驶时的机动性及高速行驶时的操纵性和可控制能力。下面以德尔福公司的

OUADRASTEER 四轮转向系统为例进行介绍,它也是目前最为先进的四轮转向系统之一。

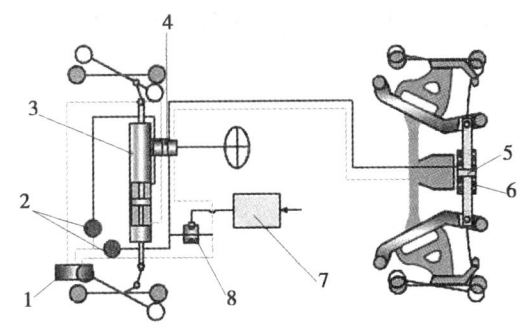

图 4-19　四轮转向系统示意图

1—储油罐;2—动力泵;3—前动力缸;4—分配阀;5—后动力缸;
6—回位弹簧;7—控制器;8—电磁阀

该系统有四个主要部件——前轮定位传感器、可转向的整体准双曲面后轴、电动机驱动的执行器和一个电控单元(ECU)。前轮定位传感器和车辆速度传感器连续不断地向 ECU 报告数据,ECU 根据报告的数据确定后轮合适的角度。通过计算,决定正确的操作阶段。该系统有三种主要运行方式:负相、中相、正相。低速行驶时,后轮转弯方向与前轮相反,这就是负相。中速行驶时,后轮笔直而保持中相。高速行驶时,后轮处于正相,和前轮转弯方向相同。在低速行驶时,负相拖曳操纵,尾部跟随车辆的真实轨迹,比两轮转向更紧密。这使得在城市交通中的驾驶更容易。低速行驶时,如倒车上船板或野营带拖车停车时,OUADRASTEER 将使操纵更容易,负相极大地改进拖车对转向动作的反应,更容易使车辆就位。OUADRASTEER 提高了车辆的高速行驶平稳性。高速行驶时后轮和前轮的转向相同,有助于减少车辆侧滑或扭摆,对平衡车辆在超车、变道或躲避不平路面时的反应均有帮助。此外,OUADRASTEER 和四轮驱动系统也可以完全兼容,并能提高四轮驱动系统的性能,根据制造厂商的要求,既能由驾驶员选择,又能实现全自动化。例如,使用选择界面,驾驶员就能调节不同驾驶条件下后轮转向的性能。选择模式包括一般驾驶、拖车拖运和两轮转向。如果四轮转向系统损坏的话,OUADRASTEER 系统还可控制,使其回到正常两轮转向模式。

当按动按钮选定四轮转向(4WS 或 4WS 挂车)模式时,OUADRASTEER 系统处于激活状态。OUADRASTEER 系统配备了两个传感器,其中一个传感器安装在转向柱上,用于检测转向盘的转向角度,另一个传感器安装在变速器上,用于提供车速信号。来自这两个传感器的信号都能及时传递至 ECU。事实上,ECU 是一个包含两个具有 10 MHz 运行速度及 128 K 内存的微处理器的集成单元。每只微处理器根据转向及车速传感器的输入信息进行独立运算,并同时启动系统自检功能以确定系统自身功能是否正常。然后,ECU 通过比较两个微处理器的计算数据来确定转向是否正在正确执行。如果一切正常,那么 ECU 将启动后轴转向驱动电动机。

一旦四轮转向系统出现异常或传感器出现错误,后轴转向执行电动机立即自动驱动后轴回正,同时,系统由 4WS 切换进入 2WS(传统的 2 前轮转向)的安全转向模式。即便在转向过程中 ECU 出现灾难性故障,后轴转向齿条机构内部的回位弹簧也能够使后轴慢慢回复中立位置,并同时使后轮转向电动机关闭以阻塞后轮的转向动作。

【复习延伸】

(1)哪些类型的车辆采用四轮转向?哪些类型的车辆采用后轮转向?

(2)更换转向助力油时,没有专用的抽油设备怎么办?

◀ 任务7　制动系统的检查与保养 ▶

【学习目标】

通过本任务的学习,学会检查车辆的制动系统并对其进行必要的检查、保养操作。

【工作场景】

车辆进入举升机后,按要求将车举起全比操作人员高10 cm左右处锁住(举升机自锁),然后把两个安全支架分别推至车辆的前后轴下以确保安全。

【基础知识】

一、制动系统

车辆上用以使外界(主要是路面)在车辆某些部分(主要是车轮)施加一定的力,对其进行一定程度的强制制动的一系列专门装置统称为制动系统。其作用是使行驶中的车辆按照驾驶员的要求进行强制减速甚至停车;使已停驶的车辆在各种道路条件下(包括在坡道上)稳定驻车;使下坡行驶的车辆速度保持稳定。

对车辆起制动作用的只能是作用在车辆上且方向与车辆行驶方向相反的外力,而这些外力的大小都是随机的、不可控制的,因此车辆上必须装设一系列专门装置以实现上述功能。

1. 制动系统分类

1)按制动系统的作用不同分

制动系统可分为行车制动系统、驻车制动系统、应急制动系统及辅助制动系统等。用以使行驶中的车辆降低速度甚至停车的制动系统称为行车制动系统;用以使已停驶的车辆驻留原地不动的制动系统则称为驻车制动系统;在行车制动系统失效的情况下,保证车辆仍能实现减速或停车的制动系统称为应急制动系统;在行车过程中,能够降低车速或保持车速稳定,但不能将车辆紧急制停的制动系统称为辅助制动系统。上述各制动系统中,行车制动系统和驻车制动系统是每个车辆都必须具备的。

2)按制动操纵能源不同分

制动系统可分为人力制动系统、动力制动系统和伺服制动系统等。以驾驶员的肌体作为唯一制动能源的制动系统称为人力制动系统;完全靠由发动机的动力转化而成的气压或液压形式的势能进行制动的系统称为动力制动系统;兼用人力和发动机动力进行制动的制动系统称为伺服制动系统或助力制动系统。

3)按制动能量的传输方式不同分

制动系统可分为机械式、液压式、气压式、电磁式等。同时采用两种以上传输方式的制动系统称为组合式制动系统。

2. 制动系统的一般工作原理

制动系统的一般工作原理是,利用与车身(或车架)相连的非旋转元件和与车轮(或传动轴)相连的旋转元件之间的相互摩擦来阻止车轮的转动或转动的趋势。

图 4-20 所示的是一种简单的液压制动系统工作原理示意图。

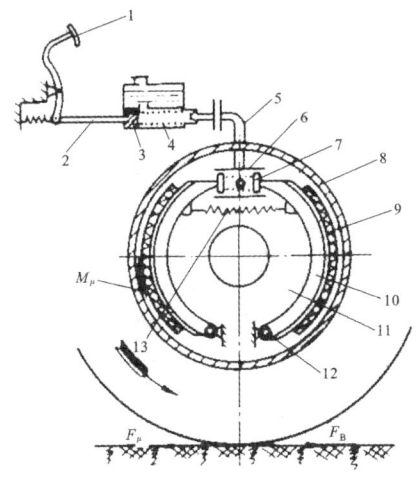

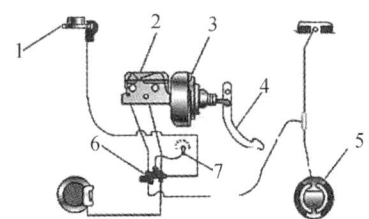

图 4-20　制动系统工作原理示意图

1—制动踏板；2—主缸推杆；3—主缸活塞；4—制动主缸；
5—油管；6—制动轮缸；7—轮缸活塞；8—制动鼓；9—摩擦片；
10—制动蹄；11—制动底板；12—支承销；13—制动蹄复位弹簧

图 4-21　轿车典型制动系统组成示意图

1—前轮盘式制动器；2—制动总泵；3—真空助力器；
4—制动踏板机构；5—后轮鼓式制动器；
6—制动组合阀；7—制动警示灯

一个以内圆面为工作表面的金属制动鼓固定在车轮轮毂上，随车轮一起旋转。在固定不动的制动底板上，有两个支撑销，支撑着两个弧形制动蹄的下端。制动蹄的外圆面上装有摩擦片。制动底板上还装有液压制动轮缸，用油管与装在车架上的液压制动主缸相连通。主缸中的活塞可由驾驶员通过制动踏板机构来操纵。

当驾驶员踏下制动踏板，使活塞压缩制动液时，轮缸活塞在液压的作用下将制动蹄片压向制动鼓，使制动鼓减小转动速度，或保持不动。

二、轿车典型制动系统的组成

图 4-21 所示为一种轿车典型制动系统的组成示意图（前盘后鼓）。可以看出，制动系统一般由制动操纵机构和制动器两大主要部分组成。

1. 制动操纵机构

制动操纵机构是由产生制动动作、控制制动效果并将制动能量传输到制动器的各个部件，如图 4-21 中的 2、3、4、6，以及制动轮缸和制动管路组成。

2. 制动器

制动器是产生阻碍车辆的运动或运动趋势的力（制动力）的部件。车辆上常用的制动器都是利用固定元件与旋转元件工作表面的摩擦而产生制动力矩，称为摩擦制动器。它有鼓式制动器和盘式制动器两种结构形式。

图 4-22　鼓式制动器结构总成

1）鼓式制动器

鼓式制动器结构总成如图 4-22 所示。由于在现代轿车上的应用逐渐减少，故此处不再详细介绍。

2）盘式制动器

盘式制动器中的旋转元件是以端面工作的金属圆盘，称为制动盘。其固定元件则有着多种结构形式，大体上可分为两类。一类是工作面积不大的摩擦块与其金属背板组成的制动块，每个制动器中有 2～4 个。这些制动块及其促动装置都装在横跨制动盘两侧的夹钳形支架中,总称为制动钳。这种由制动盘和制动钳组成的制动器称为钳盘式制动器。钳盘式制动器过去只用作中央制动器,现在越来越多地被各级轿车和货车用作车轮制动器。钳盘式制动器又可分为定钳盘式和浮钳盘式两类。盘式制动器总成如图 4-23、图 4-24 所示。

图 4-23　盘式制动器总成(在车上)

图 4-24　盘式制动器总成(拆下后)

(1)定钳盘式制动器。定钳盘式制动器的结构示意图如图 4-25 所示。

在制动盘上的制动钳体固定安装在车桥上,它不能旋转也不能沿制动盘轴线方向移动,其内的两个活塞分别位于制动盘的两侧。

制动时,制动油液由制动总泵(制动主缸)经进油口进入钳体中两个相通的液压腔中,将两侧的制动块压向与车轮固定连接的制动盘,从而产生制动力。

这种制动器的缺点:油缸较多,使制动钳结构复杂;油缸分置于制动盘两侧,必须用跨越制动盘的钳内油道或外部油管来连通,这使得制动钳体的尺寸过大,难以安装在现代化轿车的轮辋内;热负荷大时,油缸和跨越制动盘的油管或油道中的制动液容易受热汽化;若要兼用于驻车制动,则必须加装一个机械制动的驻车制动钳。

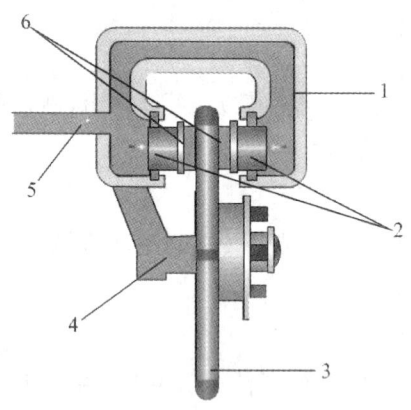

图 4-25　定钳盘式制动器示意图

1—制动钳体;2—活塞;3—制动盘;
4—车桥部;5—进油口;6—摩擦块

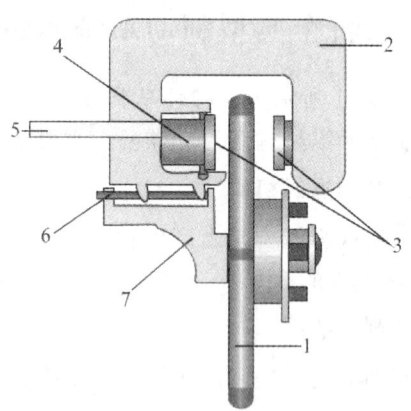

图 4-26　浮钳盘式制动器示意图

1—制动盘;2—制动钳体;3—摩擦块;
4—活塞;5—进油口;6—导向销;7—车桥

(2)浮钳盘式制动器。图 4-26 所示为浮钳盘式制动器示意图。

钳体通过导向销与车桥相连,可以相对于制动盘轴向移动。制动钳体只在制动盘的内侧设置油缸,而外侧的制动块则附装在钳体上。

制动时,液压油通过进油口进入制动油缸,推动活塞及其上的摩擦块向右移动,并压到制动盘上,使得油缸连同制动钳体整体沿销钉向左移动,直到制动盘右侧的摩擦块也压到制动盘上夹住制动盘并使其制动。

　　与定钳盘式制动器相反,浮钳盘式制动器轴向和径向尺寸较小,而且制动液受热汽化的机会较少。此外,浮钳盘式制动器在充当行车和驻车制动器的情况下,只需在行车制动钳油缸附近加装一些用以推动油缸活塞的驻车制动机械传动零件即可。故浮钳盘式制动器逐渐取代了定钳盘式制动器。

　　(3)盘式制动器的特点。盘式制动器与鼓式制动器相比,有以下优点。

　　①一般无摩擦助势作用,因而制动器效能受摩擦系数的影响较小,即效能较稳定。

　　②浸水后效能降低较少,而且只需经一两次制动即可恢复正常。

　　③在输出制动力矩相同的情况下,尺寸和质量一般较小。

　　④制动盘沿厚度方向的热膨胀量极小,不会像制动鼓的热膨胀那样,使制动器间隙明显增加而导致制动踏板行程过大。

　　⑤较容易实现间隙自动调整,其他保养修理作业也较简便。

　　⑥因为制动盘外露,还有散热良好的优点。

　　盘式制动器不足之处是效能较低,故用于液压制动系统时所需制动管路压力较高,一般要用伺服装置。

　　目前,盘式制动器已广泛应用于轿车,在一些中高级轿车上用于全部车轮,中低档轿车只用作前轮,而与后轮的鼓式制动器配合,以期车辆有较高的制动时的方向稳定性。

【技能训练】

一、制动踏板的检查

　　在任何车辆上,制动系统的正常操作对安全而言都是十分重要的。因为踏板直接受到驾驶员脚步的压力,所以很容易偏离技术规范范围。

　　制动踏板调整可以确定制动器的开始操作点以及制动灯的照亮点。其内容包括踏板高度调整和制动开关的位置调整。制动踏板自由行程的范围不可以调整(广本轿车)。踏板高度不足是非常危险的,因为这可能会导致操作踏板时制动器的启动延迟,并且可能阻碍自动器的充分应用,行程不足还可能导致制动器卡滞。

1. 制动踏板高度的检查和调整

　　制动踏板高度的调整如图 4-27 所示。拧下制动开关使之不再与制动踏板接触;掀起地毯,测量由驾驶室底板算起至踏板中点的踏板高度。雅阁轿车制动踏板高度应为 148 mm。调整踏板高度时,拧松推杆的锁紧螺母,用钳子拧进或拧出推杆进行调整,使踏板高度达到标准值。调整完毕应将锁紧螺母以 15 N·m 的力矩牢固拧紧。注意推杆踩下时不要调节踏板高度。装上制动开关,直到柱塞被完全压住(断开制动开关插头,松开制动开关锁紧螺纹端,其与踏板上的衬垫相接触)。然后将开关往回拧 3/4 圈,使得螺纹端与衬垫之间产生 0.9 mm 的间隙,再拧紧锁紧螺母,接上制动开关插头,并在松开制动踏板后确认制动灯熄灭。调整踏板高度时,注意推杆踩下时不要调节踏板高度。

2. 制动踏板自由行程的检查与调整

　　将发动机熄火,踩制动踏板数次,直到真空助力器不存在真空为止。再踩下制动踏板,直到感到有点阻力为止,测量踏板自由行程,其踏板自由行程的标准值为 1～5 mm。调整踏板自由行程时,如果自由行程不符合标准值,可通过调节制动开关来改变其自由行程,如图 4-28 所示,

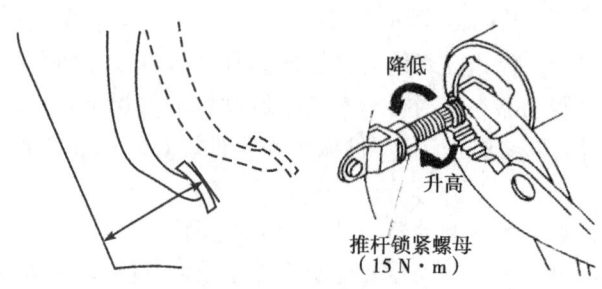

图 4-27　制动踏板高度的调整

使其符合规定值。若踏板自由行程过小，则易引起制动阻滞；若自由行程过大，则制动作用时间延长，制动距离增加，制动性能变差，如图 4-29 所示。因此，自由行程调整后，应启动发动机，踩制动踏板，证明并确保其有标准的自由行程。

3. 注意事项

由于地板与踏板的上表面之间有一定的距离，所以测量踏板的高度之前，一定要卷起车底板垫。制动踏板后面的地板上备有切口，以便测量；测量时一定与制动踏板软垫成 90° 进行，以保证测量准确；调整之后，拧紧锁紧螺母时，将推杆固定在合适的位置，避免不正确的调整，同时慢慢地转动锁紧螺母；如果自由行程的范围不符合规格要求，请检查是否由于以下原因引起：制动开关安装位置不正确，锁紧螺母松动，制动调节器安装位置不正确，制动踏板连接处松动等。

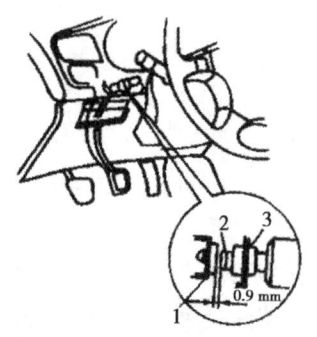

图 4-28　制动开关的调整

1—衬垫；2—制动开关螺纹端；3—锁紧螺母（10 N·m）

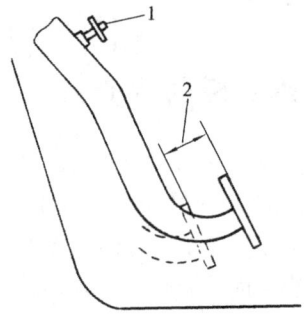

图 4-29　自由行程的检查与调整

1—限位螺钉；2—自由行程

二、制动片、制动盘的检查

各种盘式制动器的检查、拆装步骤等基本相同，但是由于类型不同，其某些细节也有所不同（如润滑脂的使用位置）。

1. 拆卸

(1)用扭力扳手松开轮胎螺母，举升车辆到一定高度，拆卸轮胎。

(2)松开卡钳固定螺栓，将卡钳在枢轴上转动，用一根钢丝或类似的东西将卡钳固定在旁边。

(3)拆下制动钳、制动片，将所有拆卸下来的零件保存好以便重新安装。

(4)用真空吸尘器或制动清理剂（去油剂）彻底清理制动卡钳、制动盘及周围的零件。

2. 检查

(1)使用游标卡尺在制动片的外边缘测量每个制动片的厚度，该值应该不小于 1.6 mm（桑塔纳为 2.5 mm)。制动片可能磨损不均匀,要多测几处。

(2)检查制动片是否有磨损不均匀的情况,以及是否有凹槽等缺陷。

(3)用磁力表座和百分表配合测量制动盘端面圆跳动,如图 4-30 所示(桑塔纳的外缘最大处圆跳动小于 0.05 mm)。

(4)用游标卡尺测量制动盘厚度(桑塔纳 LX 系列为 10 mm,桑塔纳 2 000 系列为 17.8 mm)。

(5)检查制动油缸是否漏油,是否回位自如。

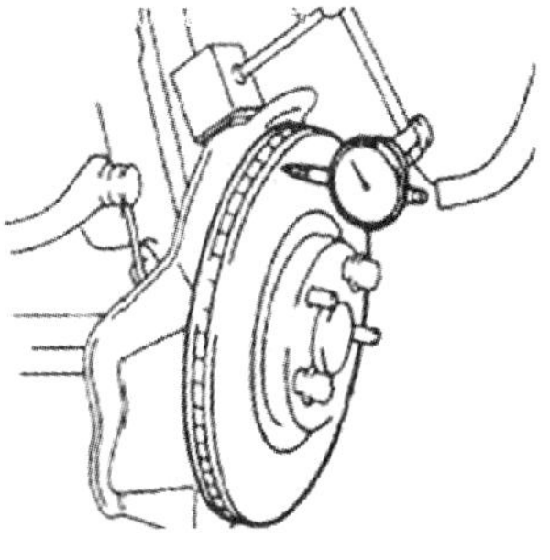

图 4-30　测量制动盘端面圆跳动

3. 安装

按照拆卸的相反顺序装回制动片、制动钳等,然后放下车辆,按规定扭矩装回轮胎螺栓,有轮毂盖的装好轮毂盖。

4. 注意事项

(1)拆卸完制动片,清洁时不要用刷子或压缩空气,那样会造成灰尘扩散,危害人的健康。

(2)测量制动片厚度时不要连同底板一起测量。

(3)每个制动片都要测量到。

(4)测量制动盘端面圆跳动时要测量其外边缘,同时要两面都测到。

(5)任何一个制动片超过维修极限,都要同时更换所有的制动片。

(6)如果安装了外制动片垫片,则更换制动片时,也一定要更换外制动片垫片。

(7)安装前,在下列部位涂上薄薄的一层润滑脂:活塞与内制动片接触面的终点,制动片与卡钳托架之间的接触面,外制动片与卡钳钳身之间的接触面,外制动片垫片与外制动片之间的接触面,外制动片垫片与卡钳钳身之间的接触面。制动器的类型不同,润滑脂的使用部位也不尽相同。

三、驻车制动器的检查

驻车制动器也称手制动,简称"手刹",其主要的功用是保证汽车稳定停车,防止溜车;在紧急情况下,也可临时替代脚刹。

在较小的坡道上拉紧手制动,在汽车仍后溜的情况下;或汽车在拉紧手制动的情况下,以二挡可以起步时,应检查、调整手制动装置。

小型车辆普遍采用手制动杆和钢索对后轮进行制动,即手制动与行车制动采用同一套制动器。随着汽车的使用,钢索会产生一定量的塑性变形,造成手制动行程过大。因此,当车轮制动器间隙调整好后,还应检查调整手制动钢索长度。安装后鼓式制动器的车辆和安装后盘式制动器的车辆,其检查与调整步骤几乎相同。

1. 手制动行程的调整

由于后轮制动器间隙一般为自动调整式,因此,只有在更换手制动钢索、制动底板或制动摩擦片后,才需要检查、调整手制动装置。

调整时,在车轮下用三角木固定好汽车。旋松手制动钢索端部调整螺栓上的两个紧固螺母,直到手制动手柄棘轮行程量在 4~7 个齿的范围内为止。调整好的手制动应在拉杆行程的 60%(如拉到底 9 响,只拉 5 响),如图 4-31 所示。制动后应能在 20% 的纵坡上可靠地停住(车头朝上和朝下两个方向都应能停住),如图 4-32 所示。

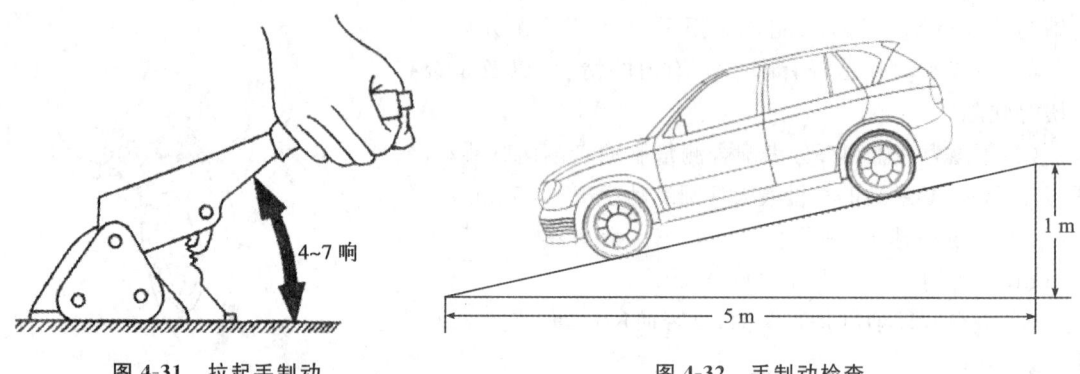

图 4-31　拉起手制动 　　　　　　　图 4-32　手制动检查

2.捷达轿车手制动的调整

捷达轿车的后制动器是自动调整式,调整顺序如下:

(1)松开手制动杆;

(2)用力踩下制动踏板,以便让制动摩擦片紧贴
在制动鼓上;

(3)将手制动杆拉过 4 个棘轮齿,抬起制动踏板;

(4)扭紧调整螺母(图 4-33),直到两个车轮用手
转不动为止;

(5)松开手制动,检查两车轮是否转动自如。

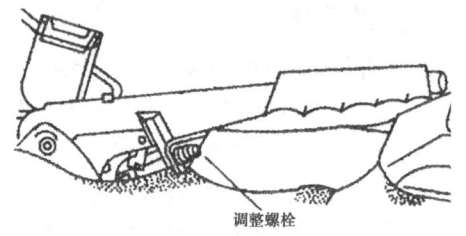

调整螺栓

图 4-33　捷达轿车手制动的调整位置

【相关拓展】

ABS 系统简介

ABS 系统是一种能防止车轮被抱死而导致车身失去控制的安全装置,全称防抱死刹车系

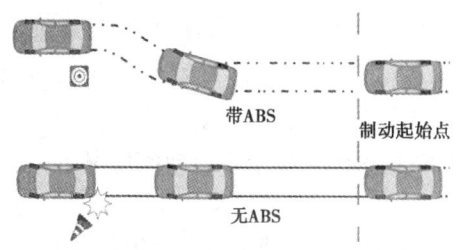

带ABS

制动起始点

无ABS

图 4-34　有、无 ABS 系统车辆的制动比较

统。ABS 的工作原理是利用装在车辆刹车系统上的车轮转速传感器来感知刹车时车轮的运动状态。当车辆紧急制动时,车轮的转速在制动系统的作用下迅速降低,当传感器感知到车轮即将停止转动时,会发出一个指令给刹车系统,减小制动力,当车轮恢复转动后制动力又会加大,到车轮又要停转时制动力再减小,如此反复,确保车轮不被抱死,如图 4-34 所示。这个过程是十分迅速的,每秒钟大约发生几十

次。这样既能保持足够的制动力,又能防止车轮抱死后车辆失去控制。特别是在湿滑路面上,车轮抱死会发生侧滑、打转现象,十分危险,所以 ABS 为行车安全提供了很大帮助。但是如果使用不当,ABS 也不能保证刹车安全。

(1)踩制动踏板时用力不可太轻。因为装有 ABS 系统的刹车,当用力踩下踏板时,制动系统会有阵阵抖动,有些人还以为出了问题,往往赶紧松力。其实,ABS 就像以前那种"人工点刹",出现上述状况是 ABS 间歇收放制动压力的结果。在必须紧急制动的时候,应该狠踩制动板,而且是一次直接踩到底,不要放松。同时利用方向盘来控制车辆的方向——这正是 ABS 的优点,在刹车时还能够有良好的方向操控性。

(2)不要把 ABS 当作安全"保护神"。即使有 ABS 的汽车,在急转弯、快速变道及其他急打

方向盘的时候,也不能保证刹车的绝对安全。所以不要过于迷信 ABS 的作用,不要做一些"危险动作"。

(3)驾驶时不要反复踩制动踏板。在使用 ABS 时,像"人工点刹"那样反复地踩制动踏板,将会使 ABS 时通时断,导致制动效能减低和制动距离增加。ABS 本身会以更高的速率自动增减制动力,并提供有效的方向盘可控能力。

(4)对自己的车子急刹车时的制动距离要心中有数。在行车时一定要与前车保持有效制动距离以上的距离,以保证安全。ABS 只是防止车轮抱死,而不会增大车辆制动力。如果是在潮湿路面上,由于 ABS 能防止车辆打滑,所以装有 ABS 的车辆会比未装 ABS 的车辆的制动距离略短。但是,如果是在干燥路面上,装有 ABS 的车辆的制动距离反而会更长。所以,假如认识不到这个问题,在行车中就会对安全距离产生误判,一旦发生紧急情况,由于安全距离不够,就容易造成事故。

(5)ABS 系统依靠精密的车轮转速传感器工作,这些部件不是安装在车厢里面,而是安装在四个车轮上。所以,平时要经常保持传感器探头及齿圈的清洁。如果有泥污、油污特别是磁铁性物质黏附在其表面,会导致传感器失效或输给计算机错误的信号,影响 ABS 系统的正常工作。

(6)在行车中应经常注意仪表板上的 ABS 指示灯的情况,如发现闪烁或长亮,说明 ABS 系统已脱离工作状态。此时制动系统只有常规制动功能,ABS 系统已不起作用,应尽快到维修厂排除故障。

【复习延伸】

(1)查阅相关资料,比较卡车、轿车、摩托车、电动自行车等的制动系统有何相同和不同之处? 同是盘式刹车,前轮和后轮有何不同?

(2)带有 ABS 的刹车系统与不带 ABS 的刹车系统有哪些主要区别? 比较其在各种工况下的制动效果。

◀ 任务8 行驶系统的检查与保养 ▶

【学习目标】

通过本任务的学习,学会检查车辆的行驶系统并对其进行必要的检查、保养操作。

【工作场景】

车辆进入举升机后,按要求将车举起至比操作人员高 10 cm 左右处锁住(举升机自锁),然后把两个安全支架分别推至车辆的前后轴下以确保安全。

【基础知识】

一、汽车行驶系统的功用

汽车行驶系统有如下功用。

(1)将汽车构成一个整体,支承汽车全部质量。

(2)将传动系统传来的转矩转化为汽车行驶的驱动力。

(3)承受并传递路面作用于车轮上的各种反力和力矩。

(4)减少振动,缓和冲击,保证汽车平顺行驶。

二、汽车行驶系统的组成

汽车行驶系统一般由车架、车桥、车轮和悬架组成,如图4-35所示。

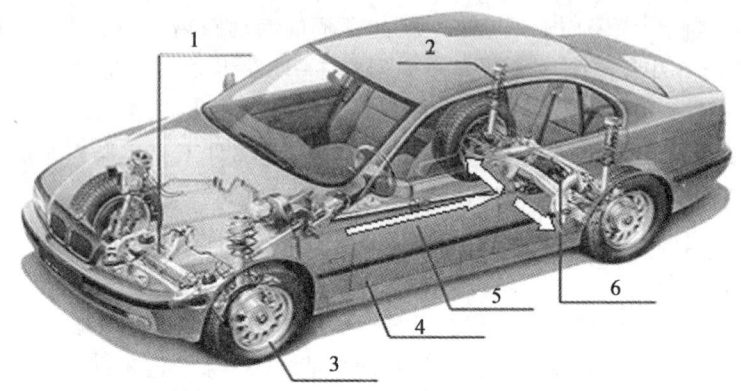

图4-35　轿车行驶系统的基本组成(箭头为动力传递方向)
1—从动桥;2—悬架;3—车轮;4—车架;5—传动轴;6—驱动桥

1. 车架

车架是汽车的基体,如发动机、变速器、传动机构、操纵机构、车身等总成和部件都安装于车架上。按其结构形式不同可分为边梁式车架、中梁式车架、综合式车架和无梁式车架。边梁式车架由位于左右两侧的两根纵梁和若干横梁构成,横梁和纵梁一般由16Mn(锰)合金钢板冲压而成,两者之间采用铆接或焊接连接。中梁式车架只有一根位于汽车中央的纵梁。纵梁断面为圆形或矩形,其上固定有横向的托架或连接梁,使车架成鱼骨形。

2. 车桥

车桥通过悬架与车架连接,支承着汽车大部分重量,并将车轮的牵引力或制动力,以及侧向力经悬架传给车架。车桥分为整体式和断开式两种,如图4-36所示。按使用功能划分,车桥又可分为转向桥、转向驱动桥、驱动桥和支承桥。

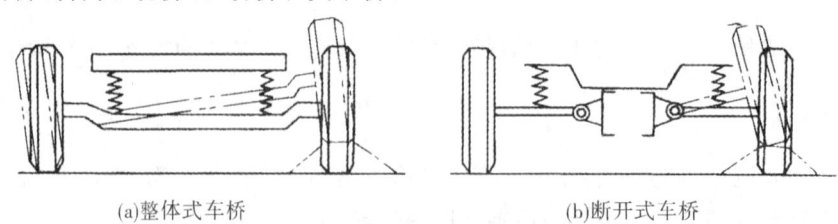

| (a)整体式车桥 | (b)断开式车桥 |

图4-36　车桥

1)转向桥

安装转向轮的车桥称为转向桥。现代汽车一般都是前桥转向,也有少数是多桥转向的。

(1)与非独立悬架匹配的转向车桥。这类转向桥结构大体相同,主要由前梁,转向节,主销和轮毂等部分组成。车桥两端与转向节铰接,前梁的中部为实心或空心梁。

（2）与独立悬架匹配的转向车桥。断开式转向桥的作用与非断开式转向桥一样，所不同的是断开式转向桥与独立悬架匹配，断开式车桥为活动关节式结构。

（3）转向车轮定位。为了使汽车保持稳定的直线行驶，转向轻便、减少轮胎与转向机构的磨损，要求装配后的转向车轮、转向节和前轴与车架有正确的相对位置。前轮、前轴、转向节与车架的相对安装位置，称为转向车轮定位，也称前轮定位。前轮定位包括主销后倾、主销内倾、前轮外倾、前轮前束四个参数。

①主销后倾：主销装在前轴上后，其上端略向后倾。

②主销内倾：主销装在前轴上后，其上端略向内倾。

③前轮外倾：汽车的前轮安装后，其旋转平面上方略向外倾。

④前轮前束：汽车两个前轮的旋转平面不平行，前端略向内收。汽车的前束值一般小于 10 mm，通过改变横拉杆的长度可以调整前束的大小。

2）支承桥

转向桥和支承桥都属于从动桥。有些单桥驱动的三轴汽车，往往将后桥设计成支承桥。挂车上的车桥也是支承桥。发动机前置前驱动轿车的后桥也属于支承桥。

3. 车轮与轮胎

车轮用于支承汽车车体重量，缓和由于路面不平引起的冲击力，接受和传递制动力、驱动力。轮胎具有抵抗侧滑的能力和自动回下正的能力，使汽车正常转向，保持汽车直线行驶。

1）车轮

车轮的基本构造如图 4-37 所示。

轿车车轮轮辐的辐板采用材料较薄，常冲压成起伏各样形状，以提高其刚度。辐板上开有若干孔，用以减小质量，同时有利于制动器散热，安装时可作把手。

货车后轴负荷大多比前轴大很多，为使后轮胎不致过载，后桥车轮一般安装双车轮，在同一轮毂上安装两副相同的辐板和轮辋。为方便互换，辐板的螺栓两端做成锥形，便于安装。

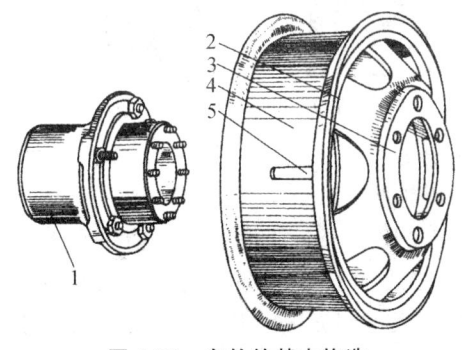

图 4-37　车轮的基本构造

1—轮毂；2—挡圈；3—轮辐；4—轮辋；5—气门嘴孔

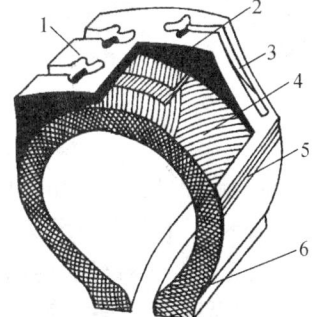

图 4-38　轮胎的结构

1—胎冠；2—缓冲层；3—胎肩；4—帘布层；5—胎侧；6—胎圈

2）轮胎

轮胎总成是安装在轮辋上的，直接与路面接触。它的作用是承受汽车的重力；在汽车行驶中，与悬架一起缓冲路面不平引起的冲击和振动；保证车轮和路面接触具有良好的附着性，传递驱动力和制动力，保持汽车行驶稳定性。

（1）轮胎的结构。其结构如图 4-38 所示。

胎冠：指轮胎两胎肩夹的中间部位，包括胎面，缓冲层（或带束层）和帘布层等。

胎面：指胎冠最外层与路面接触带有花纹的外胎胶层。其作用是保护胎体，防止其早期磨损和损伤。

缓冲层:指斜交轮胎胎面和胎体之间的胶布层。其作用是缓和并部分吸收路面对轮胎的冲击。

带束层:指在子午线轮胎和带束斜交轮胎的胎面基部下,沿胎面中心线圆周方向箍紧胎体的材料层。其作用是增强轮胎的周向刚度和倾向刚度,并承受大部分胎面的应力。

帘布层:指胎体中由覆胶平行帘线组成的布层,它是胎体的骨架,支撑外胎各部分。

胎侧:指胎肩到胎圈之间的胎体侧壁部位上的橡胶层。其作用是保护胎体,承受侧向力。

胎体:由一层或数层帘布与胎圈组成整体的充气轮胎的受力结构。斜交轮胎的胎体帘布线彼此交叉排列,子午线的胎体帘线互相平行。

胎圈:指轮胎安装在轮辋上的部分,由胎圈芯和胎圈包布等组成。其作用是防止轮胎脱离轮辋。

(2)轮胎的种类。

按胎体结构不同,轮胎可分为充气轮胎和实心轮胎。汽车上常用的轮胎是充气轮胎。实心轮胎目前仅用于在沥青混凝土路面的干线道路上行驶的低压汽车或重型挂车。充气轮胎按结构不同可以分为有内胎轮胎和无内胎轮胎两种,按胎内空气压力大小可分为高压胎(气压 0.49~0.69 MPa)、低压胎(气压 0.147~0.49 MPa)和超低压胎(气压 0.147 MPa 以下)三种。目前,轿车、载重车大都采用低压胎,因为低压胎弹性好,断面宽,与路面接触面积大,胎壁薄、散热性好。

按帘布材料不同,轮胎可分为棉帘布轮胎、人造线轮胎、尼龙轮胎、钢丝轮胎、聚酯轮胎、玻璃纤维轮胎、无帘布轮胎。

按胎面花纹不同,轮胎可分为普通花纹轮胎、越野花纹轮胎、混合花纹轮胎,如图 4-39 所示。

(a)纵向花纹　　(b)横向花纹　　(c)混合花纹　　(d)块状花纹　　(e)雪地花纹

图 4-39　轮胎花纹及其特点

按气压不同,轮胎可分为高压轮胎、低压轮胎、超低压轮胎。

按帘布层结构不同,轮胎可分为斜交轮胎、带束斜交轮胎和子午线轮胎。目前轿车上的轮胎大多为子午线轮胎。这种轮胎的胎体帘布层与胎面中心线呈90°或接近90°排列,帘线分布如地球的子午线,因而称为子午线轮胎。子午线轮胎帘线强度得到充分利用,它的帘布层数小于普通斜交轮胎帘布层数,使轮胎重量可以减轻,胎体较柔软。子午线轮胎采用了与胎面中心线夹角较小(10°~20°)的多层缓冲层,用强力较高,伸张力小的结构帘布或钢丝帘布制造,可以承担行驶时产生的较大的切向力。带束层像钢带一样,紧紧箍在胎体上,极大地提高了胎面的刚性、驱动性和耐磨性。

4. 悬架

1)作用和组成

悬架把车架与车桥弹性连接起来,吸收或缓和车轮在不平路面上受到的冲击和振动,传递各种作用力和力矩。它一般由弹性元件、导向装置和减振器三部分组成。

2）类型

悬架可分为独立悬架和非独立悬架两类，如图 4-40 所示。

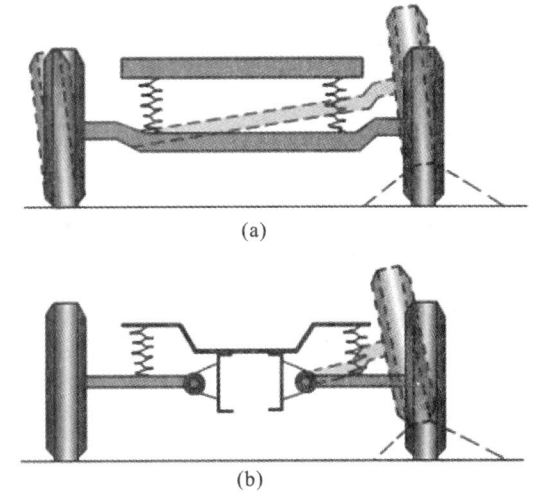

(a)

(b)

图 4-40　悬架

（1）独立悬架。独立悬架的特点是每一侧车轮单独通过弹簧悬挂在车架下面。在汽车行驶中，当一侧车轮跳动时，不会影响另一侧车轮的工作。独立悬架中多采用螺旋弹簧和扭杆弹簧作为弹性元件，并配用导向装置和减振器。独立悬架在轿车上得到广泛应用。

（2）非独立悬架。非独立悬架的特点是两侧的车轮分别安装在同一整体式车轿上，车轿通过弹性元件与车架相连。这种悬架在汽车行驶中，当一侧车轮跳动时，另一侧车轮也将随之跳动。非独立悬架中广泛采用钢板弹簧作为弹性元件，这种悬架在中、重型汽车上被普遍采用。

3）弹性元件

悬架采用的弹性元件有钢板弹簧、螺旋弹簧、扭杆弹簧、空气弹簧、油气弹簧、橡胶弹簧等。

（1）钢板弹簧。钢板弹簧又称为叶片弹簧，它是由若干不等长的合金弹簧片叠加在一起组合成一根近似等强度的梁。钢板弹簧的第一片（最长的一片）称为主片，其两端弯成卷耳，用弹簧销与固定在车架上的支架或吊耳作铰链连接。钢板弹簧的中间用 U 形螺栓与车桥固定。

钢板弹簧在载荷作用下变形，各片之间因相对滑动而产生摩擦，可促使车架的振动衰减。车轮将所受冲击力传递给车架，增大了各片的磨损。所以在装合时，各片间涂上较稠的润滑剂（石墨润滑脂），并应定期保养。

（2）螺旋弹簧。螺旋弹簧是用弹簧钢棒卷制而成，它们有刚度不变的圆柱形螺旋弹簧和刚度可变的圆锥形螺旋弹簧。

螺旋弹簧大多应用在独立悬架上，尤以前轮独立悬架采用广泛。有些轿车后轮非独立悬架也有采用螺旋弹簧作弹性元件的。由于螺旋弹簧只承受垂直载荷，它用做弹性元件的悬架要加设导向机构和减振器。它与钢板弹簧相比具有不需润滑，防污性强，占用纵向空间小，弹簧本身质量小的特点，因而在现代轿车上被广泛采用。

（3）扭杆弹簧。扭杆弹簧总成用铬钒合金弹簧钢制成，它的表面经过加工很光滑。通常为保护扭杆表面，在其上涂有环氧树脂，并包一层玻璃纤维，再涂一层环氧树脂，最后涂上沥青和防锈油漆，以防摩蚀和损坏表面，从而提高扭杆弹簧的使用寿命。

（4）气体弹簧。气体弹簧主要有空气弹簧和油气弹簧两种。

以空气作弹性介质，在一个密闭的容器内装入压缩空气（气压为 0.5～1 MPa），利用气体的可压缩性实现弹簧的作用的弹性元件称为空气弹簧。它分为囊式空气弹簧和膜式空气弹簧。

空气弹簧在轿车上有采用，尤其在主动悬架中被采用。这种弹簧随着载荷的增加，容器内压缩空气压力升高，使其弹簧刚度也随之增加；载荷减少，弹簧压力也随空气压力减少而下降。因而这种弹簧有理想的弹性特性。

油气弹簧以气体（氮气）作为弹性介质，用油液作为传力介质。

4）减振器

减振器用于改善汽车行驶平稳性。为衰减振动，汽车悬架系统中采用的减振器多是液力减振器。

工作原理：当车架（或车身）和车桥间受振动出现相对运动时，减振器内的活塞上下移动，减振器腔内的油液便反复地从一个腔经过不同的孔隙流入另一个腔内。此时孔壁与油液间的摩擦和油液分子间的内摩擦对振动形成阻尼力，使汽车振动能量转化为油液热能，再由减振器吸收散发到大气中。在油液通道截面等因素不变时，阻尼力随车架与车桥（或车轮）之间的相对运动速度增减，并与油液黏度有关。

【技能训练】

一、减振器工作情况检查

1. 检查步骤

（1）将车辆停放在水平地面上，拉起驻车制动器手柄。

（2）将双手放在一个车轮上方的车身上，然后迅速用力下压车身，使车身在弹簧上跳动。

2. 检查注意事项

（1）车型不同，减振器的特性也不同。将一辆车的减振器振动情况与另一辆车的减振器的振动情况相比较时，要确定参照车辆的车型相似或完全相同。

（2）检查后减振器时，最好打开后车门。在离后车轮最近的位置的后车门口下压后车门。

（3）也可粗略地测量车辆从开始上下振动到停止振动所持续的时间。

（4）在车辆的每一个角重复检查。

（5）此方法只是大致检查减振器的情况，如果怀疑某个减振器有问题，应将其拆下做进一步检查。

（6）按压车辆时不要使车的钣金变形，同时操作时手里不应拿任何工具。

二、悬挂系统零件检查

1. 操作步骤

（1）举升车辆，拆下车轮。

（2）目视检查下列项目：减振器油是否渗漏；连杆、悬挂臂及相关零件是否变形或损坏；橡胶轴套是否老化和损坏。

（3）抓住悬挂部件并摇动这些部件，检查其是否松动。

（4）使用扭矩扳手检查紧固件的拧紧扭矩，将任何松动之处拧紧。

2. 检查注意事项

（1）减振器是可伸缩的，油液渗漏主要发生在减振器内外管之间的间隙内，渗漏的油液往往由于灰尘而变黑。

(2)手沿着连杆、悬挂臂和相关的零件移动并目视比较车辆左右两侧对应的零件,检查其是否变形。

(3)连杆和悬挂臂轻易不会变形,除非受到严重撞击。所以,如果连杆或悬挂臂变形,附近的部件也可能会受到影响。因此,检查包括车身在内的附近所有零部件是十分重要的,不要将检查局限在悬挂系统。

(4)通过触摸橡胶轴套及摇动相关的部件,检查橡胶轴套的间隙。

三、车轮轴承检查

1. 检查步骤(粗略检查)

(1)将车辆升起。

(2)上下紧握车轮,并沿轴的方向推拉车轮,检查其轴向间隙,此时感觉不到有间隙为正常。

(3)从下向上用力推车轮,检查其径向间隙,同样是感觉不到间隙为正常。

(4)转动车轮,感觉轴承内是否有异响或异物。

2. 检查注意事项

(1)如果感觉到有间隙,应进一步拆下后用千分尺检查。

(2)推、拉车轮时应沿着轴的方向或垂直于轴,不应成一定角度。

(3)四个车轮要都检查到,检查前轮时要考虑转向系统的影响。

四、轮胎检查

1. 轮胎充气压力检查

(1)检查方法:将轮胎气门嘴盖卸下来,在气门嘴上放置气压表(最大限度减少空气泄漏),读取表上读数。

(2)注意事项:由于不同的压力表、车型等标注的压力单位不同,故检查时一定要看好单位。气压的各常见单位换算关系如下:

1 MPa＝10.2 kg/cm² ＝145 psi(磅/平方英寸)＝10 bar(巴)＝9.8 atm(大气压)

1 psi＝0.006 895 MPa＝0.070 3 kg/cm²＝0.068 9 bar＝0.068 atm

1 atm＝0.101 325 MPa＝14.696 psi＝1.033 3 kg/cm²＝1.013 3 bar

检查气压时轮胎必须处于冷却状态,即车辆至少停放 3 h 或行驶未超过 1.6 km;如果压力比规定的值高,按动释放按钮(如安装)或轻轻放松气门嘴上的气压表释放一些空气。若比规定值低,应给轮胎充气,直到符合规定气压值;检查调整完成后,安上轮胎气门嘴盖。

2. 轮胎损坏检查

目视检查每个轮胎有无下列异常状况:

(1)轮胎花纹或侧壁凸起或膨胀(若有,必须更换轮胎);

(2)轮胎花纹或侧壁出现伤口或裂痕(若有,必须更换轮胎);

(3)轮胎花纹沟内有石子、玻璃、金属片或其他异物(若有,必须清除)。

3. 磨损检查

轮胎的花纹沟深必须大于或等于 1.6 mm。轮胎上都有轮胎磨损指示标,以便在轮胎磨损达到极限时提供指示。这些指示标采用带状形式绕着轮胎的周边,轮胎侧壁还标有轮胎磨损指示标位置的记号以便查找。可用胎纹深度尺或钢尺测量胎纹深度，发现有达到磨损极限的轮胎，应提示车主更换轮胎。

4. 不均匀磨损检查

在正常情况下，车辆的轮胎应当均匀磨损。但是，某些问题会导致轮胎磨损不均匀。例如，轮胎中心的花纹比肩部的花纹磨损得更快，外侧花纹比内侧花纹磨损得更快，肩部花纹比中心花纹磨损得更快等。另外，前轮与后轮的磨损率不同，左轮与右轮的磨损率也不同。前轮驱动的车辆的前轮比后轮磨损得更快。

造成不均匀磨损的两个主要原因是轮胎气压不正常和前轮定位不正确。如果轮胎中心的花纹或肩部的花纹严重磨损，那么轮胎气压很可能不正常。检查轮胎的磨损程度时，目视检查四个轮胎。以确定其是否磨损不均匀。

如果轮胎确实磨损不均匀，应采取下列步骤：①检查轮胎气压；②重做四轮定位。

5. 轮胎换位

车辆驱动车轮的轮胎比非驱动车轮的轮胎磨损得更快。前轮驱动式车辆轮胎的磨损率差异特别大，受转向操作力和发动机功率支配的前轮胎比负荷较轻的后轮磨损得快得多。

为了均匀地分配轮胎磨损，必须进行轮胎换位，即每隔一定时间间隔将轮胎移动至不同的位置。若车辆的轮胎从未被换位，那么轮胎磨损不均匀将会逐渐影响车辆的性能，而且将会缩短其使用寿命。

轮胎换位有 4 种基本方式。指定车型所采用的轮胎换位方式取决于轮胎是否有方向性（设计为仅按一个方向换位），以及备用轮胎是否属于换位轮胎（有些车辆备有备用轮胎）。

1）非方向性轮胎的换位

非方向性轮胎必须根据图 4-41 所示进行对角和纵向换位。如果包括备胎，备胎应安装在车辆方向盘侧的后轮上。

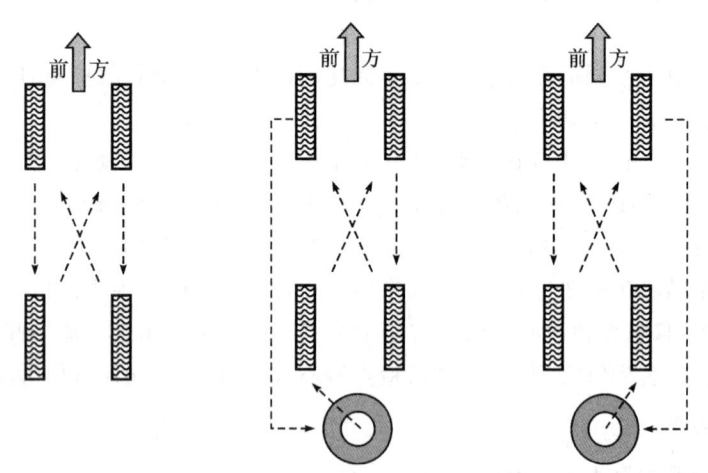

(a)备胎不参与换位 　　(b)备胎参与换位(左侧驾驶型) 　　(c)备胎参与换位(右侧驾驶型)

图 4-41　非方向性轮胎的换位方式

2）方向性轮胎的换位

方向性轮胎（轮胎侧壁上有方向标识、子午线轮胎）只能在车辆同一侧的前后轮之间换位。如果包括备胎，备胎应当安装在方向盘侧的后轮上。换位方式如图 4-42 所示。

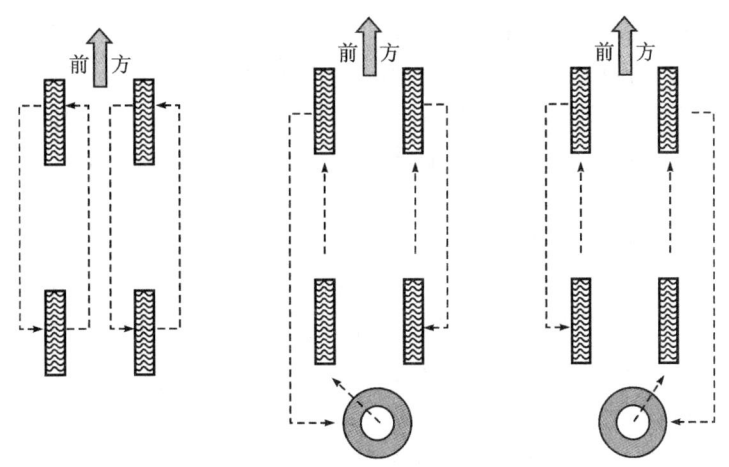

（a）备胎不参与换位　（b）备胎参与换位（左侧驾驶型）　（c）备胎参与换位（右侧驾驶型）

图 4-42　方向性轮胎的换位方式

3）轮胎换位步骤

（1）将车辆驶入举升机上，拉起驻车制动器手柄。

（2）轻轻松开仍与地面接触的所有车轮上的螺栓或螺母。

（3）举升车辆，使车轮离开地面。

（4）拆卸一个车轮上的螺（栓）母，然后将该车轮从车辆上拆卸下来。

（5）将卸下的车轮放在新的位置上。

（6）更换车轮，然后用手指拧紧新安装车轮上的螺母。重复该步骤，直到每个车轮均安装在新的位置上。

（7）放下车辆，按规定扭矩拧紧所有车轮的螺母。

4）注意事项

（1）拆卸车轮螺母时，应首先拆卸下部的螺母，最后拆卸顶部的螺母。这样可以防止车轮危险落地。

（2）在每一个车轮上，按照对角线顺序每次将螺母拧紧一点，逐渐全部拧紧。如图 4-43 所示。

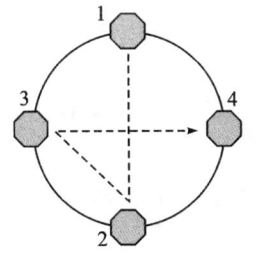
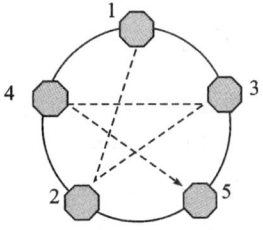

（a）具有四个螺栓的车轮的拧紧顺序　　　　（b）具有五个螺栓的车轮的拧紧顺序

图 4-43　车轮螺栓拧紧顺序

（3）子午线轮胎和斜交胎千万不要混用，否则将容易导致危险事故的发生。如发现此类现象必须及时告知车主，更换轮胎。

6. 轮胎更换

1）将轮胎从车轮上拆下

（1）如果是准备修补的旧轮胎，拆卸前应在轮胎和车轮上标出定位记号。修好后安装时按照原来的位置重新装上可以保持车轮与轮胎间的平衡。

(2)拆卸轮胎气门芯,释放轮胎内的空气。

(3)用扒胎机先推开两侧的胎唇,以便胎唇进入车轮的中心槽。

(4)用扒胎机撬起轮辋外侧的一个胎唇边以便使其与车轮分开。采用同样的方法将另一个胎唇与同侧的车轮分开,以便使胎体与轮辋分离(详见扒胎机使用说明书)。

2)检查车轮

当胎体与车轮分离后,检查轮辋是否有凹痕或凹凸不平。使用粗钢丝棉将锈点擦掉。把刻痕与毛边锉掉,清洗轮辋,以清除所有的锉屑和污物。如因意外事故或撞击路边石而弯曲的车轮或轮辋不应继续使用。将弯曲的车轮弄直通常是不可取的。即使将车轮弄直,车轮的性能也会减弱,在高速公路上行驶时也会非常危险。

3)将胎体安装回车轮上

(1)给轮辋和胎唇涂上专用润滑剂或植物油软皂,切勿使用非干性润滑剂、润滑油或润滑脂。这些润滑物会使胎体在轮辋内转动,导致车轮和胎体失去平衡,或腐蚀胎体橡胶。

(2)当重新安装被拆卸的胎体时,要与定位记号对齐。

(3)具体安装方法与拆卸方法相同(详见扒胎机使用说明)。

(4)给胎体快速充气,以使胎唇安装到位。

(5)胎唇安装到位后,给胎体充气时,充气量应比规定略多一些,以保证胎唇牢固地安装到位。然后,按规定的压力给轮胎放气,最后调整到规定压力。

(6)拧上气门嘴帽。气门嘴帽除了防止污物进入气门嘴外,万一气门嘴出现故障,还可以提供辅助密封,避免突然放气而引起的意外事故。

4)注意事项

(1)使用扒胎机前要仔细阅读其使用说明书。

(2)如果用一个新轮胎换一个旧轮胎,更换完后必须做车轮动平衡。

(3)给轮胎充气时,不要充气过量。如果轮胎爆炸,后果将非常可怕。

(4)操作时戴上安全护目镜。

【相关拓展】

防爆轮胎简介

爆胎是非常严重的安全事故,特别是在高速公路爆胎。据统计,国内高速公路70%的意外交通事故是由爆胎引起的,而时速在160 km以上发生爆胎,死亡率接近100%。

防爆轮胎(RSC)学名称为"泄气保用轮胎",如图4-44所示。给车辆配置防爆轮胎就能最大限度地解决令人担心的安全问题。

图4-44 防爆轮胎

1. 技术原理

虽然从统计数字来看轮胎发生损坏的概率相对较低,但是轮胎漏气是最令驾驶员不愉快的体验之一。如今,宝马成为全球首家为客户提供防爆轮胎系统部件(RSC)的制造商。RSC是一套轮胎安全组件,它使轮胎发生漏气的概率风险和驾驶员对此的担忧都成为过去。

RSC包含安装在EH2(加宽的凸峰)轮辋上的RSC轮胎和TPI电子警告系统。一旦轮胎压力开始下降,RSC立即向驾驶员发出警告,但是即使轮胎压力下降为零,RSC 仍能确保轮胎安全地固定在轮辋上,使轮胎继续行驶一定的距离。这样,车辆上不再需要放置备胎、修理套件和汽车千斤顶,而驾驶员也无需在路边亲自更换轮胎。

由于具有经过特殊设计的轮辋凸峰,EH2 轮辋能够防止轮胎在压力突然下降后脱离轮辋。RSC 轮胎与传统轮胎的不同之处包括防爆特性、加强的侧壁、附加的气门嘴条带和高耐热性的合成橡胶材料。根据车辆负载情况,这种自支撑轮胎能够在压力降至最低的情况下,使车辆以 80 km/h 的最高车速继续行驶 50～250 km。

在所有的轮胎损坏故障中,只有 20% 是轮胎压力突然或迅速下降。换言之,在 80% 的情况下轮胎压力下降都是个缓慢的渐进过程,而此时,RSC 轮胎能够使车辆继续行驶长达 2 000 km。因此毫不夸张地说,RSC 轮胎本身就是自己的备用轮胎。这种安全性的显著改善还在于 ABS 防抱死制动系统、ASC 自动稳定控制系统、DSC 动态稳定控制系统始终保持功能完全正常。

RSC 系统中包含的轮胎压力监视器(TPI)通过不断比较各个轮胎的转速而对各个轮胎的气压进行监视。在车速超过 15 km/h、轮胎压力下降幅度超过 30% 时,如果某个轮胎的转速发生不规则变化,系统将通过警告灯和声音信号提醒驾驶员注意。

但是,TPI 不能替代驾驶员对轮胎压力的定期检查。在每次改变轮胎压力或安装了新的轮胎之后,需要按照一个简单便捷的操作步骤将 TPI 系统重新初始化,以使其保存轮胎数据。

即使在轮胎压力完全消失的情况下,RSC 仍能够使驾驶员以中等车速继续驾驶车辆,而无需因轮胎漏气而不得不在一些有潜在事故风险的地点停车,如狭窄而危险的位置、弯道上、高速公路上的施工路段、隧道中等。驾驶员可以将车辆驾驶到不太远的维修中心(不必一定是最近的维修中心),然后由维修车间的专业人员以更为稳妥的方式对轮胎进行更换,从而避免了由于亲自更换轮胎而占用的时间和带来的不便。

宝马 BMW320i 标准装备了安装 205/55R16 轮胎的铝合金车轮,而 330i 和 325i 则使用 225/55R17 轮胎。

2. 未来趋势

米其林 PAX 遇到的问题,所有防爆轮胎生产厂家都有遇到,以致原本还挺火热的防爆轮胎,后来"冷静"了下来。宝马在推广 RSC 时也并非一帆风顺,至今还得不到人们的完全理解。

早年的 RSC 防爆轮胎,加固的侧壁令到舒适性大大下降,甚至影响了车辆的操控性能,影响了宝马车的豪华运动形象。经过几年的努力,马牌 RSC 防爆轮胎的性能已经与普通轮胎非常接近,而其出色的安全性也得到人们接受。

在价格方面,RSC 防爆轮胎依然比普通轮胎贵许多,一条宝马 3 系的 RSC 轮胎,4S 店报价一般在 3000 元以上,而且昂贵的防爆轮胎使用寿命却与普通轮胎一样,令车主的使用成本增加。

不仅如此,RSC 轮胎由于有坚固的侧壁,如果不动用专业的换胎工具是没法更换的,更换方法不正确甚至会损坏轮圈,这又给车辆的维修增加了困难。装备了 RSC 轮胎的宝马车系,都采用取消备胎设计。

RSC 爆胎后能支持车辆行驶 250 km,实际如果遇到较大的破损(例如被大面积尖锐物刺穿)或路面状况恶劣,行驶里程可能缩短为几十千米,而在 100 km 左右的范围内,要想找到一家宝马的 4S 店,或者是能够更换 RSC 轮胎的维修店,有时并非是一件容易的事。

但无论如何,防爆轮胎仍然是未来汽车轮胎发展的最重要方向之一。因为它带来的安全性和方便性是人们所需要的。随着技术的进步,防爆轮胎的成本最终也将会走到一个合理的阶段。

【复习延伸】

(1)轮胎充氮气有哪些好处?

(2)如何区分子午线轮胎和其他普通轮胎?

(3)查阅相关资料,比较铲车、挖沟机、货车、客车、轿车、拖拉机等各自采用了什么类型的悬架系统,为什么?

◀ 任务9 传动系统的检查与保养 ▶

【学习目标】

通过本任务的学习,学会检查车辆的传动系统并对其进行必要的检查、保养操作。

【工作场景】

车辆进入举升机后,按要求将车支起至比操作人员高 10 cm 左右,锁住(举升机自锁),然后把两个安全支架分别推至车辆的前、后轴下以确保安全。

【基础知识】

一、传动系统简介

汽车传动系统是指从发动机到驱动车轮之间所有动力传递装置的总称。其功能是将发动机的动力传给驱动车轮。不同的汽车,其传动系统的组成稍有不同。如载货汽车及部分轿车,其传动系统一般由离合器、手动变速器、万向传动装置(万向节和传动轴)、驱动桥(主减速器、差速器、半轴、桥壳)等组成。而现在轿车中采用自动变速器的越来越多,其传动系统包括自动变速器、万向传动装置、驱动桥等,即用自动变速器取代了离合器和手动变速器;如果是越野汽车(包括 SUV,即运动型多功能车),则还应包括分动器。

传动系统各组成的功能如下。

(1)离合器,保证换挡平顺,必要时中断动力传动。

(2)变速器,变速、变矩、变向、中断动力传动。

(3)万向传动装置,实现有夹角和相对位置经常发生变化的两轴之间的动力传动。

(4)主减速器,将动力传给差速器,并实现降速增矩、改变传动方向。

(5)差速器,将动力传给半轴,并允许左右半轴以不同的转速旋转。

(6)半轴,将差速器的动力传给驱动车轮。

二、汽车传动系统的总体布置

汽车传动系统的总体布置与发动机的位置及汽车的驱动方式有关,一般有发动机前置后轮驱动、发动机前置前轮驱动、发动机后置后轮驱动、发动机前置全轮驱动等。

(1)发动机前置后轮驱动简称前置后驱动,英文简称为 FR。如图 4-45 所示,发动机布置在汽车前部,动力经过离合器、变速器、万向传动装置、后驱动桥,最后传到后驱动车轮,使汽车行驶。

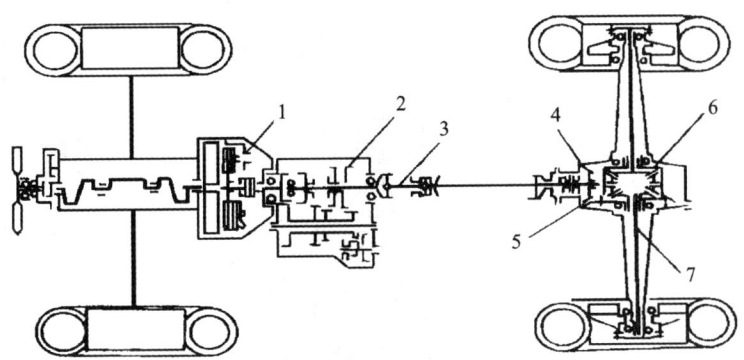

图 4-45 汽车传动系统的组成

1—离合器;2—变速器;3—传动轴;4—驱动桥;5—主减速器;6—差速器;7—半轴

这是一种传统的布置形式,应用广泛,适用于除越野汽车的各类型汽车,如大多数的货车、部分轿车和部分客车都采用这种形式。

(2)发动机前置前轮驱动简称前置前驱动,英文简称 FF。发动机布置在汽车前部,动力经过离合器、变速器、前驱动桥,最后传到前驱动车轮,这种布置形式在变速器与驱动桥之间省去了万向传动装置,使结构简单紧凑,整车质量小,高速时操纵稳定性好。大多数轿车采用这种布置行驶,但这种布置形式的爬坡性能差,豪华轿车一般不采用,而采用传统的发动机前置后轮驱动。

根据发动机布置的方向,可以分为发动机前横置前轮驱动和发动机前纵置前轮驱动,分别如图 4-46、图 4-47 所示。

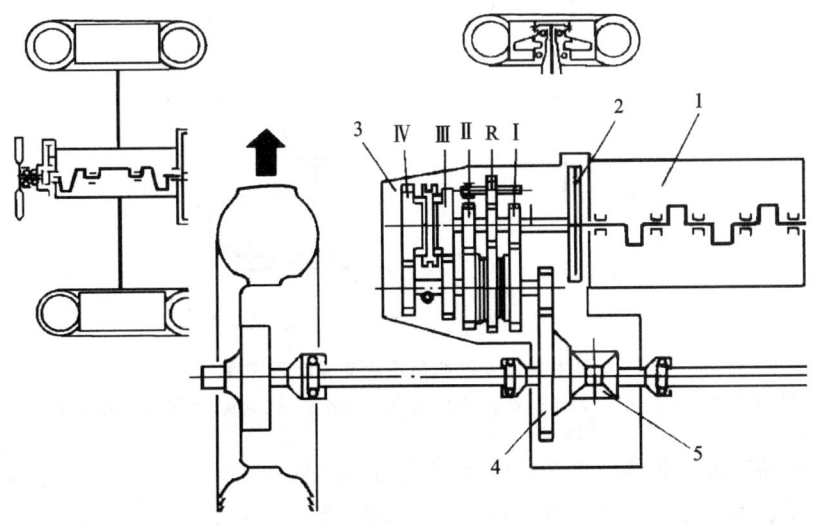

图 4-46 发动机前横置前轮驱动示意图

1—发动机;2—离合器;3—变速器;4—主减速器;5—差速器

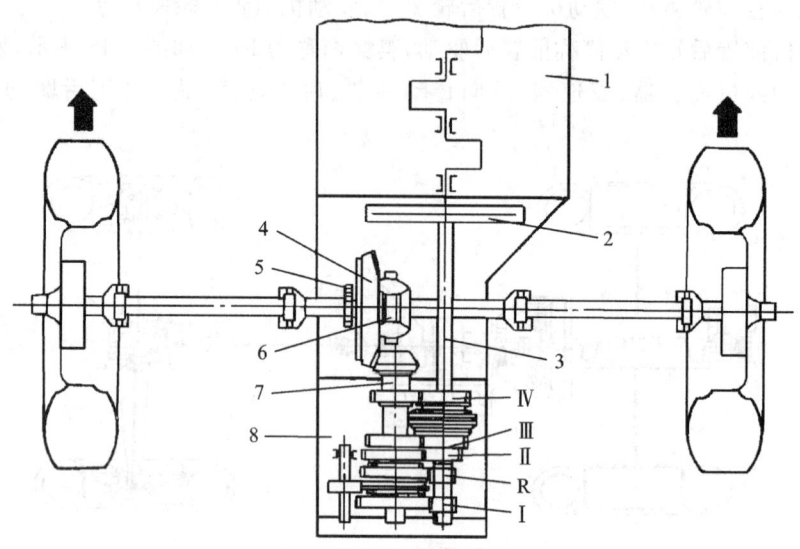

图 4-47　发动机前纵置前轮驱动示意图

1—发动机；2—离合器；3—变速器输入轴；4—从动齿轮；
5—车速表齿轮；6—差速器；7—主动齿轮（输出轴）；8—变速器

（3）发动机后置后轮驱动简称后置后驱，英文简称RR。如图4-48所示，发动机布置在汽车后部，动力经过离合器、变速器、角传动装置、万向传动装置、后驱动桥，最后传到后驱动车轮，使汽车行驶。这种布置形式便于车身内部的布置，减小室内发动机的噪声，一般用于大型客车。

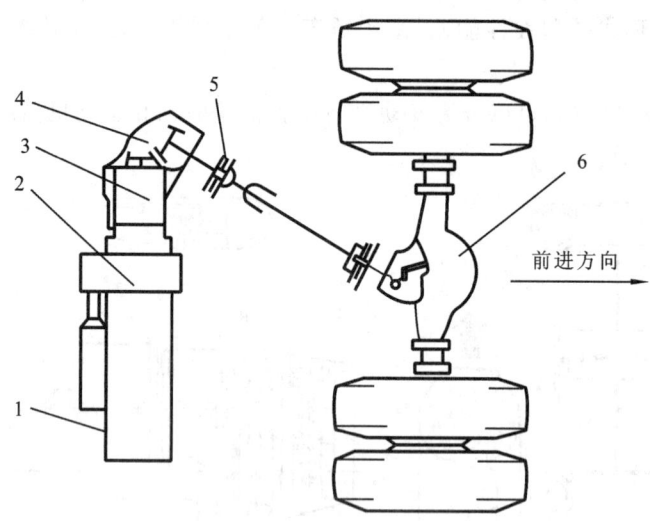

图 4-48　发动机后置后轮驱动示意图

1—发动机；2—离合器；3—变速器；4—角传动装置；5—万向传动装置；6—驱动桥

（4）发动机前置全轮驱动简称全轮驱动，英文简称XWD。如图4-49所示，发动机布置在汽车前部，动力经过离合器、变速器、分动器、万向传动装置分别到达前后驱动桥，最后传到前后驱动车轮，使汽车行驶。由于所有的车轮都是驱动车轮，提高了汽车的越野性能，这是越野汽车采取的布置形式。

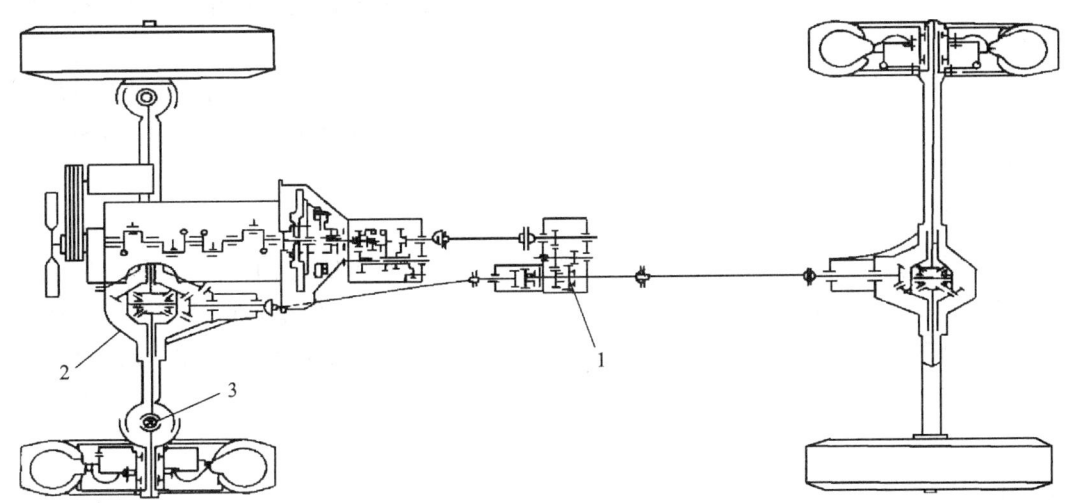

图 4-49 发动机前置全轮驱动示意图

1—分动器;2—前桥;3—万向节

三、传动系统的功用与发动机配置

汽车发动机所发出的动力靠传动系统传递到驱动车轮。传动系统具有减速、变速、倒车、中断动力、轮间差速和轴间差速等功能,与发动机配合工作,能保证汽车在各种工况条件下正常行驶,并具有良好的动力性和经济性。

1. 减速和变速

汽车的使用条件,诸如汽车的实际装载量、道路坡度、路面状况,以及道路宽度和曲率、交通情况所允许的车速等,都在很大范围内不断变化。这就要求汽车牵引力和速度也有相当大的变化范围。对活塞式内燃机来说,在其整个转速范围内,扭矩的变化范围不大,而功率及燃油消耗率的变化却很大,因而保证发动机功率较大而燃油消耗率较低的曲轴转速范围,即有利转速范围很窄。为了使发动机能保持在有利转速范围内工作,而汽车牵引力和速度又能在足够大的范围内变化,应当使传动系统传动比(所谓传动比就是驱动轮扭矩与发动机扭矩之比或发动机转速与驱动轮转速之比)能在最大值与最小值之间变化,即传动系统应起变速作用。

2. 实现汽车倒驶

汽车在某些情况下,需要倒向行驶。然而,内燃机是不能反向旋转的,故与内燃机共同工作的传动系统必须保证在发动机转动方向不变的情况下,能够使驱动轮反向旋转。一般结构措施是在变速器内加设倒挡。

3. 中断传动

内燃机只能在无负荷情况下启动,而且启动后的转速必须保持在最低稳定转速上,否则可能熄火。所以,在汽车起步之前,必须将发动机与驱动轮之间的传动路线切断,以便启动发动机。发动机进入正常急速运转后,再逐渐地恢复传动系统的传动能力,即从零开始逐渐对发动机曲轴加载,同时加大节气门开度,以保证发动机不致熄灭,并使汽车能平稳起步。此外,在变换传动比挡位(换挡)及对汽车进行制动之前,都有必要暂时中断动力传递。为此,在发动机与变速器之间,装设一个依靠摩擦来传动,且其主动和从动部分可在驾驶员操纵下彻底分离,随后再揉和接合的机构——离合器。

在汽车长时间停驻时,以及在发动机不停止运转情况下,使汽车暂时停驻,传动系统应能较长时间中断传动状态。为此,变速器应设有空挡,即所有各挡齿轮都能自动保持在脱离传动位置的挡位。

4.差速作用

当汽车转弯行驶时,左右车轮在同一时间内滚过的距离不同,如果两侧驱动轮仅用一根刚性轴驱动,则二者角速度必然相同,因而在汽车转弯时必然产生车轮相对于地面滑动的现象。这将使转向困难,汽车的动力消耗增加,传动系统内某些零件和轮胎加速磨损。所以,需要在驱动桥内装置具有差速作用的部件——差速器,使左右两驱动轮可以以不同的角速度旋转。

【技能训练】

一、液压离合器踏板的调整

1.调整步骤

(1)如果离合器踏板上装有开关或调整螺栓,则应调整螺栓的位置,而不应触动离合器踏板,如图 4-50 所示。

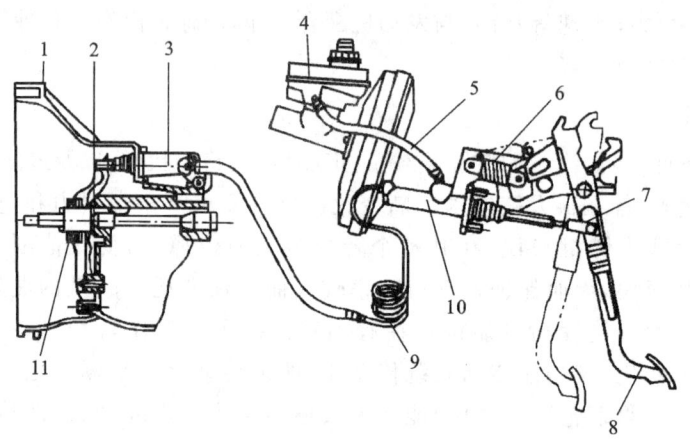

图 4-50　液压式离合器操纵机构

1—变速器壳体;2—分离叉;3—工作缸;4—储液罐;5—进油软管;6—助力弹簧;

7—推杆接头;8—离合器踏板;9—油管总成;10—主缸;11—分离轴承

(2)松动螺杆上的锁紧螺母,转动推杆并调整离合器踏板的高度。测量踏板高度时应从地板开始测量,而不应从地毯开始,并且应与踏板操作平面垂直。

(3)确定离合器踏板行程符合技术规定。

(4)拧紧锁紧螺母。

(5)如果需要的话,依据维修手册调整开关位置。

(6)在转轴等部位涂抹润滑脂。

2.调整时的注意事项

(1)应在发动机停止运转时进行离合器踏板的检查与调整。

（2）如果离合器踏板在运动过程中几乎没有自由行程（正常值应为 20～30 mm），则表明离合器片已经受到一定程度的磨损。应及早更换离合器片，以防离合器打滑或产生其他类似的故障。

（3）踏板操作平面的中心是测量的基准点。

二、拉线式离合器踏板的调整

调整步骤如下。

（1）使用直尺测量离合器踏板的自由行程（20～30 mm）。

（2）如果自由行程不符合技术规定，利用调整螺母将自由行程调整到规定范围内的最小尺寸。

（3）锁紧调整螺母，对离合器拉线进行润滑，如图 4-51 所示。

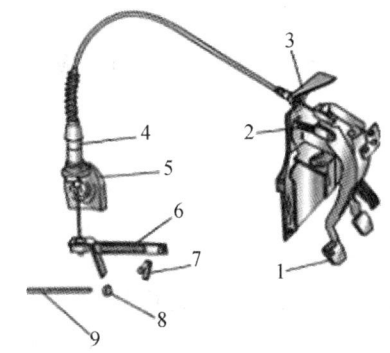

图 4-51　拉线式离合器操纵机构

1—离合器分离踏板；2—偏心弹簧；3、5—支承；4—离合器拉线调整螺栓、螺母；6—离合器操纵臂；

7—离合器分离臂；8—离合器分离轴承；9—离合器分离推杆

三、MTF 的检查

1. 检查的项目

1）MTF 液位

正确的液位如图 4-52 所示，检查方法如图 4-53 所示。

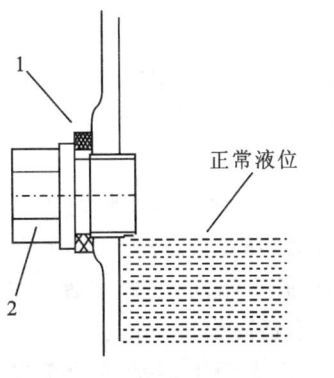

图 4-52　正常液位示意图

1—密封垫圈；2—加注孔螺栓

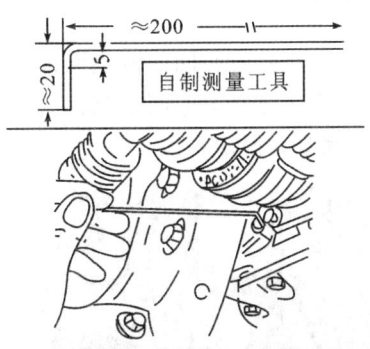

图 4-53　检查液位方法

2）MTF 状态

取出少许 MTF 油，观察颜色，不允许有颜色变深、结块、浑浊和金属屑脱落等现象，不得有烧焦的异味。

2. 检查注意事项

(1)关闭发动机。

(2)如果关闭发动机后油液温度较高,应先使其冷却。

(3)液位检查可用自制的 L 形金属钩插入加注孔进行检查。

(4)如果油液(黏附在金属钩上的)看上去很脏或含有金属碎屑,必须更换。

(5)如果液位很低(低于螺孔下边缘 15 mm),一定要加注 MTF。

(6)如果液位太低,无法黏附在金属钩上,应检查是否泄漏。若发现泄漏应更换油液。

(7)对检查出的油液泄漏部位进行修理。

(8)每次拧开油液加注孔或放油孔螺栓后,必须更换螺栓上的垫片;若是内六角螺塞,应重新涂上密封胶。

(9)在重新安装放油螺栓之前,必须清除黏附在其末端磁铁上的金属粉尘。

四、ATF 的检查

1. ATF 液位

车辆行驶一段距离后,让变速器油液达到正常工作温度 $70 \sim 80 ℃$。将车辆停在水平路面上,发动机继续运行,踩下制动踏板,将挡位在各个位置停留片刻,然后将挡位手柄回到停车位置,拉起手制动。发动机继续运转,从自动变速器加注油口中抽出油尺,用干净的棉布擦净,然后再次插入油尺,抽出后检查油门高度,应该在热态的上下线范围内,如图 4-54 所示。

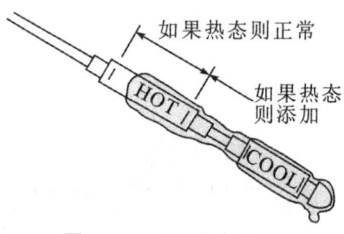

图 4-54　ATF 油尺

2. 油品质量

将油尺上的油液沾上少许放在手上捻搓,查看是否有渣粒存在,并感觉其黏度。油品质量良好时为鲜红色、清亮透明,无异味、无残渣。如油液浑浊,颜色呈暗红色,有臭味、焦煳味,有渣粒感等均应更换。

五、传动轴防尘套的检查

传动轴防尘套会随着时间的流逝而损坏。因此,该项目是车辆定期检查的项目之一。防尘套内充满了用于润滑连接节的润滑脂。如果防尘套损坏,将会造成润滑脂泄漏,从而使连接节损坏,出现异常噪音和振动。

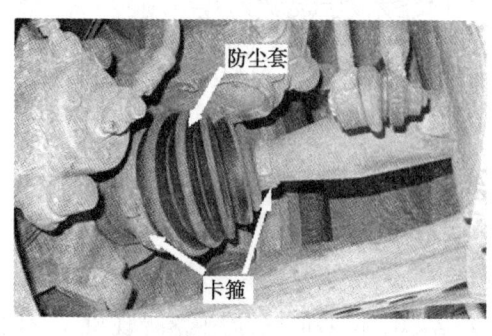

图 4-55　防尘套及卡箍

防尘套有两种,即橡胶的和树脂的,但它们的检查方法相同。检查方法如下。

(1)松开手制动,变速器置于空挡位置,将车辆升起至合适高度。

(2)一个人用手搬动轮胎至极限位置,然后慢慢转动轮胎一圈。另一个人在车下观察传动轴防护套是否有裂纹、老化、和油脂渗漏现象。

(3)同时检查防护套卡箍,确保安装到位,且紧固良好,如图 4-55 所示。

(4)用同样的方法检查传动轴的其他防护套。

（5）检查过程中,应用手将折叠处展平,以进行彻底检查。此外,检查时还应用手挤压防尘套,检查有无空气泄漏。

【相关拓展】

现阶段汽车的变速器主要包括手动变速器 MT、自动变速器 AT(手自一体变速器 AT/MT 实质上就是自动变速器,只不过是加了一套手动换挡程序)、无级变速器(CVT)和双离合器自动变速器(DSG)。

一、汽车变速新技术——无级变速器

手动变速器和自动变速器有几个固定的传动比,而 CVT 的优势在于在一定范围内传动比是连续变化的。采用传动带和传动带轮工作直径可变的主、从动轮相配合传递动力。CVT 可以实现传动比的连续改变,使传动系统与发动机工况实现最佳匹配,从而提高汽车的燃油经济性和动力性。同时,改善驾驶员的操纵方便性和乘坐舒适性。

1. CVT 无级变速的工作原理

CVT 无级变速原理图如图 4-56 所示。无级变速系统主要由主动轮组、从动轮组、金属传动带和液压控制系统及电子控制系统等组成。主动轮组和从动轮组都由固定盘和可动盘组成。固定盘在轴上固定不动,而可动盘在液压控制系统的控制下可以沿轴向移动。可动盘与固定盘都是锥面结构,它们各自的锥面共同形成 V 形槽来与 V 形金属传动带啮合。

主动轮组

从动轮组

（a）低速时（主动轮半径小,从动轮半径大）　　（b）高速时（主动轮半径大,从动轮半径小）

图 4-56　CVT 无级变速原理图

金属传动带由两束金属环和几百个金属片构成。

发动机输出动力首先传递到 CVT 的主动轮,然后通过 V 形金属传动带传递到从动轮,最后经减速器、差速器传递给汽车驱动轮。CVT 变速是由液压控制系统控制主动轮与从动轮的可动盘作轴向移动来改变主动轮、从动轮锥面与 V 形传动带啮合的工作半径,从而改变传动比,实现无级变速。

在金属带式无级变速器的液压系统中,从动油缸的作用是控制金属带的张紧力,以保证来自发动机的动力高效、可靠的传递。主动油缸控制主动锥轮的位置沿轴向移动,在主动轮组金属带沿 V 形槽移动,由于金属带的长度不变,在从动轮组上金属带沿 V 形槽向相反的方向变化。金属带在主动轮组和从动轮组上的回转半径发生变化,实现速比的连续变化。

汽车开始起步时,主动轮的工作半径较小,变速器可以获得较大的传动比,变速器获得较大的减速。随着车速的增加,主动轮的工作半径逐渐增大,从动轮的工作半径相应减小,CVT 的传动比下降,变速器输出转速升高,使得汽车能够以更高的速度行驶。

2. CVT 的核心技术

相对于手动变速器和自动变速器复杂的传动设计,无级变速器的传动实质是很简单的。实际上,原来的踏板摩托车都是无级变速的。那么,为什么在汽车上应用不多呢?

图 4-57　金属 V 形传动带结构图

因为无级变速的核心技术是 V 形传动带的设计。早期的 V 形传动带以皮带制作,和常用的三角带相似。皮带不但本身能承受的拉力有限,最主要的是它和锥轮之间的摩擦力有限,容易打滑,所以早期的 CVT 变速箱能承受的扭矩较小,因此在踏板式摩托车上得到广泛应用。现在由于技术进步,皮带传动的 CVT 目前已可用到 2.0 L 的汽车上,但真正彻底的解决办法,是以钢制的链条替代皮带,加强传动带的承受能力并防止打滑。奥迪的 Multitronic 无级变速系统,便是采用特制的传动钢链,它可以承受较大的扭矩,如图 4-57 所示。

3. 无级变速在国产汽车中的应用

最经典的就是奥迪的 Multitronic 无级变速系统了,之后广汽本田的飞度、东风日产的轩逸、东风日产的高档车天籁新款车也都采用了无级变速技术。随着金属 V 形传动带设计技术的进步,会有更多的车型采用无级变速技术。

4. 关于无级变速器中的手动换挡功能

大部分无级变速系统都会额外增设手动模式,提供手/自动一体化的功能。不过,由于 CVT 理论上有无数种速比,在 CVT 上设置的手动换挡模式,原理上只是以计算机程序将整个传动范围划分成若干段,然后按预设的段落一段一段地去变换传动比。只要愿意,将 CVT 的手动模式设置成 5 前速、6 前速甚至 10 前速,难度都是一样的。CVT 的手动模式只为满足一些人的驾驶心态,将原本无级的传动比划分成几级,实质上乃是"扬短避长"之举。

二、汽车变速新技术——双离合器自动变速器

双离合器自动变速器(DSG),顾名思义,就是一台使用了两个离合器而各离合器单独运转的变速器。双离合器自动变速器好在哪里呢?

以大众汽车的 DSG 为例,DSG 的换挡动作比手动挡变速箱还要快,带来更多驾驶乐趣;DSG 换挡过程中不产生动力间断,DSG 极为快速的换挡过程令人难以察觉无顿挫感;DSG 的油耗水平与手动挡车型的相当,甚至低于手动挡车型。

1. DSG 的工作原理

DSG 省略了传统手动变速器的离合器踏板,改由电子控制液压系统对两个离合器进行控制。DSG 的输入轴也被分为两部分,两个离合器各自与一根输入轴相连,中空的外轴用于连接变速器中的偶数挡位,外轴套嵌的实心内轴则用于连接奇数挡位。两个离合器在工作时相互配合,各自负责一根输入轴的动力传递。

从图 4-58 中可以看出,离合器 2 通过内轴控制变速器中的奇数挡位,离合器 1 通过外轴控制变速器中的偶数挡位。

当汽车正常行驶时,一个离合器与变速器中的某一挡位相连,将发动机动力传递至驱动轮,

与此同时,控制单元根据车辆行驶速度和发动机转速对驾驶者的换挡意图进行预先判断,控制另一个离合器与变速器中下一挡位的齿轮组相连,离合器仍处于分离状态,尚未进行任何动力传输。

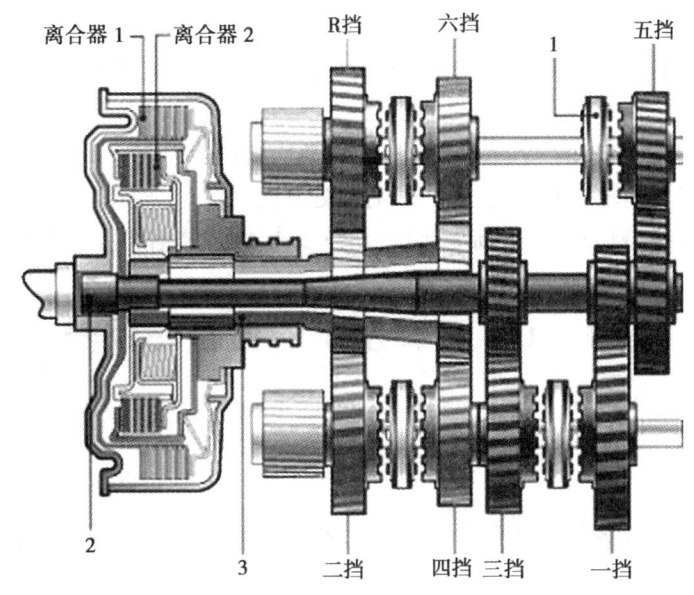

图 4-58　DSG 结构简图

1—齿轮选择器;2—内变速器轴;3—外变速器轴

换挡时,第一个离合器断开连接,同时第二个离合器将之前预连接的变速器中下一挡位的齿轮组与发动机接合,进行下一个挡位的动力传输,从而不会出现动力中断的状况。除了空挡之外,双离合器变速器中的一个离合器总处于接合状态,另一个离合器总处于断开状态。

正是这样的两个离合器配合换挡的结构,在挡位切换时齿轮早已衔接,DSG 实现了平稳换挡、快速换挡、动力"无间断"地输出,达到了节约燃油的目的。据大众官方数据,目前普及型的 DSG 换挡时间只有 0.2 s 左右。即使是全球最好的赛手换挡速度也不可能与 DSG 相比。DSG 换挡时间也远超出人类操作的极限。

2. DSG 的应用

DSG 是脱胎于半自动变速器技术的一项衍生技术,目前大众已经在高尔夫汽车上成功使用了的 DSG-7,其技术核心是从机械传动的手动变速器发展而来,内部构造却与传统手动变速器相似。因此它继承了手动变速器工作可靠和便于维护的技术优势。同时,DSG 在使用方面与普通自动变速器并无太大差别,方便省力。

3. DSG 的类型

目前在市场上应用广泛的是大众汽车的 DSG 系列双离合器变速器,主要有 DSG-6 挡双离合器变速器和 DSG-7 挡双离合器变速器。

DSG-6 挡双离合器变速器采用"湿式"双离合器。"湿式"是指双离合器安装于一个充满液压油的封闭油腔里。这种"湿式"结构具有更好的调节能力和优异的热容性,因此能够传递比较大的扭矩。DSG-6 挡双离合器变速器可匹配最大扭矩为 350 N·m 的发动机。

DSG-7 挡双离合器变速器采用"干式"双离合器。"双离合器"由三个尺寸相近的离合器片同轴相叠安装组成。因为它的"双离合器"不是像 DSG-6 挡双离合器变速器那样安装于封闭油腔里,所以,被称为"干式"双离合器。"干式"双离合器结构简单,因而效率更高。但是"干式"离合器自身结构的固有特性使它能够承受的最大扭矩比"湿式"离合器要低。DSG-7挡双离合器变速器用于匹配最大扭矩不超过 250 N·m 的小排量发动机。

【复习延伸】

（1）查阅相关资料，测量某款车辆的离合器踏板高度、行程、有效行程、自由间隙，如哪项指标不在技术规范之内，请调整到范围之内。

（2）仔细观察、感觉报废的 MTF、ATF 与合格的这两种油的区别。

（3）车辆上除了传动轴上有防尘套外，还有几处其他的防尘套，请找到并检查其损坏情况。

（4）查阅相关资料，列表比较自动变速器、无极变速器、双离合器变速器的区别和联系。

◆◀ 任务 10　空调系统的检查与保养 ▶◆

【学习目标】

通过本任务的学习，学会检查车辆的空调系统并对其进行必要的检查、保养操作。

【工作场景】

车辆进入维修场地后，拉起制动手柄，将前后车轮垫上三角木，打开发动机舱盖，准备好局部照明设备。

【基础知识】

一、汽车空调系统的组成与工作原理

汽车空调系统按其功能可分为制冷系统、加热系统、通风与空气净化系统以及控制系统等几个主要组成部分。其制冷系统的组成如图 4-59 所示，制冷循环原理如图 4-60 所示。

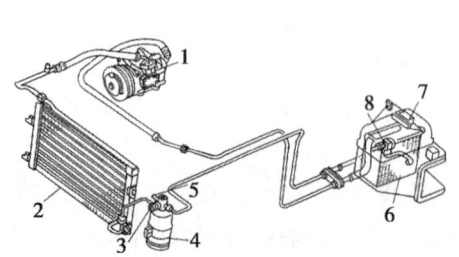

图 4-59　空调制冷系统的组成

1—压缩机；2—冷凝器；3—低压开关；

4—储液干燥罐；5—高压阀；

6—蒸发器；7—热控开关；8—膨胀阀

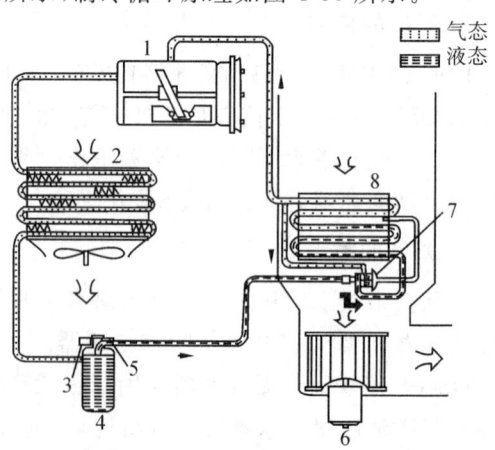

图 4-60　制冷循环原理图

1—压缩机；2—冷凝器；3—高压阀；

4—储液干燥罐；5—低压开关；

6—鼓风机；7—膨胀阀；8—蒸发器

二、空调系统各部分的功用

1. 制冷系统

采用蒸汽压缩式制冷原理,对车内空气或由外部进入车内的新鲜空气进行冷却或除湿,使车内空气变得凉爽舒适。

2. 加热系统

采用热水式加热装置,利用发动机冷却水给车内空气或由外部进入车内的新鲜空气加热,以达到取暖、除湿的目的。在冬天还可以给前风挡玻璃除霜、除雾。

3. 通风装置

离心式鼓风机将外部新鲜空气吸进车内,对车内空气进行置换,以达到制冷、加热及通风的作用。通风装置除鼓风机外,还有滤清器、进风口、风道及出风口等。

4. 空气净化系统

除去车内空气中的尘埃臭味,使空气清洁,简单的方法是在通风口处加装灰尘滤清器。高档轿车上还装有空气质量传感器,当空气质量不良时,使初步过滤的气流再通过活性炭阀门,进一步净化。

5. 加湿装置

在气温较冷时,对车内空气加湿,使车内空气相对湿度达到 $40\%\sim50\%$。

6. 控制系统

该系统主要由电气元件、真空机构和操纵机构组成。一方面对制冷系统、加热系统的温度和压力进行控制并进行安全保护。另一方面对车内空气温度、风量及出风方向进行控制。自动空调系统就是指控制系统自动化。

【技能训练】

一、制冷剂量的检查

(1)启动发动机,以 2 000 r/min 的转速运行 5 min,预热到正常工作温度。

(2)将温度调节开关置于制冷位置,打开空调开关,保持发动机以 1 500 r/min 的转速运转,扳动出风量调节开关,感觉室内制冷情况。

(3)待出风口持续稳定地送来冷空气后,打开发动机室罩盖,擦净储液干燥罐上的观察窗口(有的车型在制冷循环管路上),观察窗口内液体情况。可能会有如图 4-61 所示的几种情况,可根据实际情况判断制冷剂量的多少。

①如图 4-61(a)所示,不透明,没有气泡生成,能看见雾状气体,表明制冷剂量过多或完全没有制冷剂(若完全没有制冷剂,出风口不会有冷风)。

②如图 4-61(b)所示,几乎透明,有少量气泡生成,但随着发动机转速升高而逐渐消失,属于正常情况。

③如图 4-61(c)所示,不太透明,有大量气泡生成且流动,表明系统中制冷剂量不足。

④若观察孔变得浑浊,表明干燥剂脱落或系统中有水分。

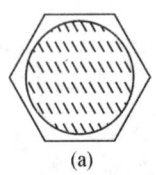
(a)

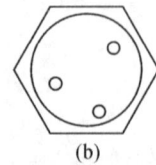
(b)

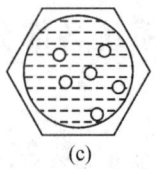
(c)

图 4-61　制冷剂观察窗口的几种情况

二、更换空调滤芯

(1)打开手套箱,取出里面的杂物,拆下两边的两个旋钮(或是在外侧的两个挂钩)如图4-62所示。

(2)放下手套箱,露出里面的空调滤清器外壳,如图 4-63 所示,用双手分别解除两侧的锁销,像拉抽屉一样把它拉出。

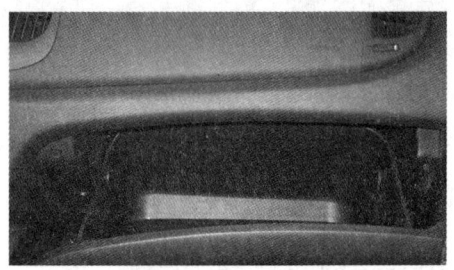

图 4-62　打开手套箱

图 4-63　空调滤清器外壳

(3)用高压气体清理滤芯后或换成新的滤芯,按拆下的相反顺序装回即可。

【相关拓展】

冷冻机油主要用于润滑制冷压缩机中需要润滑的部位。

一、冷冻机油的性能与选用

1.冷冻机油的性能

冷冻机油用于润滑制冷压缩机的各摩擦副,它是压缩机能够长期高速有效运行的关键。在工作时,有一部分冷冻机油通过制冷压缩机的气缸随制冷剂一道进入冷凝器、膨胀阀和蒸发器,这就要求冷冻机油不仅具备一般润滑剂的特性,而且还应适应制冷系统的特殊要求,对制冷系统不应产生不良影响。为了确保制冷系统的正常运行,冷冻机油必须具备优良的与制冷剂共存时的化学稳定性、有极好的与制冷剂的互溶性、良好的润滑性、优良的低温流动性、无蜡状物絮状分离、不含水、不含机械杂质和优良的绝缘性能。可见,对冷冻机油的性能要求不仅很全面而且很严格。因此,冷冻机油是制冷系统专用的一种润滑油,绝不能用普通润滑油来替代。

2.制冷系统部件对冷冻机油的性能要求

(1)压缩机对冷冻机油的要求:①与制冷剂共存时具有优良的化学稳定性;②有良好的润滑性;③有极好的与制冷剂的互溶性;④对绝缘材料和密封材料具有优良的适应性;⑤不含机械杂质;⑥有良好的抗泡沫性。

(2)冷凝器对冷冻机油的要求:与制冷剂有优良的相溶性。

（3）膨胀阀对冷冻机油的要求：①无蜡状物絮状分离；②不含水；③不含机械杂质。

（4）蒸发器对冷冻机油的要求：①有优良的低温流动性；②无蜡状物絮状分离；③不含水；④与制冷剂有极好的互溶性。

二、冷冻机油主要质量指标

冷冻机油的规格品种很多，为了保证制冷压缩机的正常运行，必须了解冷冻机油的性能，并能正确选用。冷冻机油的性能可由很多指标来决定，以下简要介绍其主要质量指标。

1. 黏度

压缩机的转速越高，使用冷冻机油的黏度应越大。实际使用中一般低速立式双缸压缩机可使用 L-DRA15 号冷冻油，中速和高速多缸压缩机应使用 L-DRA22 号或 L-DRA32 号冷冻油，某些高速重载压缩机的发热量大，油温高，气温也高，最好使用 L-DRA46 号或 L-DJRA68 号冷冻油。

2. 热稳定性

热稳定性一般用冷冻机油的闪点来衡量。闪点是指冷冻机油的蒸汽遇火后发生闪火的温度。冷冻机油的闪点必须高于压缩机的排气温度，如 R717、R12、R22 压缩机使用的冷冻机油闪点应在 160℃ 以上。

3. 流动性

冷冻机油应有良好的低温下的流动性。在蒸发器内，因温度低、油的黏度大，流动性差，当达到一定温度时冷冻机油停止流动，此时的温度称为油的凝固点。制冷机的冷冻机油要求凝固点要低，特别是低温制冷机对油的凝固点要求很重要，否则流动性降低，既影响蒸发器的传热又影响机器的润滑。

各种冷冻油的凝固点都在 −40℃ 以下，能够满足一般用途的制冷机的使用需要。蒸发温度再低时，可使用精密仪器油，其凝固点一般不高于 −60℃。

4. 溶解性

各种制冷剂与冷冻机油相溶是不相同的，大致分 3 大类：相互不溶解的、相互无限溶解的和介于上述二者中间的。

5. 浊点

冷冻机油开始析出石蜡（油变混浊）时的温度称为浊点，当有制冷剂存在时，冷冻机油的浊点会下降。

6. 击穿电压

全封闭和半封闭制冷机对冷冻机油的电击穿电压有一定的要求，一般要求在 25 kV 以上。

三、冷冻机油变质的原因

当冷冻机油变坏时，其颜色会变深，将油滴在白色吸墨水纸上，若油滴的中央有黑色斑点，说明冷冻机油已经开始变坏。当油中含有水分时，其透明度要降低。这种经验方法，对冷冻机油中混入较多的水分、杂质时，是可以察觉的，但却不能明确地掌握冷冻机油变质的程度和原因。

冷冻机油变质的原因主要有如下几个。

（1）混入水分。由于制冷系统中渗入空气，空气中的水分与冷冻机油接触后混合进去；制冷剂中含水量较多时，也会使水分混入冷冻机油。冷冻机油中混入水分后，黏度降低，对金属造成腐蚀。在氟利昂制冷系统中，还会引起"冰塞"现象。

（2）氧化。冷冻机油在使用过程中，当压缩机的排气温度较高时，就有可能引起氧化变质，特别是化学稳定性差的冷冻机油，更易变质，经过一段时间，冷冻机油中会形成残渣，使轴承等处的润滑变坏。有机填料、机械杂质等混入冷冻机油中也会加速它的老化或氧化。

（3）冷冻机油混用。几种不同牌号的冷冻机油混合使用时，会造成冷冻机油的黏度降低，甚至会破坏油膜的形成，使轴承受到损害；如果两种冷冻机油中，含有不同性质的抗氧化添加剂，混合在一起时，就有可能产生化学变化，形成沉淀物，使压缩机的润滑受到影响，故使用时要注意。

（4）冷冻机油中有杂质。

【复习延伸】

（1）查阅相关资料，比较客车空调、轿车空调、家用空调机、电冰箱等的共同点和不同点。

（2）查阅相关资料，比较制冷剂氟利昂 R-12 和 R-134a 的热力学特性和化学性质，说明现在的制冷剂为什么要用 R-134a 代替氟利昂 R-12。

项目 5
汽车行驶 20 000～100 000 km 维护保养

    本项目介绍汽车行驶 20 000～100 000 km 维护保养，包括检查火花塞、调整气门间隙、更换手动/自动变速器油、检查传动皮带和正时链条（四缸车型）、更换制动液、更换发动机冷却液、更换正时皮带、检查水泵、四滤的检查及更换。行驶 5 000 km 以上就要做二级保养，二级保养完工后必须要做竣工检查及试车。

◀◀ **任务1　火花塞的检查与更换** ▶▶

【学习目标】

通过本任务的学习，学会检查并能正确更换火花塞。

【工作场景】

车辆停放在检修场地，拉起驻车制动器，打开发动机舱盖，在发动机舱两侧及前进气格栅处铺上防护垫。准备好拆检工具及局部照明设备。

【基础知识】

一、发动机点火系统

1. 发动机点火系统的作用

适应发动机的工作要求，能按照发动机的点火次序，在一定的时刻供给火花塞以足够能量的高压电，使其两级间产生电火花，点燃混合气。

2. 发动机点火系统的构成

下面以广汽本田雅阁轿车的发动机点火系统为例，介绍发动机点火系统的构成。广汽本田雅阁轿车的点火系统为电子控制式。电子控制点火系统主要由蓄电池、分电器、高压线、火花塞和 ECM/PCM 等组成。点火系统的点火线圈和点火控制模块 ICM（内置防噪声电容器）均合装在分电器内。另外，气缸位置传感器（CYP）也安装在分电器内。点火系统的组成电路如图 5-1 所示，各部分的功能如下。

(1)蓄电池：供给点火系统低压电能。

(2)点火开关：控制点火系统初级电路，控制仪表电路，启动继电器电路等。

(3)点火线圈：将 12 V 的低压电变成 15～20 kV 的高压电。

(4)分电器：将点火线圈产生的高压电，按照发动机的工作顺序送至各缸火花塞。

(5)火花塞：将高压电引入气缸燃烧室产生火花点燃混合气。

(6)分缸高压线：传递高压电至火花塞。

(7)ECM/PCM：发动机控制单元，用来接受传感器信号，通过复杂的计算来控制燃油的供应量、空气的配给（电子节气门）、喷油及点火的时机、进气压力等，还要根据温度、负荷、爆震、燃烧状况等来决定发动机的补偿控制系数。

二、火花塞

火花塞的作用是将高压电引入燃烧室，产生电火花，点燃混合气。火花塞拧装在发动机气缸盖的火花塞座孔内，下部电极伸入燃烧室内，要求火花塞具有良好的热特性，具有很好的力学强度、绝缘强度、耐腐蚀和密封性等。

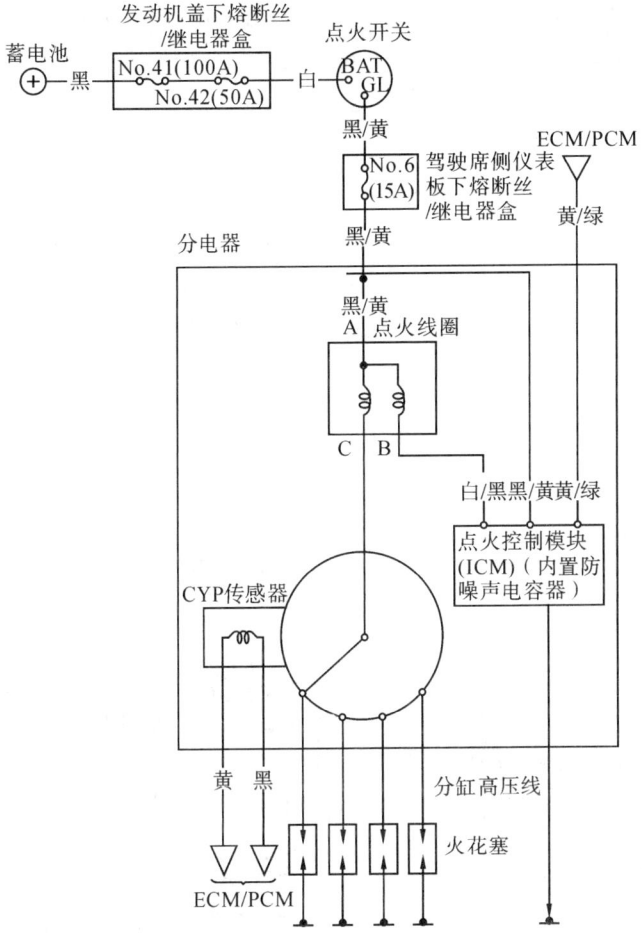

图 5-1　广汽本田雅阁轿车点火系统的电路

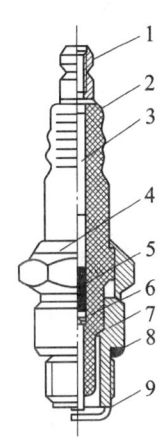

图 5-2　火花塞

1—接触头；2—瓷绝缘体；3—导电金属杆；
4—壳体；5—导电玻璃；6—中心电极；
7—紫铜垫圈；8—密封垫圈；9—侧电极

火花塞主要由接触头、瓷绝缘体、中心电极、侧电极和壳体等部分组成，如图 5-2 所示。火花塞电极间隙多为 0.6～0.7 mm，电子点火系统的火花塞电极间的间隙可增大至 1.0～1.2 mm。

火花塞与气缸盖的火花塞座孔之间应保证密封，密封方式有平面密封和锥面密封两种。平面密封时，在火花塞与座孔之间应加装铜包石棉垫圈；锥面密封是靠火花塞壳体的锥形面与气缸盖之间相应的锥形面进行密封。

【技能训练】

火花塞的折装与检查

1. 拆卸火花塞

关闭点火开关，依次拆下火花塞上的高压分线，并做好各缸的记号，以免弄乱。用火花塞套筒逐一卸下各缸火花塞。卸下的火花塞应按顺序排好。

拆卸火花塞前,要清除火花塞孔处的杂物和灰尘。用布块堵住火花塞孔,确保火花塞拆卸后,不会有杂物掉进气缸里。拆卸时火花塞套筒要确实套牢火花塞,否则,会损坏火花塞的绝缘磁体,引起漏电。此时火花塞会有较高温度,要防止烫伤的发生。

2. 检查火花塞状态

检查火花塞电极脏污、磨损与烧蚀情况,以及陶瓷绝缘柱上是否有裂纹(图5-3(a))。如其中心电极已磨圆(图5-3(b)),则应更换火花塞。电极烧损与磨损的可能原因为:点火正时提前,火花塞松旷,火花塞热值过高或火花塞冷却不充分等。火花塞脏污的可能原因为:点火正时延后,燃烧室存有油污,火花塞电极间隙不符合要求,发动机怠速过高或过低,空气滤清器堵塞,点火线圈或导线老化等。

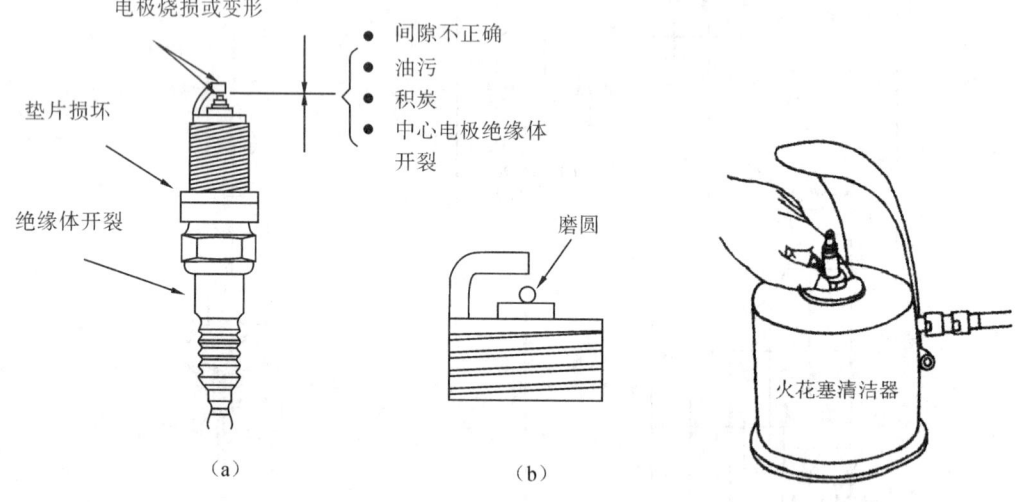

图5-3 检查火花塞状态   图5-4 用火花塞清洁器清洁积炭

对燃烧状态不好的火花塞,应先进行清洁,去除火花塞磁体上的积炭和污迹,然后检查火花塞的绝缘体,如有油污和积炭应清洗干净,磁芯如有损坏、破裂,应予更换。清除积炭时,最好使用火花塞清洁器进行清洁,不要用火焰烧烤,如图5-4所示。

3. 检查、调整火花塞电极间隙

用塞尺检查电极间隙 A,如图5-5所示。如果间隙超过标准1~1.1 mm,使用合适的间隙调节工具调节其间隙,如图5-6所示。

调整间隙时,只能弯动旁电极,不能弯动中心电极,以免损坏绝缘体。

火花塞间隙调整好之后,外电极与中央电极应略成直角,如过度偏曲或电极烧蚀成圆形,则应更换新品。

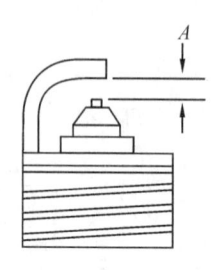

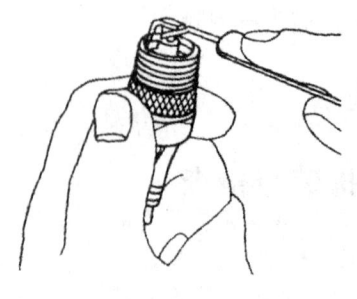

图5-5 检查电极间隙   图5-6 调节电极间隙

4. 安装火花塞

将少量密封胶涂抹在火花塞的螺纹部分,并用手将其拧入火花塞孔,然后将其以18 N·m的拧紧力矩拧紧。

连接高压线时,要注意各缸线的顺序,不要插错。启动发动机,查看有没有严重的抖动或放炮声。如果有抖动或放炮声,说明各缸高压线插错了,应重新安插高压线。

【相关拓展】

一、火花塞常见故障诊断分析

1. 火花塞烧蚀

当车主发现火花塞顶端有疤痕或是破坏,电极出现熔化、烧蚀现象时,表明火花塞已经毁坏,此时就应该更换火花塞。在更换过程中车主可以检查火花塞烧蚀的症象及颜色的变化。

症状1:电极熔化且绝缘体呈白色。

诊断:这种现象表明燃烧室内温度过高。这可能是燃烧室内积炭过多,从而造成气门间隙过小,进一步引发排气门过热;或是由冷却装置工作不良造成的。在火花塞未按规定力矩拧紧时也会造成电极熔化,绝缘体呈现白色的现象。

症状2:电极变圆且绝缘体结有疤痕。

诊断:这表明发动机早燃,可能是点火时间过早或者汽油辛烷值过低、火花塞热值过高等原因造成的。

症状3:绝缘体顶端碎裂。

诊断:一般来说,爆震燃烧是绝缘体破裂的主要原因。而点火时间过早、汽油辛烷值低、燃烧室内温度过高,都可能导致发动机爆震燃烧。

症状4:绝缘体顶端有灰黑色条纹。

诊断:这种条纹的出现表明火花塞已经漏气,车主需要无条件更换新件。

2. 火花塞上有沉积物

火花塞绝缘体的顶端和电极间有时会粘上沉积物。车主不要小看这种沉积物。严重时这种情况可能造成发动机不能正常工作。在清洁火花塞后,车辆暂时可以得到正常运转,但不久后又会出现类似情况。事实上,火花塞出现沉积物只是一个表面现象,这有可能是车辆的其他机械部件出现问题的信号。

症状1:火花塞上有油性沉积物。

诊断:当火花塞上出现油性沉积物时,表明润滑油已进入燃烧室内。如果只是个别火花塞上有油性沉积物,则可能是由气门杆油封损坏造成的。如果是各个缸体的火花塞都粘有这种沉积物,则表明气缸出现蹿油。一般来说,在空气滤清器和通风装置堵塞的情况下,气缸极易出现蹿油的现象。

症状2:火花塞上有黑色沉积物。

诊断:火花塞电极和内部有黑色沉积物,通常表明气缸内混合气体过浓。车主可以增高发动机运转速度,并持续几分钟,烧掉留在电极上面的一层黑色煤烟层。

二、诊断火花塞故障的方法

1. 仪器检查

将磁体裂缝轻微，仅在重负荷时才有断火现象的火花塞装在火花塞检查器上，向检查器内充入 748 kPa 的压缩空气，模拟燃烧室在压缩行程时的工况，向火花塞通高压电，使其电极间形成火花（可由玻璃窗口观察）。火花连续而明亮的火花塞良好，否则有故障。

2. 触摸法

发动机刚启动不久，可直接用手触摸火花塞壳体比较其温度来诊断，温度较高的工作正常，反之有故障。走热了的发动机瓷体表面温度很高，不要用手触摸，可使发动机保持怠速运转，用拇指和食指依次触摸各缸高压分线数秒钟，根据手感判断哪个缸的火花塞有故障。正常工作的高压分线，用手触摸明显感到有脉动，有故障的高压分线感觉脉动不明显、无脉动或脉动时断时续。确定某缸工作不良后，应进一步检查，若无其他原因，则为火花塞有故障。

3. 断火试验法

使发动机怠速运转，用螺丝刀使火花塞断火（搭铁），若被断火的火花塞有故障，则发动机运转情况不变（须排除发动机本身故障）。若断火后，发动机立即抖动，则表明该缸工作正常。

4. 对比试验

用断火试验工作良好缸的火花塞，与试验中工作不好缸的火花塞互相调换做对比试验，进一步判断火花塞的好坏。

5. 跳火试验

卸下怀疑有故障的火花塞将其平置于发动机缸体上，拔下高压总线分电器一端，与火花塞接线头接触。打开点火开关拨动分电器白金，使高压电在火花塞电极间跳火，若火花连续而明亮，则火花塞良好，否则火花塞应更换。

6. 观察鉴别

卸下火花塞，观察其电极颜色。电极为白色或铁锈色的火花塞工作正常；表面有黑烟（混合气过浓的因素除外）的火花塞工作质量较次；有严重积炭或油污的火花塞工作质量最差或根本不能工作。

【复习延伸】

发动机的不正常工作会造成火花塞有哪些故障或者是发动机故障在火花塞上的反映有哪些？

◀ 任务2　气门间隙的检查与调整 ▶

【学习目标】

通过本任务的学习，学会检查气门间隙并能熟练调整气门间隙。

【工作场景】

车辆停放在检修场地,拉起驻车制动器,打开发动机舱盖,在发动机舱两侧铺上防护垫。准备工量具,拆去气缸罩盖,若环境亮度不够,则准备好局部照明设备。

【基础知识】

一、气门间隙的存在和定义

气门是跟缸体接触的,缸体在运动的时候产生了大量的热,而气门跟缸体接触了以后热量就会传到气门上,从而使气门的伸长量增加;如果不预先留出气门间隙的话,当汽车在冷态下气门正好与刚体紧密接触,则等到缸体变热,气门的伸长量增加了,气门就会顶坏缸体或者气门本身,所以要留出合适的气门间隙。至于间隙的大小,因厂家设计不同而不一致,通常在 0.2～0.25 mm 之间。

发动机在冷态下,当气门处于关闭状态时,气门与传动件之间的间隙称为气门间隙,如图 5-7 所示。

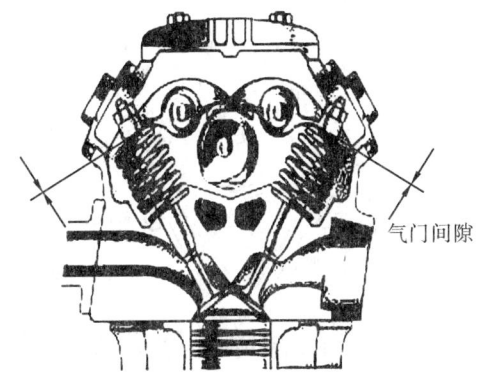

气门间隙

图 5-7 气门间隙

二、气门间隙调整的目的

汽车发动机在使用过程中,由于配气机构某些零件的磨损或松动,会导致原有气门间隙的变化。如果气门间隙过小,虽然噪声小,但在运转中会因气门受热膨胀而使气门关闭不严引起漏气,使气门和气门座口过热而烧蚀。尤其是柴油发动机,如果气门间隙太小,还会导致气缸压缩压力不足,从而降低了发动机功率,严重时启动困难(柴油发动机是靠压缩点火)。同时,气门间隙过小还会导致可燃混合气燃烧不完全,从而使尾气排放中的污染物 HC(碳氢化合物)含量明显增高。气门间隙过大、气门晚开早闭,不但工作噪声大,而且会造成进气不足和排气不净,出现活塞下行时,混合气仍在继续燃烧的现象,使发动机(尤其排气歧管处)过热,降低发动机功率,增加燃料消耗。

因此,一般行驶 10 000 km 左右进行维护时,应检查和调整气门间隙,使之符合技术规范要求。气门间隙调整是维修、保养发动机时必须完成的项目之一,也是一项重要作业内容,调整是否得当将直接影响发动机的动力性和经济性,应引起驾修人员重视。当然并非所有汽车均需调整气门间隙,有些车辆气门间隙属于油压自动调整,就不需要调整气门间隙了。

三、气门间隙调整的方法

常见气门间隙检查和调整的方法有两种。

(1)逐缸调整法,即根据气缸点火次序,确定某缸活塞在压缩上止点位置后,可对此缸进、排气门间隙进行调整。调妥之后摇转曲轴,按此法逐步调整其他各缸气门间隙。

(2)二次调整法,即摇转曲轴使第一缸活塞处于压缩上止点,飞轮记号与检查孔刻线对正

（如 EQ6100 型发动机），这时可调 1、2、4、5 和 8、9 气门（指发动机气门由前向后排列顺序）；然后摇转曲轴一圈，使六缸活塞处于压缩行程上止点，再调 3、6、7、10"加两只"（即 11、12）气门，这实际上是记忆法调整。调整时一边拧调整螺钉，一边用厚薄规插入气门杆端与摇臂之间来回拉动，感到有轻微阻力为宜，然后重新检查一遍，直到合适为止。

【技能训练】

一、气门间隙的检查

（1）拆下气门缸盖罩。拆下气门室盖的固定螺丝，小心取下气门室盖，注意不要损坏气门室盖衬垫。用抹布擦净气门及摇臂轴上的油污，以方便气门调整作业。

（2）转动曲轴，使被检查气缸的进气门、排气门处于完全关闭状态，挺柱必须位于凸轮的基圆段上。

（3）测量气门间隙。选出符合规格的塞规插入气门杆与气门摇臂（或凸轮）之间。稍微拉动塞规，如有轻微的阻力，表示间隙正确。

二、气门间隙的逐缸调整法

（1）转动曲轴，找到该缸的压缩上止点。

（2）先检查气门间隙是否适合，若不合适则旋松该缸的进、排气门调整螺钉锁紧螺母，再旋松调整螺钉。

（3）用符合气门间隙值的塞尺片，插入气门杆尾部与气门摇臂头部之间，边旋入调整螺钉，边抽动塞尺片，调至拉动尺片感觉稍有阻力时为止。

（4）用同样的方法逐缸调整其他进、排气门间隙到标准值。

三、气门间隙的二次调整法

（1）转动发动机曲轴至第一缸上止点位置，并确定是第一缸还是最后一缸压缩上止点。

（2）若为第一缸压缩上止点，按点火顺序从前向后进行调整，四缸发动机的调整顺序是"双排不进"。

（3）再转动发动机曲轴一圈，将剩余的气门调整完毕。

四、注意事项

（1）根据汽车生产厂家对气门间隙调整的具体要求和规定进行。

（2）调整时应注意气门摇臂、气门杆的温度会对气门间隙产生影响。一般来说热机时的气门间隙应比冷机时的小，有些汽车要求在冷机时调整，有的汽车在热、冷机时均可调整，但其间隙值各不相同。

（3）各缸气门间隙应调整一致，以免在工作中发动机运转不平衡。

（4）气门间隙调整时，所调的气门应完全处于关闭状态，这时调整的间隙值才是准确的。

（5）调整前注意检查摇臂头工作面。发动机工作中，摇臂头弧形工作面不断地与气门杆端部撞击、滑磨,尤其在润滑不良的情况下,会引起磨损,磨出凹坑,严重时气门杆端部卡入凹坑而折断摇臂。因此,应根据磨损情况予以修复或更换新件,以免影响其调整的准确性。

【相关拓展】

一、可变气门正时技术(VVT)

技术特点:通过提高充气效率,增加发动机功率,以提高燃油效率。由于缺少连续正时技术,在中段转速下扭矩不足,与连续可变气门正时技术(CVVT)、进排气双连续可变气门正时技术(DVVT)相比,动力油耗表现相对较差。

VVT 通过对气门的控制进行配气,改变进气门的打开与关闭时间,可以提高进气充量,使发动机的扭矩和功率可以得到进一步的提高。优点是省油、功升比大,而缺点是中段转速扭矩不足。由于多摇臂和凸轮组机构的介入,发动机运转噪声大,维修使用的成本也大幅增加。事实上,VVT-I 和 VTEC 技术就是通过 VVT 发展而来的,而 VVT 仅仅是可变气门技术,缺少连续正时技术。通俗来讲,就像人的呼吸,仅有"吸",没有"呼",而且是不可连续的。所以 VVT 发动机确实要比一般的发动机经济,但是不如使用连续可变正时气门技术的省油。早期 VVT 技术只在丰田、本田、宝马等早期车型上出现,尤其是当 CVVT 和 DVVT 陆续出现后,目前运用 VVT 技术的一般只有铃木、江淮、长城等经济型车。

二、连续可变气门正时技术(CVVT)

技术特点:通过电子液压控制系统改变凸轮轴打开进气门的时间,从而控制所需的气门重叠角。只是在高转速状态下效果不明显,动力性能相对较弱。

与 VVT 发动机所不同的地方只在这个首字母 C 上,即 continue。因此,CVVT 强调根据发动机的工作状况连续变化,时时控制气门重叠角的大小,从而改变气缸进气量。事实上,CVVT 与 VVT 的原理基本相同,但它的优势在于能够在调节进气门开闭时间的基础上,使进气充量得到进一步提高。比如宝马的 Vanos、丰田的 VVTI、本田的 VTEC 其实指的都是 CVVT。虽然 CVVT 发动机可以根据发动机的工作状况连续变化,实时控制气门重叠角的大小,但是对于高转速效果却不显著。如果也以人的呼吸来比喻,CVVT 也仅有"吸",没有"呼",但是可保证"吸"的连续性,能有效提升发动机动力性和经济性。另外,在平时听到的 VVT-I、VTEC、VTEV-I 等名词,只是各个汽车品牌叫法不同,与 CVVT 在技术上其实是一样的。CVVT 系统是由韩国现代轿车所开发的,所以此技术也多见于韩国现代、起亚系列车型,如伊兰特、悦动、赛拉图、福瑞迪及我国自主品牌帝豪 EC7 等。

三、进排气双连续可变气门正时技术(DVVT)

技术特点:通过控制发动机燃烧室中的汽油与空气混合气体,使其达到最合适的空燃比,有效提升动力性,同时可明显改善急速稳定性从而获得较好的舒适性。

DVVT 发动机比目前市场上较多采用的进气门正时技术发动机更高效、节能、环保。可以说,目前 DVVT 是基于 VVT 发动机技术全面晋级的最具竞争力的新主流。不同于 VVT 发动机只能对进气门进行调节,DVVT 发动机可实现对进排气门同时调节,具有低转速大扭矩、高转速高功率的优异特性,技术上处于领先地位。

【复习延伸】

(1)为什么要保留适当的气门间隙？气门间隙过大、过小对发动机有哪些影响？

(2)如何检查与调整气门间隙？

◀ 任务3 手动变速器润滑油、自动变速器润滑油的检查与更换 ▶

【学习目标】

通过本任务的学习,学会检查及更换手动变速器润滑油(MTF)和自动变速器润滑油(ATF)。

【工作场景】

车辆进入举升机后,按要求将车支起至比操作人员高 10 cm 左右处锁住(举升机自锁),驱动轮悬空,拉紧手动制动柄,并在非驱动轮前后均加上抢器可靠制动,然后把废油回收设备推置合适的位置以便操作和回收废油。

【基础知识】

手动变速器润滑油(MTF)保障了变速器内齿轮、轴承的润滑和零件的冷却散热。在使用过程中,变速器油的润滑性能会逐渐降低,出现浑浊、掺杂其他杂质和颜色逐渐变深等现象。在使用过程中,还可能因变速器渗漏等原因,引起齿轮油的减少。因此,应按维修手册上要求的周期,定期检查和更换 MTF。

自动变速器润滑油(ATF)除了具有润滑、清洁和冷却作用外,还具有传递扭矩和传递液压以控制离合器、制动器的工作性能的功能,对黏度、流动性的要求比较高。因此,ATF 的要求极其严格,是一种特殊的高级润滑油。它对自动变速器的使用性能起着重要作用,随着使用时间的增长,该油液颜色会渐渐变深、黏度变低,出现变质。因此,要按维修手册的要求,定期对ATF 进行检查和更换。

【技能训练】

一、MTF 的检查和更换

(1)熄灭发动机,将车身可靠地顶起。

(2)拆除加油塞和垫圈,检查油液状况,确认油液处于合适高度(处于上标和下标之间)。

(3)取出少许 MTF,观察颜色,若有颜色变深、结块、浑浊和金属屑脱落其中等现象则需要更换。

(4)如果 MTF 被污染,则拆除放油螺塞,将其放出。

(5)更换新垫圈,重新安装放油螺塞,用专用的齿轮油加注器将 MTF 加入变速器,充注到正确的位置。

(6)使用新垫圈,重新安装加油塞,放下车辆。

二、ATF 的检查和更换

1.检查

(1)将发动机加热到正常工作温度,将车辆停放在水平的地面上,关闭发动机。

(2)将油尺从自动变速器油尺导柱上拆下来,并用干净的抹布擦拭油尺,插入油尺。

(3)拆除油尺并检查油位。油位应该位于上标和下标之间。

(4)如果油位低于下标,则检查在变速箱、软管、管路接头和冷却器管路处是否存在泄漏。如果油位过高,则将 ATF 排放到恰当位置。

(5)将推荐油液注入油尺导柱的开口,并使其达到上标。

(6)将油尺插回到油尺导柱内。

2.更换

(1)将发动机加热到正常工作温度。

(2)关闭发动机,将车辆顶起。

(3)拆除放油螺塞,并将 ATF 排空,然后使用一个新的密封垫圈,重新安装放油螺塞。

(4)按照推荐油量,沿着加注孔,重新注入变速器内,并使油位达到油尺的上标位置。

(5)使用一个新的密封垫圈,重新安装加油塞。

操作注意事项如下。

(1)必须更换同一品牌的 ATF,不同品牌的 ATF 与旧油混合后,会直接损坏自动变速器或缩短变速器的使用寿命。

(2)在 ATF 检查过程中,一定要保证干净,避免尘土微粒进入变速器,导致变速器过早损坏。

(3)行驶之后,ATF 温度可能很高,容易造成烫伤。检查油位之前,先等到 ATF 和加油塞冷却。

【相关拓展】

自动变速器在使用过程中常见的故障有自动换挡不良、换挡时冲击较大、挂上挡后不能行驶、挂入 P 位不能将车停稳、变速器打滑、升挡迟缓、跳挡频繁等。自动变速器发生故障时,首先应对自动变速器油量和油质量进行检查。

【复习延伸】

(1)为什么要定期检查和更换变速器润滑油?检查和更换的周期分别是多少?

(2)更换变速器润滑油的时候,为什么要将发动机预热?

◀ 任务4　制动液的检查与更换 ▶

【学习目标】

通过本任务的学习,学会正确检查和更换制动液。

【工作场景】

车辆停放在检修场地,拉起驻车制动器,打开发动机舱盖,在发动机舱两侧铺上防护垫。若环境亮度不够,则准备好局部照明设备;举升车辆时,按要求将车支起距离地面约 0.7 m 锁住。

【基础知识】

制动液在液压式制动系统中起到传递动力的作用,具有较强的吸湿性。随着使用时间的增长,它会吸收空气中的水分,内部产生气泡、降低沸点、颜色变深,出现变质等情况,引起制动效能的降低。因此,要定期对制动液进行更换或排气操作。制动液的更换周期一般为 40 000～50 000 km,换用的制动液型号要符合厂家规定,不同型号的制动液不能混合使用。

【技能训练】

一、操作训练

(1)制动液的更换由两个人协同完成,一人坐于驾驶员位置上作业,另一人在驾驶室外作业。

(2)打开储液罐盖,将储液罐内的制动液用专用工具完全抽出,然后加入新的制动液到达制动液上标位置。

(3)调整举升机支臂到车身底部支点处,正确举升车辆,并锁住举升机。

(4)车内一人连续踩制动踏板几次,停留在最低位置不动,另一人在车下各个轮胎分泵放气螺塞上将一软管插上,软管的另一端插入盛有部分制动液的容器中,将制动液排入该容器内,一般每个轮胎分泵经过 4～6 次放液,直到排出的制动液完全是加入的新制动液为止。

(5)调整液压油面到规定高度,然后将加液盖安装好,操作完毕。

二、操作注意事项

(1)制动液有一定毒性、腐蚀性、较强的吸湿性,在操作时发生倾泻后要用大量清水进行清洗,做好密封并干燥储存。

(2)在操作过程中,注意及时补充储液罐内液压油的油量,防止在操作过程中系统内混入空气。

【相关拓展】

液压式制动传动装置

1. 结构与原理

液压式制动传动装置是利用特制油液作为传动介质,将制动踏板力转换为油液压力,并通过管路传至车轮制动器,再将油液压力转变为制动蹄张开的推力,即产生制动作用。

液压式制动传动装置在轿车的制动系上得到了广泛的应用。如图 5-8 所示,液压式制动传动装置主要由制动主缸、液压管路、后轮鼓式制动器中的制动轮缸、前轮钳盘式制动器中的液压缸等组成。通常制动踏板机构和制动主缸安装在车架上,而车轮是通过弹性悬架与车架联系的,主缸与轮缸之间的位置经常变化,所以主缸与轮缸间的连接油管除用金属管(钢管)外,还采用了特制的橡胶制动软管。各液压元件之间及各段油管之间还有各种管接头。制动前,整个液压系统中应充满专门配制的制动液。

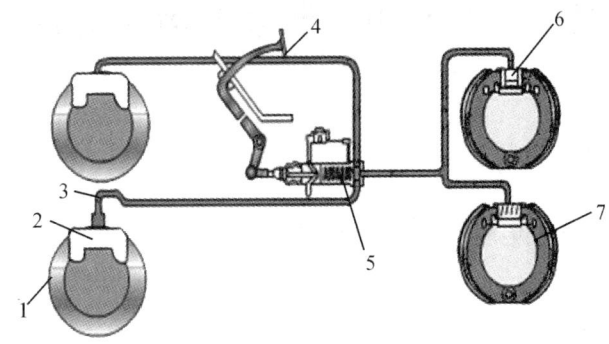

图 5-8 液压式制动传动装置组成示意图

1、7—前、后轮制动器;2、6—液压缸;3—液压管路;4—制动踏板;5—制动主缸

液压式制动传动装置的工作原理:驾驶员所施加的控制力,通过制动踏板 4 传到制动主缸 5,制动主缸将制动液经液压管路 3 分别输入到前、后轮制动器 1 和 7 中的液压缸 2、6(或制动轮缸),将制动钳(或制动蹄)推向制动盘(或制动鼓),消除制动间隙,产生制动力矩。随着踏板力的增大,制动力矩也应成比例的增加,直到完全制动。放松制动踏板,制动钳(或制动蹄)和液压缸(或制动轮缸)的活塞在各自回位弹簧作用下回位,制动液被压回制动主缸,制动作用随之解除。

2. 分类液压式制动传动装置

分类液压式制动传动装置分为单管路和双管路两种。单管路液压式制动传动装置是利用一个制动主缸,通过一套相互连通的管路,控制全车制动器。若传动装置中一处漏油,会使整个制动系统失效。目前,一般汽车上已很少采用。

双管路液压式制动传动装置有两个彼此独立的液压系统。当一个液压系统发生故障时,另一个液压系统仍然照常工作,从而提高了汽车制动的可靠性和安全性,现代汽车都采用了双管路液压式制动传动装置。通常用前后独立方式或交叉方式设置管路,即前后分开式和对角线分开式布置形式,如图 5-9 所示。前后独立方式的双回路液压制动传动装置主要应用于对后轮制动依赖性较大的发动机后置后轮驱动汽车;交叉式的双回路液压制动传动装置主要应用于对前轮制动依赖性较大的发动机前置前轮驱动汽车。

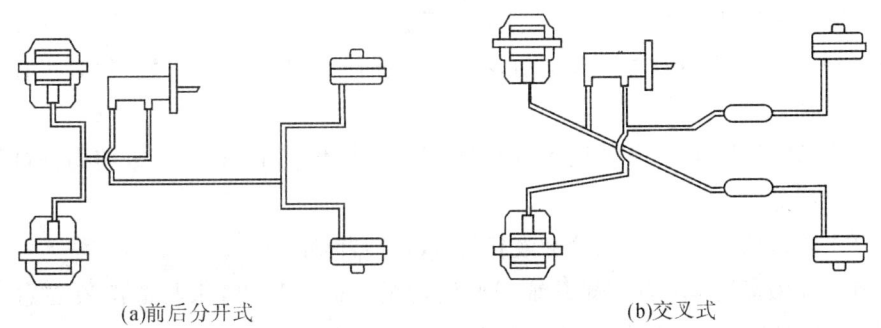

(a)前后分开式　　　　　　　　　(b)交叉式

图 5-9 双管路液压式制动传动装置布置示意图

【复习延伸】

为什么要定期对制动液进行更换作业?

◀ 任务5 发动机冷却液的检查与更换 ▶

【学习目标】

通过本任务的学习,学会正确检查和更换发动机冷却液。

【工作场景】

车辆停放在检修场地,拉起驻车制动器,打开发动机舱盖,在发动机舱两侧铺上防护垫。若环境亮度不够,则准备好局部照明设备。

【基础知识】

汽车发动机水箱防冻冷却液(也称冷却液)在高温状态下长期使用,必然会导致变质,使用性能下降。因此,必须定期更换。一般为两年或每行程 40 000~50 000 km 更换一次。如果是出租车,得更加频繁地更换,比如一年或 30 000 km 换一次。更换冷却液时应放净旧液,将冷却系统清洗干净后,再换上新液。对于冷却系统容积大、车辆集中管理的大型车队,为了减少浪费,冷却液加注后不要随意更换,可对使用中的冷却液实行定期定项检查,如每年可结合换季保养对冷却液进行冰点、比重检查。同时还可对使用中的冷却液进行外观检查,发现冷却液变稠、变浊、变质、变味、发泡等应及时更换。

【技能训练】

一、操作训练

(1)关掉发动机并让其冷却,以免更换冷却液时水温过高对人体造成伤害。

(2)停车后要检查车下有无大量水迹,发动机室内有无水痕,发现冷却液有泄漏的,应查明原因并修理,确保换用新冷却液后不再有类似故障。

(3)待发动机冷却后,在排放冷却液前,将仪表板的暖风开关拨至一端,使暖风控制阀完全开启。

(4)拧下冷却液膨胀箱(平衡储液罐或水箱)旋盖,注意等到拧松一部分使内部高压气流减弱后,才完全拧开盖子。

(5)松开水泵口软管夹箍,拉出冷却液软管,放出冷却液。

(6)检查冷却液状态,认为冷却系统需要清洗的,加入足量清水与清洗液在怠速下清洗 10~30 min(时间长短视情况而定),然后将清洗液放出,用清水再冲洗 1~2 次,直至放出来的水干净为止,然后将放液软管用夹箍夹紧。

(7)根据气候状况和车辆状况选用合适的冷却液,注意切勿用自来水、路边积水作冷却液,将冷却液慢慢加入膨胀箱内,直至液面高度与最高标志(MAX)齐平为止。

(8)拧紧膨胀箱盖,启动发动机直至风扇运转 2~3 min。

(9)将发动机熄火,检查冷却液液面高度,必要时补充至足量。

(10)行车过程中要经常检查冷却液液面,不足时要补充,用剩的冷却液要密封保管。

二、操作注意事项

(1)待冷却液放尽后,应旋紧气缸体和散热器放液开关。

(2)从散热器加液口加注规定冷却液,直到储液罐中的冷却液液面高度达到规定高度(MAX)。

(3)盖好散热器盖,让发动机运转到正常工作温度后,停机熄火,待冷却到室温。

(4)观察储液罐液面高度,视情况添加,直到发动机怠速运转时,储液罐内没有空气出现为止。

【相关拓展】

一、冷却系统的组成

在整个冷却系统(见图5-10)中,冷却介质是冷却液,主要零部件有节温器、水泵、水泵皮带、散热器、散热风扇、水温感应器、蓄液罐、采暖装置(类似散热器)等。

水泵:发动机工作时通过皮带驱动水泵工作,将水箱内的冷却液抽入发动机缸体。

散热器:也称水箱,用于冷却液的散热。

散热风扇:由发动机通过皮带驱动或由电机驱动,加速水箱的冷却气流。

节温器:调节冷却液的循环流向和流量,实现冷却强度的调节。

冷却液温度感应塞和水温表:水温表安装在仪表内,指示冷却液的工作温度;感应塞安装在水道上,将水温信号传给水温表。

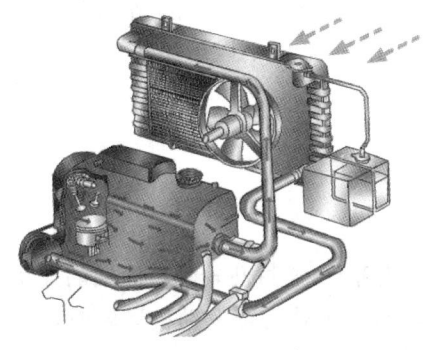

图 5-10　冷却系统

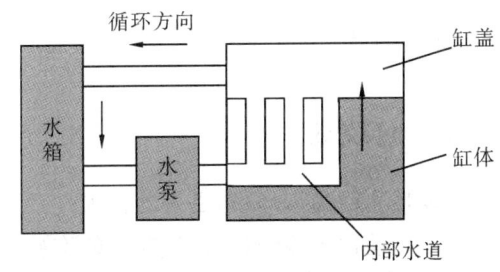

图 5-11　发动机的冷却方式

二、汽车发动机的冷却方式

汽车发动机的冷却系统为强制循环水冷系统(见图5-11),即利用水泵提高冷却液的压力,强制冷却液在发动机和水箱之间循环流动。冷却液在发动机内吸收热量,温度升高;在水箱内散热,温度下降,从而保证发动机工作时维持冷却液在适宜的温度下工作。

三、冷却系统的大小循环

1.小循环

当冷却液温度低于80℃时,石蜡成固态,弹簧将阀门压在座上,阀门关闭,冷却液由旁通口流入空调散热器进水管而不流入散热器，即进行小循环，冷却系统的冷却强度小。

2. 大循环

当冷却液的温度高于80℃时，石蜡熔化为液态，其体积膨胀，迫使橡胶套收缩，反推杆上端因固定而不能上移，橡胶套推动外壳克服弹簧的弹力而向下移动，打开阀门，大部分冷却液即可沿散热器进水管进入散热器进行大循环，小部分冷却液仍进行小循环，冷却系统的冷却强度增大。

风扇电动机安装在散热器的后方，由它带动风扇，风扇电动机的工作由其温控开关控制。风扇电动机的功用是根据冷却液的温度自动改变流经散热器散热片间的空气流量，以此来调节发动机冷却系统的冷却强度。

【复习延伸】

某车在行驶过程中出现水箱（散热器）"开锅"的现象，试分析"开锅"的原因及排除方法。

◀ 任务6　正时皮带和水泵的检查与更换 ▶

【学习目标】

通过本任务的学习，能够正确更换正时皮带，掌握操作注意事项，检查更换水泵。

【工作场景】

车辆停放在检修场地，拉起驻车制动器，打开发动机舱盖，在发动机舱两侧铺上防护垫。若环境亮度不够，准备好局部照明设备。若需举升车辆则按要求将车支起至比操作人员高10 cm左右锁住（举升机自锁），然后把两个安全支架分别推至车辆的前后轴下以确保安全。

【基础知识】

一、正时皮带

正时皮带又称为齿形带，是发动机配气系统的重要组成部分，通过凸轮轴与曲轴的连接，并配合一定的传动比来保证进、排气时间的准确。正时皮带的作用就是当发动机运转时，活塞的行程、气门的开启和关闭、点火的顺序在正时皮带的连接作用下，时刻要保持同步运转，通过发动机的正时机构，恰好到上止点时，气门正好关闭、火花塞正好点火。

正时皮带为橡胶易耗损品部件。随着发动机工作时间的增加，正时皮带和正时皮带张紧轮、冷却液泵驱动轮等部件都会发生磨损或老化。如果正时皮带发生断裂会造成发动机内部气门与活塞撞击而造成严重毁损。因此，凡是装有正时皮带的发动机，厂家都会有严格要求，在规定的周期内定期更换正时皮带及附件，更换周期则随着发动机的结构不同而有所不同，一般在车辆行驶到60 000～100 000 km时应该更换，具体的更换周期应该以车辆的保养手册说明为准。

检查时，如果皮带有硬度降低、磨蚀、纤维断裂或者裂纹、裂缝的现象，就表明皮带已破损，不可以继续使用。接下来，检查链轮故障。损坏的链轮能"烧毁"皮带材料，并加剧皮带齿磨损。链轮故障还可能使气门机构对正时皮带产生更大的阻力。

二、水泵

水泵用来驱使冷却系统内的冷却水加速流动,保证带出足够的发动机热量。车用发动机多采用离心式水泵。离心式水泵具有结构简单、尺寸小、排水量大、维修方便等优点。

离心式水泵主要由泵体、叶轮和水泵轴组成,叶轮一般是径向或向后弯曲的,其数目一般为6～9片,如图5-12所示。

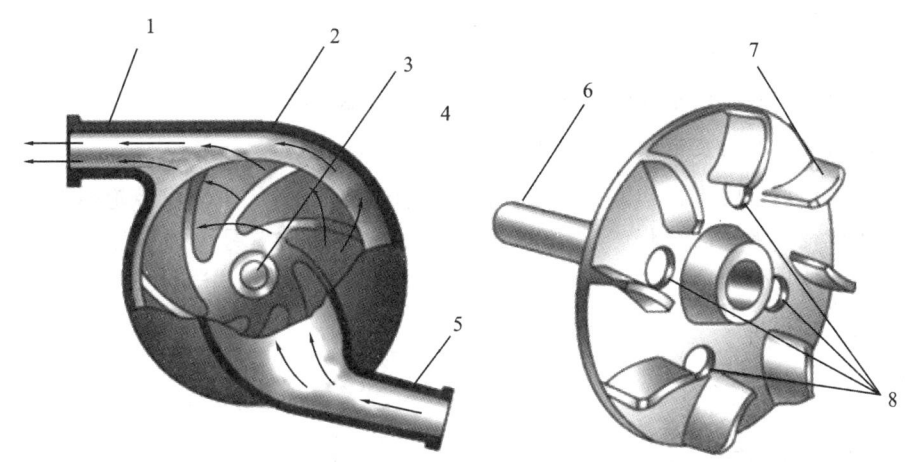

图 5-12　离心式水泵
1—出水管;2—壳体;3—水泵轴;4—叶轮;5—进水管;6—叶轮轴;7—叶片;8—减压孔

离心式水泵工作原理:当叶轮旋转时,水泵中的水被叶轮带动一起旋转,在离心力作用下,水被甩向叶轮边缘,然后经壳体上与叶轮成切线方向的出水管压送到发动机水套内。与此同时,叶轮中心处的压力降低,散热器中的水便经进水管被吸进叶轮中心部分。如此连续的作用,使冷却水在水路中不断地循环。如果水泵因故停止工作时,冷却水仍然能从叶轮、叶片之间流过,进行热流循环,避免很快产生过热。

水泵一般由发动机的曲轴通过 V 带驱动。传动带环绕在曲轴带轮和水泵带轮之间。曲轴一转动,水泵轴也就跟着运转,水泵轴又带动叶轮转动,从而将机械能转化为液压能。

叶轮是水泵工作的核心,叶轮本身的运动很简单,只是和轴一起旋转。但由于叶片的作用,叶轮中液体的运动是很复杂的:一方面随叶轮旋转作牵连运动,另一方面在叶片的驱使下不断地从旋转着的叶轮中甩出,即相对叶轮的运动。因此叶轮的外径大小、叶轮叶片的高低及角度,以及与水泵壳体的间隙,直接影响着水泵的性能。

水泵常见的损坏形式:水泵壳体、卡簧槽及叶轮破裂;带轮凸缘配合孔松动;水封变形、老化及损坏;泵轴磨损、轴承磨损等。

【技能训练】

一、正时皮带的检查与更换

1. 正时皮带的检查

(1)先断开蓄电池负极电缆,再断开其正极电缆。

(2)拆开交流发电机的电线插头,从气缸盖上拆下发动机线束,拆下气缸盖罩。

(3)拆下正时皮带上罩。

(4)逆时针转动曲轴皮带轮,检查皮带是否有裂纹或有机油、冷却液的污渍。如有,则应彻底清除。严重时,应更换正时皮带。检查正时皮带的齿形有无磨损,必要时予以更换。

2.张紧力的调整

(1)旋转曲轴5~6圈,以便调整预紧力。

(2)使1号气缸活塞处于压缩行程上止点位置。

(3)旋松调整螺母2/3~1圈。

(4)逆时针方向转动曲轴,使凸轮轴带轮上的正时皮带转过3个齿。

(5)拧紧张紧轮调整螺母。

(6)检查完毕,重新将曲轴皮带轮螺栓以245 N·m的拧紧力矩拧紧。

3.正时皮带与平衡轴皮带张紧力的调整注意事项

只能在发动机冷态时进行调整;只能逆时针方向转动曲轴(从曲轴皮带轮端看);检查皮带是否粘有油污或冷却液;放松调节螺母不要超过一整圈;张紧装置是由弹簧加载的,调整后,张紧装置将自动地使皮带张紧力达到规定要求。

4.正时皮带的更换

(1)断开电池负极电缆。

(2)拆下附件传动带。

(3)抬高汽车,取下飞轮的盖板。

(4)松开曲轴皮带轮的螺栓,取下曲轴皮带轮,取下正时皮带的前盖。

(5)将正时皮带张紧滚轮向上推至张紧滚轮的支撑孔和底座孔对准,然后用钉扣固定,取下正时皮带。

(6)更换新的皮带,安装。

(7)将正时皮带装好,保证正对水泵的一面已扣紧。注意:将张紧滚轮向上推,取出定位的钉扣后松开张紧滚轮,这样正时皮带就可自动拉紧了。将曲轴旋转2圈,检查一下正时皮带的松紧程度是否合适,也就是说张紧滚轮的支撑应在V形底座的中心,如有必要,应加以调整。

(8)按以下说明调整正时皮带:松开水泵的固定螺栓,用专用工具转动水泵,直至张紧滚轮支撑到达限位。在此情况下,将曲轴转动2圈。

(9)用工具转动水泵,直至张紧滚轮的支撑回到V形底座的中心,最后上紧水泵的固定螺栓。

(10)装好正时皮带的前盖。安装附件驱动带滑轮和滑轮螺栓(必须用新螺栓)并拧紧,接上电池负极电缆。

5.更换正时皮带注意事项

(1)松开曲轴皮带轮的螺栓,此操作必须先用专用工具锁住飞轮。

(2)取下正时皮带的前盖时注意:1号气缸点火时,凸轮轴正时皮带上的定时标志与其后盖边缘上的标志对准时方可给飞轮解锁。

安装新的正时皮带时注意:1号气缸点火时,凸轮轴定时齿轮的标记与油泵箱边缘的标志必须对准;曲轴正时皮带齿上的标志与正时皮带后盖的标志对准。

二、水泵的检查与拆装

1.水泵的检修步骤

(1)检查泵壳和带轮有无损伤。泵裂纹可进行焊接或更换。壳与盖接合面变形大于0.05

mm,应予以修平。

(2)检查水泵轴有无弯曲和轴颈的磨损程度,轴端螺纹有无损坏。若水泵轴弯曲大于0.5 mm,应冷压校直。若轴承轴向隙大于0.50 mm,径向间隙大于0.15 mm,应予以更换。

(3)检查水泵叶轮的叶片有无破损,叶轮上的轴孔是否磨损过甚。若叶片破损,应焊修或更换。若轴孔磨损过甚,则可进行镶套修复。

(4)检查水封、胶木垫、弹簧等零件的磨损及损伤程度,如有损伤,应予以更换。

(5)最后检查带轮与水泵轴的配合情况。若水泵轴的孔磨损过甚,则可镶套修复或更换。

2. 水泵的性能检查

水泵是发动机冷却系统的重要部件,其工作性能直接影响到冷却水的循环速度。由于水泵的长期使用,容易造成水泵壳体破裂、水泵轴磨损与弯曲、水泵叶轮破损、水泵叶轮与水泵轴配合孔磨损、水封胶木垫圈与垫圈座磨损、水泵轴承松旷、轴承及座扎磨损等情况。若不及时维护和检修,会使水泵的泵水能力下降,冷却效果变差,将直接影响到发动机的正常工作,需要及时进行检修与维护。

水泵工作状态不正常或水泵叶轮打滑,使水泵的泵水量不能与发动机的转速成正比,或者水封泄漏。

打开散热器加水口盖,使发动机缓慢加速,查看加水口内冷却水的循环。若不断加快,则水泵工作正常,叶轮也不打滑;反之,水泵有问题。

当不易从加水口观察冷却水的循环情况时,可用另一方法:让发动机在水温高时熄火,并迅速拆下气缸盖通往散热器上水室接头的胶管,再用布团将上水室接头塞住,从加水口向散热器内加注冷却水,再启动发动机,如气缸水套内和散热器中的水,被水泵泵出胶管口外 200 mL 左右,说明水泵工作正常,叶轮也不打滑;反之则异常。

水泵检修时,若发现胶木垫圈磨成凹陷,应更换新件;垫圈座若有斑点和沟槽,可削磨,若橡胶水封老化、变形和破裂,应更换;轴承的轴向间隙超过 0.30 mm,径向间隙超过 0.15 mm 时应予以更换;水泵壳体裂损可焊修;水泵轴磨损可采用镀铬修复。水泵各零件经检修符合要求之后,应将其彻底清洗干净,方可按技术规范装复。发动机运转中,如发现水泵轴连同风扇旋转有摆动和异响,应立即停机检修,必要时更换新件。

3. 水泵的拆装

(1)拆卸时,打开散热器和气缸体堵塞放掉冷却液。

(2)拆除正时皮带室上盖、中盖,用定位杆固定发动机运动件的位置,拧松张紧轮的螺母,脱开正时皮带。

(3)将发动机支架、水泵软管、膨胀水箱依次拆除,最后拆除水泵的固定螺栓,取下水泵。安装时应把水封环、水封弹簧、水封及水封密封圈用螺栓压紧后,水泵轴应能灵活转动、无卡住现象。

(4)安装时先检查是否装有水泵定位环,更换新密封圈,将水泵定位,拧紧螺栓,上部螺栓的拧紧力矩为 30 N·m,下部螺栓的拧紧力矩为 50 N·m。

(5)连接水泵软管和膨胀水箱,装上正时皮带。安装发动机支架,螺栓的拧紧力矩为 45 N·m。

(6)加注冷却液,并对系统进行排气。水泵安装中应将泵壳上的泄水孔用铁丝疏通,便于观察水封的渗漏水泵安装好之后,预先进行试验,用手转动皮带轮、泵轴应无阻滞,叶轮与壳体无摩擦声,堵住泵壳进水口,工作室加水,转动泵轴,泄水孔内应无水漏出。水泵总成装配完毕后,通过黄油嘴加注润滑脂,然后进行泵水试用,若无卡阻、水泵检视孔不漏水,即可装车使用。

【相关拓展】

一、配气机构

1. 配气机构的功用

配气机构的功用就是根据每一气缸内所进行的工作循环和点火顺序的要求,定时打开和关闭各缸的进排气门,使新气及时进入气缸和废气及时排出气缸,使换气过程最佳。好的配气机构应使发动机在各种工况下工作时获得最佳的进气量,以保证发动机在各种工况下工作时发挥最好的性能。

发动机在全负荷下工作时,需获得最大功率和扭矩,这就要求在此工况下,配气机构应保证获得最大进气充量。吸入的进气越多,发动机发出的功率和扭矩越大。进气充满气缸的程度,常用充气效率(也称充气系数)g 表示,即

$$g = M/M_0$$

式中：M——进气过程中,实际充入气缸的进气量;

M_0——在进气状态下充满气缸工作容积的进气量。

2. 齿形带传动式配气机构

发动机工作时,曲轴通过正时齿轮组驱动凸轮轴旋转。按曲轴和凸轮轴的传动方式不同,凸轮轴的驱动方式可分为齿轮传动式、链条传动式和齿形带传动式(见图 5-13)三种。

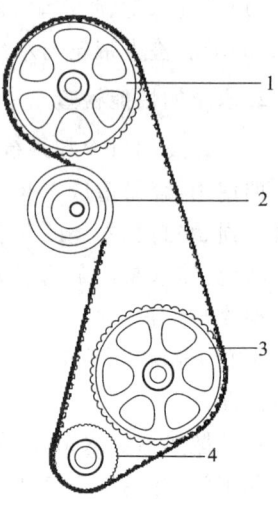

图 5-13　齿形带传动机构
1—凸轮轴正时齿形带轮;
2—张紧轮;3—曲轴正时齿形带轮;
4—中间轴齿形带轮

下面简单介绍齿形带传动式配气机构,它用于上置式凸轮轴的传动,与齿轮传动式和链条传动式相比具有噪声小、质量低、成本低、工作可靠和不需要润滑等优点。另外,齿形带伸长量小,适合有精确定时要求的传动。因此,它被越来越多的汽车发动机特别是轿车发动机所采用。

二、配气相位

1. 定义

用曲轴转角表示的进、排气门开闭时刻和开启持续时间,称为配气相位。配气相位的各个角度可用配气相位图来表示,如图 5-14 所示。

在四冲程发动机的简单工作循环中,为了方便,曾把进、排气过程都看作是在活塞的一个行程(曲轴转 180°)内完成的,即气门开关时刻是在活塞的上、下止点处。但实际情况并非如此。由于发动机转速很高,一个行程的时间极短,如上海桑塔纳轿车发动机,在最大功率时的转速为 5 600 r/min,一个行程历时仅为 60/(5 600×2) s=0.005 4 s。再加上用凸轮驱动气门开启需要一个过程,气门全开的时间就更短了。这样短的时间难以做到进气充分,排气干净。为了改善换气过程,提高发动机性能,实际发动机的气门开启和关闭并不恰好在活塞的上、下止点,而是适当地提前和滞后,以延长进、排气的时间。也就是说,气门开启过程中曲轴转角都大于 180°。

2. 进气门的配气相位

1)进气提前角

在排气行程接近终了,活塞到达上止点之前,进气门便开始开启。从进气门开始开启到上

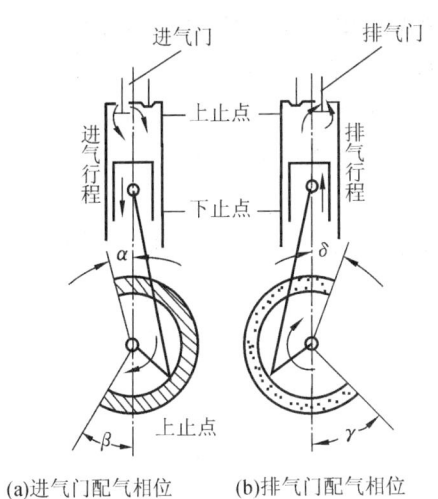
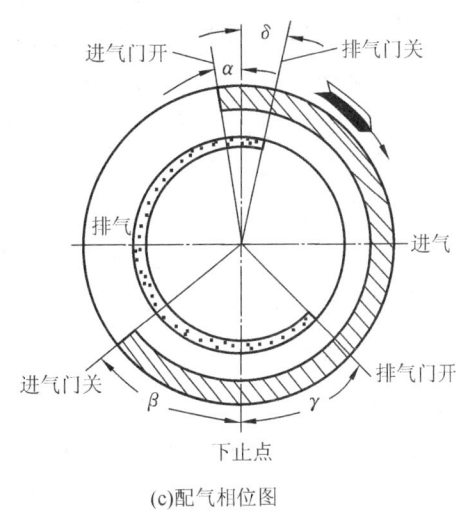

(a)进气门配气相位　　(b)排气门配气相位　　　　　(c)配气相位图

图 5-14　配气相位

止点所对应的曲轴转角称为进气提前角(或早开角),用 α 表示,一般为 $10°\sim30°$。进气门提前开启的目的是,保证进气行程开始时进气门已开大,新鲜气体能顺利地充入气缸。

2)进气滞后角

在进气行程下止点过后,活塞重又上行一段,进气门才关闭。从下止点到进气门关闭所对应的曲轴转角称为进气滞后角(或晚关角),用 β 表示,β 一般为 $4°\sim8°$。进气门晚关,是因为活塞到达下止点时,由于进气阻力的影响,气缸内的压力仍低于大气压,且气流还有相当大的惯性,仍能继续进气。下止点过后,随着活塞的上行,气缸内压力逐渐增大,进气气流速度也逐渐减小,至流速等于 0 时,进气门便关闭的 β 角最适宜。若 β 过大便会将进入气缸的气体重新又压回进气管。

由上可见,进气门开启持续时间内的曲轴转角,即进气持续角为 $\alpha+180°+\beta$。

3. 排气门的配气相位

1)排气提前角

在做功行程的后期,活塞到达下止点前,排气门便开始开启。从排气门开始开启到下止点所对应的曲轴转角称为排气提前角(或早开角),用 γ 表示,γ 一般为 $40°\sim80°$。排气门恰当地早开,气缸内还有 $0.3\sim0.5$ MPa 的压力,做功作用已经不大,但利用此压力可使气缸内的废气迅速地自由排出,待活塞到达下止点时,气缸内只剩 $0.11\sim0.12$ MPa 的压力,使排气行程所消耗的功率大为减小。此外,高温废气的早排,还可防止发动机过热。但 γ 角若过大,则将得不偿失。

2)排气滞后角

在活塞越过上止点后,排气门才关闭。从上止点到排气门关闭所对应的曲轴转角称为排气滞后角(或晚关角),用 δ 表示,δ 一般为 $10°\sim30°$。由于活塞到达上止点时,气缸内的压力仍高于大气压,且废气气流有一定的惯性,所以排气门适当晚关可使废气排得较干净。

由上可见,排气门开启持续时间内的曲轴转角,即排气持续角为 $\gamma+180°+\delta$。

4. 气门的叠开

由于进气门早开和排气门晚关,就出现了一段进、排气门同时开启的现象,称为气门叠开。同时开启的角度,即进气门早开角与排气门晚关角的和 $\alpha+\delta$,称为气门叠开角。

由于进气门关闭时,活塞距下止点已较远,其速度已相当大。因而晚关角的变化对气缸内的容积及充量的影响较大。在配气相位的4个角中,进气滞后角的大小,对发动机性能的影响最大。因此,一般发动机当配气相位变滞后,影响发动机性能最大的进气滞后角变大,而这正是高速时所要求的,所以对高速稍有利但低速性能变坏;反之,配气相位变早时,进气滞后角变小,对低速稍有利而高速性能变坏。

对于不同发动机,由于结构形式、转速各不相同,因而配气相位也不相同。合理的配气相位应根据发动机性能要求,通过反复试验确定。

5. 配气相位的调整

(1)将凸轮皮带轮上的标记对准齿形皮带防护罩上的标记;

(2)将齿轮皮带套在齿形皮带轮上和张紧轮上;

(3)按照顺时针方向转动张紧轮、齿形皮带轮;

(4)转动曲轴检查调整记号是否正确;

(5)紧固张紧轮螺栓;

(6)转动两圈检查调整正时记号。

注意事项:进行皮带拆卸修理工作后,必须对皮带和配气相位进行调整;正时皮带安装后,必须保证各装配记号正确;必须保证皮带张紧度符合要求。

6. 可变配气相位

尽管不同发动机配气相位是根据试验而取得的最佳配气相位,从而成为设计凸轮型线及确定各气缸进、排气凸轮在凸轮轴上相对位置的依据。但实际上当配气凸轮轴设计已定,则发动机的配气相位也就确定下来了,在发动机运转过程中是不能改变的。然而,发动机转速的高低对进、排气流动以及气缸内的燃烧过程是有影响的。转速高时,进气气流流速高,惯性能量大,所以希望进气门早些打开,晚些关闭,尽量多进一些混合气或空气;反之,在发动机转速低时,进气流速低,流动惯性能量小,如果进气门过早开启,由于此时活塞正在上行排气,很容易把新鲜气体挤出气缸,使进气反而少了,发动机工作更趋不稳定。因此,在低转速时,希望发动机进气门稍晚些开启。另外,在发动机转速不同时,对配气相位的要求是不同的。如果凸轮型线所规定的配气相位适用于高速,那么在低转速时,性能就不会太好;反之亦然。为了取得平衡,一般凸轮型线设计时,配气相位既要照顾到高速,又要兼顾低速,所以是一个折中的配气方案,很难达到真正的最佳配气相位。

为了使高速和低速都能得到最佳的配气相位,20世纪80年代后,在轿车发动机上出现了一些可变配气相位的控制机构。

三、气门定时和升程可变的进气系统

20世纪90年代初,日本本田公司推出了一种既可改变配气定时,又能改变气门运动规律的可变配气定时——升程的控制机构(VTEC机构)。其配气凸轮轴上布置了高速和低速两种凸轮,采用了设计特殊的摇臂,根据发动机转速的高低,自动切换凸轮,使摇臂分别被高速或低速凸轮驱动。由于凸轮的更换,从而实现了配气定时和气门运动规律均可变化的目的,其工作原理如图5-15所示。这种机构在本田D18C型1.8 L四缸直列式轿车汽油机上得到了应用。

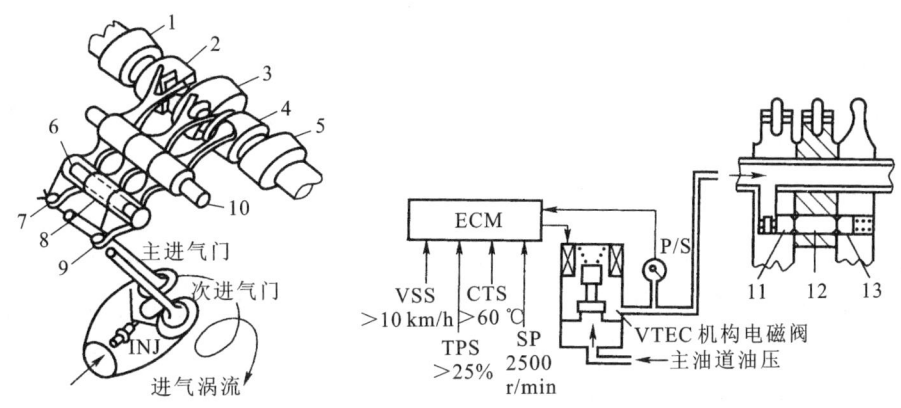

图 5-15 VTEC 机构的工作原理

1—排气凸轮；2—主凸轮；3—中间凸轮；4—次凸轮；5—排气凸轮；6—柱塞；7—主摇臂；
8—中间摇臂；9—次摇臂；10—摇臂轴；11—正时柱塞；12—同步柱塞；13—限位柱塞

【复习延伸】

(1)正时皮带没有按照保养里程更换会造成哪些不良影响？

(2)更换正时皮带时有哪些注意事项？

(3)安装水泵时的注意事项有哪些？

◀ 任务 7 "四滤"的检查与更换 ▶

【学习目标】

通过本任务的学习,学会正确更换"四滤"。

【工作场景】

车辆停放在检修场地,拉起驻车制动器,打开发动机舱盖,在发动机舱两侧铺上防护垫。若环境亮度不够,准备好局部照明设备。若需举升车辆则按要求将车支起至比操作人员高10 cm左右锁住(举升机自锁),然后把两个安全支架分别推至车辆的前后轴下以确保安全。

【基础知识】

发动机的空气、机油、燃油三种滤清器和车内空调滤清器一般称为"四滤"。它们分别担负发动机进气系统、润滑系统、燃烧系统和车内冷却系统中介质的过滤。

1. 空气滤清器

空气滤清器是对空气进行净化的装置,它由壳体和滤芯组成,滤芯布置在壳体内。大气中有各种异物,如灰尘、砂粒等,它们将加速发动机的磨损,从而降低发动机的使用寿命。有时轮胎会带起飞石,一旦进入发动机,就会使发动机严重损坏。空气滤清器能防止出现这种情况。

2. 机油滤清器

机油滤清器位于发动机润滑系统中。其作用是对来自油底壳的机油中有害杂质进行滤除，以洁净的机油供给曲轴、连杆、凸轮轴、增压器、活塞环等运动副，起到润滑、冷却、清洗作用，从而延长这些零部件的寿命。

3. 燃油滤清器

燃油滤清器用于清洁燃油。跟化油器车相比较，电喷车需要更清洁的燃油。因为，哪怕是极微小的杂质也会磨损电喷系统中的精密零部件。因此，电喷车需要专用的燃油滤清器，它过滤燃油中的杂质，避免它们进入喷射阀和冷启动阀。燃油滤清器是组成电喷系统的重要零部件，只有原厂配套或超出配套品质的燃油滤清器才能提供电喷系统要求的清洁燃油，使发动机性能达到最优化，同时也给发动机提供了最佳保护。

4. 空调滤清器

空调滤清器的作用如下。

(1)清洁汽车驾驶室内的空气。和其他滤清器的保护对象不同，空调滤清器是专门保护乘驾人员的。空气中的花粉容易使人过敏，患上呼吸道和皮肤方面的疾病。而大城市空气中的有害物质和气体更对人们的健康造成威胁，因此人们对保护自身也有了越来越高的要求。优质的空调滤清器能过滤掉外界空气中的花粉、灰尘、有害物质(如石棉、煤烟、细菌)和有毒气体(如臭氧、苯和甲苯)等。

(2)保持相关部件的清洁。空调滤清器能保持下方零部件的清洁，如风扇、加热和仪表板等。

【技能训练】

一、空气滤清器的更换

(1)打开发动机舱盖，确认空气滤清器的位置（一般位于发动机舱右侧，即右前轮上方位置，有与手臂粗软橡皮胶管连着的黑色方形塑料盒），如图5-16所示。

图5-16　空气滤清器的位置

(2)轻轻掰开朝向车尾方向的两只金属卡子，即可将整个空气滤清器盒盖朝前掀起。也有的车型会在盒盖的卡箍上安装螺丝，这时需要选取合适的螺丝刀将空气滤清器卡箍上的螺丝拧下。

(3)将整个空气滤清器盒盖朝前掀起。

(4)将空气滤芯取出，安装新的空气滤清器芯。

(5)按照与拆卸相反顺序重新安装空气滤清器。

更换周期：根据具体行车环境，建议10 000～15 000 km更换空气滤清器芯一次。

二、机油滤清器的更换

(1)在机油滤清器的安装部位上，有一个橡胶油封环。为了防止橡胶油封环黏附污物，在新机油滤清器上，都有一个塑料薄膜盖，如图5-17所示。

（2）把机油滤清器上的塑料薄膜盖拆下来，如果橡胶油封环已经干了，应该薄薄地涂上一层机油。

（3）将机油滤清器扳钳覆盖在机油滤清器的头部上，一旋转，就能把机油滤清器拆下来了。

（4）用机油滤清器扳钳把机油滤清器拆下来，为了防止机油溢洒，应该将其开口朝上取出来，如图 5-18 所示。

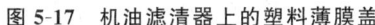

图 5-17　机油滤清器上的塑料薄膜盖　　　　图 5-18　机油滤清器盖朝上

（5）把新机油滤清器安装到发动机上，安装时，用手把新机油滤清器拧进去，最后再用手使劲地拧一次。

更换周期：一般汽车每行驶 5 000 km，应该更换一次机油，每更换两次机油，应该更换一次机油滤清器（与机油一起更换）。

三、燃油滤清器的更换

燃油滤清器的更换，各个车型都不一样，请参照对应车型的维修手册进行更换。广汽本田雅阁的更换方法如下。

（1）拆除加油盖。

（2）启动发动机，让它怠速运转。

（3）从本田的 PGM 测试仪或 HDS 的菜单中选取燃油关闭，然后让发动机怠速运转直至停止。

（4）关闭点火开关。

（5）释放燃油压力。

（6）拆下行李箱地板。

（7）从地板上拆下检查口面板。

（8）断开燃油泵插接器。

（9）从燃油箱装置上断开快速接头。

（10）拆下燃油箱上的燃油滤清器，更换新滤清器。

（11）使用新的基座垫圈和新的 O 形密封圈，按与拆卸相反的顺序安装各个部件。

更换周期：轿车 1～2 年一次。

四、空调滤清器的更换

（1）不同车型的空调滤芯位置有所不同，主要有如下两种。

①一些空调滤芯在车的前挡风玻璃下面，被一个导流水槽盖住。在更换滤芯时，先把发动机盖掀开，取下固定流水槽的卡子，拆下流水槽，就可以看见空调滤芯了。

②大部分家用轿车的空调滤芯位于副驾驶席前挡风玻璃下的储物盒中，拆卸起来极为方

便,只需要将储物盒取下,就会看见里面的空调滤芯。

(2)取出滤格,装上新的滤芯,装回杂物箱即可。

更换周期:根据具体行车环境,在10 000~15 000 km更换一次。

【相关拓展】

一、空气滤清器的分类

空气滤清器的滤芯分为干式滤芯和湿式滤芯两种。干式滤芯材料为滤纸或无纺布。为了增加空气通过面积,滤芯大都加工出许多细小的褶皱。当滤芯轻度污损时,可以使用压缩空气吹净,当滤芯污损严重时应当及时更换新滤芯。

湿式滤芯使用海绵状的聚氨酯类材料制造,装用时应滴加一些机油,用手揉匀,以便吸附空气中的异物。如果滤芯污损,可以用清洗油进行清洗。若过分污损,则应该更换新滤芯。

如果滤芯阻塞严重,将使进气阻力增加,发动机功率下降。同时由于空气阻力增加,也会增加吸进的汽油量,导致混合比过大,从而使发动机运转状态变坏,增加燃料消耗,也容易产生积炭。平时应该养成经常检查空气滤清器滤芯的习惯。

二、机油滤清器中的杂质

机油滤清器虽然与外界隔离,周围环境中的杂质难以进入发动机,但机油中仍有杂质。杂质分两大类:一类是发动机零件在运转中磨损下来的金属粒,以及补充机油时,从加油口进去的尘土灰砂;另一类是有机物,呈黑色胶泥状,这是机油在发动机运转过程中的高温状态下,因化学变化而产生的物质。它们使机油性能恶化,润滑作用减弱,并会粘住运动零件,增大阻力。前一类金属粒会加速发动机中曲轴、凸轮轴等轴类和轴承及气缸下部和活塞环的磨损,其后果是使零部件间隙增大,机油需求增多,机油压力下降,而且缸套与活塞环的间隙大,机油上窜到活塞环顶部,造成烧机油,增大机油量并形成积炭。同时燃油下泄到油底壳,使机油变稀,机油失效。这些都是对机器性能极不利的,导致发动机冒黑烟,功率严重下降,迫使提前大修(机油滤清器就像人的肾一样)。

三、燃油滤清器的种类和技术特点

燃油滤清器按滤纸不同,可分为线式和海螺旋式两类。

1.线式燃油滤清器

在此类燃油滤清器内部,折叠的滤纸和塑料或金属滤器的两端连接,污油进入后,由滤清器外壁经过层层滤纸过滤后到达中心,洁净的燃油流出。

2.海螺旋式燃油滤清器

和线式燃油滤清器不同,它的滤纸是包裹在中心管上的。污油进入后,直接经滤纸过滤后流出。杂质颗粒被滞留在滤纸沟槽内。这种燃油滤清器的性能更卓越,应用于中高档轿车。

四、空调滤清器的种类和技术特点

空调滤清器分为普通空调滤清器和活性炭空调滤清器两类。

1.普通空调滤清器

优质空调滤清器的滤纸采用夹层构造的聚合纤维,它能完全过滤掉直径大于 0.003 mm 的颗粒,如花粉、灰尘等。即便是直径小于 0.001 mm 的微粒,如细菌、煤烟等,通过静电作用,也能被滤掉 80%。另外,优质空调滤清器的滤纸具有防水性,其正常工作允许温度在 －40～85℃。

2.活性炭空调滤清器

它和一般空调滤清器的不同在于多一层活性炭过滤层,进一步吸收有毒气体,如臭氧、氧化氮、硫黄和碳氢化合物。

【复习延伸】

试分析"四滤"故障分别会导致哪些不良情况发生?

◀ 任务 8 汽车维护保养竣工检查与试车 ▶

【学习目标】

通过本任务的学习,熟悉车辆维护保养竣工检查的相关项目,学会竣工检查和试车。

【工作场景】

车辆停放在检修场地(或宽敞的地方),拉起驻车制动器。若环境亮度不够,准备好局部照明设备;若需启动或行驶车辆,则检查好车身周围的安全状况,再启动车辆,然后起步。

【基础知识】

汽车维护分为日常维护、一级维护和二级维护 3 个等级。

日常维护是以清洁、补给和安全检视为作业中心内容,由驾驶员负责执行的车辆维护作业。

一级维护是除日常维护作业外,以清洁、润滑、紧固为作业中心内容,并检查有关制动、操纵等安全部件,由维修企业负责执行的车辆维护作业。

二级维护是除一级维护作业外,以检查、调整转向节、转向摇臂、制动蹄片、悬架等经过一定时间的使用容易磨损或变形的安全部件为主,并拆检轮胎,进行轮胎换位,检查调整发动机工作状况和排气污染控制装置等,由维修企业负责执行的车辆维护作业。

汽车在维修企业进行一、二级维护后,必须进行竣工检验,各项目参数符合国家或行业及地方标准,竣工检验合格的车辆填写汽车维护竣工出厂合格证后方可出厂。检验不合格的车辆应进行进一步的检测、诊断和维护,直到达到维护竣工技术要求为止。验收维修完工的汽车包括静态检查、试车检查两大部分。

【技能训练】

一、静态检查

(1)停放于平坦地面,检查维修作业的相关项目。

(2)在车头前查看驾驶室、发动机罩、车身、保险杠是否平正。

(3)车身及保险杠是否有划痕。

(4)车门开关是否轻便,门窗玻璃升降是否灵活,挡风玻璃有无裂损。

(5)灯光及仪表是否正常。

(6)车牌、油箱、备胎安装情况。

(7)随车工具及附件。

二、试车检查

试车检查的目的是试验整车各总成部件的综合性能,顺序如下。

(1)起步行驶前,发动机应达到正常温度并检查仪表工作情况。

(2)检查离合器,应分离彻底、接合平稳可靠,无发抖、异响。

(3)低速行驶2~3 km使底盘各部件温度升至正常,注意各部件是否有异响,轻踏制动踏板试刹车是否灵活有效,然后提高车速,方向系应轻便灵活、无跑偏。

(4)检查汽车最小转向半径是否正常。

(5)加减速时留意细听发动机、变速箱、离合器、传动轴有无异响。

三、交车检查

(1)车辆修完后,修理厂应主动告知维修情况和注意事项,车主如有不明之处应及时询问,并认真验车或试车。

(2)修理厂为车主结算维修费用时,必须向车主出具维修工时和材料结算清单,提供汽车维修专用发票,否则,车主有权拒绝支付费用。换下的配件、总成除国家有关规定外车主有权处置。

(3)交车时,修理厂向车主提供由专职检验员签章的《机动车维修竣工出厂合格证》,并证明质量保证期限,未签发《机动车维修竣工出厂合格证》的机动车,不得交付使用,车主可以拒绝交费和接车。在质量保证期内,如车主的车辆在正常使用的情况下所维修部位出现问题,可免费保修。

【相关拓展】

一、汽车维修竣工检验制度

(1)汽车维修竣工检验由专职检验人员负责实施。

(2)汽车维修竣工检验内容为整车检查、检测、路试、检测路试后的再检测及车辆验收。

(3)修竣车辆竣工检验严格依据《营运车辆综合性能要求和检验方法》(GB/T18565—2001)要求进行。首先进行整车外观和底盘检查,检查合格后进行路试,对于路试中所发生的不正常现象,要认真复查。路试合格后重新进行底盘检查,确保各项技术性能合格后由总检开具出厂合格证。

(4)对于进行二级维护及以上维修作业的车辆,除上述检验内容外,还必须经计量认证的汽车综合性能检测站检测合格。

(5)严禁为检验不合格的车辆开具竣工出厂合格证。

(6)竣工检验合格的车辆实行规定的质量保证期制度。

汽车作为损耗品,为保持其具有的优良性能,一般每行驶 7 500～10 000 km 就要进厂做二级维护保养。

二、汽车一级、二级保养验收标准及区别

1. 车辆一级保养验收标准

(1)更换机油、机油滤清器、汽油滤清器、空气滤清器。

(2)检查汽车冷却液液面位置是否符合规定。

(3)检查制动器及离合器液面位置。

(4)检查转向助力油罐的油面是否符合规定,检查系统各油管接口是否有渗油现象。

(5)检查电瓶液面及玻璃清洗剂罐的液面。

(6)检查发电机、空调、水泵及助力泵皮带的松紧与老化情况。

(7)检查汽车前后车灯是否齐全(包括:大灯、视宽灯、转向灯、刹车灯、倒车灯及雾灯)。

(8)检查汽车轮胎气压及磨损情况,按规定力矩紧固轮胎螺丝、轮胎气压补充到该车型规定值之内,根据磨损情况进行轮胎换位。

(9)检查汽车尾气排放是否达标。

2. 车辆二级保养验收标准

(1)发动机通过"三清"、"三滤"作业后,应易启动、运转平稳、排气正常(指尾气达标)、水温、机油压力符合要求、转速平稳、无异响、各皮带张紧适度,无四漏(水、油、电、气)现象。

(2)方向自由行程和前束符合要求,转向轻便、灵活、可靠,行驶时前轮无左右摆头和跑偏。

(3)离合器自由行程符合要求,操作方便、分离彻底、结合平稳、可靠,无异响,液压系统无漏油。

(4)变速箱、驱动桥、万向节(或半轴)传动装置等润滑良好,连接可靠,无异响和过热,不跳挡,换挡灵活,不漏油。

(5)制动踏板自由行程和制动器间歇符合要求,行车、驻车制动良好,制动时无跑偏现象和制动时拖滞现象,惯性比例阀工作正常,不漏油。

(6)轮胎压力正常(不同的车型规定的高低压标准不同)。

(7)悬臂、减振固定可靠,功能正常,轮毂轴承在行驶后温度不升高。

(8)发电机、启动机、灯光、仪表、信号灯、按钮、开关附属设备齐全、完整,能工作正常。

(9)全车各润滑点加注润滑油。

(10)全车冲洗清洁。

【复习延伸】

(1)哪些维护需要进行竣工验收?

(2)竣工验收时有哪些标准?

附录 A 汽车保养确认单

表 A-1 03/08 雅阁/05 奥德赛保养确认单

检查描述:

车牌号码:_____

修理单号:_____

保养时间:_____

1. 检查结果:良好划"√";不合格划"×"。
2. 调整:输入"A"表示已调整(含添加少量油液的操作)。
3. 更换新件:输入"C"表示已更换(含全部油液更换的操作)。

作业顺序	作业项目 A/B (项目 1～31、64、65、67、68、69、73、74、75 由作业者 A 完成; 项目 32～63、66、70、71、72、76 由作业者 B 完成。)	检查描述			标准值/极限值	检测值
		检查结果	调整	更换新件		
每间隔 5 000 km 保养项目(项目序号为:1～63)						
1	检查智能钥匙(部分车型)、钥匙遥控器、方向盘和喇叭					
2	操作雨刮开关					
3	操作车外灯光开关,检查相应仪表盘指示灯					
4	检查燃油管路、炭罐和制动管路					
5	检查底盘后悬架各种接头、球笼					
6	检查排气系统					
7	检查底盘工艺孔橡胶塞和前、后保险杠固定状况					
8	紧固底盘螺栓、制动钳支架安装螺栓					
9	检查左前轮轴承间隙、横拉杆球头间隙					
10	检查左前减振器、制动油管和轮速传感器线束					
11	检查、清洁左前制动片,测量厚度,涂上润滑脂				制动片厚度: ≥1.6 mm	制动片厚度: _____ mm
12	检查左前制动盘、制动活塞及橡胶圈,按规定扭矩紧固制动钳销螺栓和分泵螺栓					
13	检查左前轮胎状态、胎压和胎纹深度				胎压: 03/08 雅阁:210 kPa 05 奥德赛:220 kPa 胎纹深度:≥1.6 mm	胎压: _____ kPa 胎纹深度: _____ mm
14	检查左后轮轴承间隙					
15	检查左后减振器、制动油管和轮速传感器线束					
16	检查、清洁左后制动片,测量厚度,涂上润滑脂				制动片厚度: ≥1.6 mm	制动片厚度: _____ mm
17	检查左后制动盘、制动活塞及橡胶圈,按规定扭矩紧固制动钳销螺栓和分泵螺栓					

作业顺序	作业项目 A/B (项目 1～31、64、65、67、68、69、73、74、75 由作业者 A 完成;项目 32～63、66、70、71、72、76 由作业者 B 完成。)	检查描述			标准值/极限值	检测值
		检查结果	调整	更换新件		
18	检查左后轮胎状态、胎压和胎纹深度				胎压: 03/08 雅阁:210 kPa 05 奥德赛:220 kPa 胎纹深度:≥1.6 mm	胎压: _____ kPa 胎纹深度: _____ mm
19	紧固车轮螺母					
20	检查制动助力、手刹行程、手刹与制动系统指示灯				齿数 5～9	
21	检查空调系统各开关按钮、各工作模式状况					
22	操作加速踏板,检查发动机转速表					
23	检查各挡位指示灯、车内前部灯光和遮阳板					
24	检查主电动车窗开关、中控锁、天窗、左右后视镜和车内后视镜					
25	检查全部安全带					
26	检查礼仪灯、车门灯和车内后部灯光					
27	检查其余电动车窗开关					
28	检查空调滤清器滤芯、清洁烟灰缸					
29	润滑各车门、发动机盖、尾厢及加油口盖铰链,清洁、润滑电瓶电极					
30	检查机油量					
31	按压车身检查左侧减振器					
32	检查、清洁雨刮片					
33	观察喷水状态、雨刮动作					
34	检查车外灯光,大灯清洗功能(部分车型)					
35	检查发动机、变速器底部状况及下部橡胶支座,检查各管路及管路接头状况					
36	检查底盘前悬架各种接头、球笼及半轴防尘套和油封					
37	检查转向横拉杆防尘套及球头护罩					
38	放机油、更换机油滤清器					
39	更换放机油螺栓垫片,按规定扭矩装回放机油螺栓					
40	检查右后轮轴承间隙					

作业顺序	作业项目 A/B（项目 1～31、64、65、67、68、69、73、74、75 由作业者 A 完成；项目 32～63、66、70、71、72、76 由作业者 B 完成。）	检查描述			标准值/极限值	检测值
		检查结果	调整	更换新件		
41	检查右后减振器、制动油管和轮速传感器线束					
42	检查、清洁右后制动片，测量厚度，涂上润滑脂				制动片厚度：≥1.6 mm	制动片厚度：_____ mm
43	检查右后制动盘、制动活塞及橡胶圈，按规定扭矩紧固制动钳销螺栓和分泵螺栓					
44	检查右后轮胎状态、胎压和胎纹深度				胎压：03/08 雅阁：210 kPa 05 奥德赛：220 kPa 胎纹深度：≥1.6 mm	胎压：_____ kPa 胎纹深度：_____ mm
45	检查右前轮轴承间隙、横拉杆球头间隙					
46	检查右前减振器、制动油管和轮速传感器线束					
47	检查、清洁右前制动片，测量厚度，涂上润滑脂				制动片厚度：≥1.6 mm	制动片厚度：_____ mm
48	检查右前制动盘、制动活塞及橡胶圈，按规定扭矩紧固制动钳销螺栓和分泵螺栓					
49	检查右前轮胎状态、胎压和胎纹深度				胎压：03/08 雅阁：210 kPa 05 奥德赛：220 kPa 胎纹深度：≥1.6 mm	胎压：_____ kPa 胎纹深度：_____ mm
50	按规定添加机油					
51	检查离合器液（部分车型）、制动液、转向助力油、玻璃清洁液和冷却液					
52	检查皮带张紧度					
53	检查电瓶电压				启动电压值：≥9.6 V	启动电压值：_____ V
54	检查制冷剂量、散热器风扇和冷凝器风扇					
55	检查发动机、变速器上部橡胶支座					
56	检查曲轴箱强制通风 PCV 阀					
57	检查发动机舱内各管路及接头					
58	检查变速器油量					

续表

作业顺序	作业项目 A/B（项目 1～31、64、65、67、68、69、73、74、75 由作业者 A 完成；项目 32～63、66、70、71、72、76 由作业者 B 完成。）	检查描述			标准值/极限值	检测值
		检查结果	调整	更换新件		
59	清洁空气滤清器滤芯					
60	检查尾厢内部灯光					
61	检查备胎				胎压：08 雅阁：210 kPa 03 雅阁：270～300 kPa 05 奥德赛：420 kPa 胎纹深度：≥1.6 mm	胎压：_____ kPa 胎纹深度：_____ mm
62	检查机油泄漏					
63	按压车身检查右侧减振器					
每间隔 20 000 km 保养增加项目（20 000 km 保养项目序号为：1～66）						
64	更换空调滤清器滤芯					
65	检查火花塞				火花塞间隙：1.0～1.1 mm	火花塞间隙：_____ mm
66	更换空气滤清器滤芯					
每间隔 40 000 km 保养增加项目（40 000 km 保养项目序号为：1～72）						
67	检查气门间隙					
68	更换手/自动变速器油					
69	更换火花塞（部分车型）					
70	检查传动皮带					
71	检查正时链条（四缸车型）					
72	更换燃油滤清器滤芯					
每间隔 60 000 km 保养增加项目（60 000 km 保养项目序号为：1～66、73）						
73	更换制动液					
每间隔 100 000 km 保养增加项目（100 000 km 保养项目序号为：1～66、74、75、76）						
74	更换发动机冷却液					
75	更换正时皮带，检查水泵（六缸车型）					
76	更换火花塞（部分车型）					

注：
①根据车辆本身技术状况和行驶工况，有部分项目应酌情提前进行，如空气滤清器、空调滤清器、机油滤清器、燃油滤清器、制动液、冷却液、离合器液、手/自动变速器油及火花塞的检查或更换；
②每 10 000 km 经用户同意进行轮胎换位；
③请使用广汽本田纯正零部件。

作业者 A：_____ 作业者 B：_____

表 A-2 锋范/思迪/飞度保养确认单

检查描述:

车牌号码:＿＿＿＿＿＿＿＿＿＿

修理单号:＿＿＿＿＿＿＿＿＿＿

保养时间:＿＿＿＿＿＿＿＿＿＿

1.检查结果:良好划"√";不合格划"×"。

2.调整:输入"A"表示已调整(含添加少量油液的操作)。

3.更换新件:输入"C"表示已更换(含全部油液更换的操作)。

作业顺序	作业项目 A/B (项目1～31、64、65、67、68、69、73、74、75 由作业者 A 完成; 项目 32～63、66、70、71、72、76 由作业者 B 完成。)	检查结果	调整	更换新件	标准值/极限值	检测值
	检查描述					
每间隔 5 000 km 保养项目(项目序号为:1～63)						
1	检查钥匙遥控器,检查方向盘、喇叭					
2	操作雨刮开关					
3	操作车外灯光开关,检查相应仪表盘指示灯					
4	检查燃油管路、炭罐和制动管路					
5	检查底盘后悬架各种接头、球笼					
6	检查排气系统					
7	检查底盘工艺孔橡胶塞和前、后保险杠固定状况					
8	紧固底盘螺栓、制动钳支架安装螺栓					
9	检查左前轮轴承间隙、横拉杆球头间隙					
10	检查左前减振器、制动油管和轮速传感器线束					
11	检查、清洁左前制动片,测量厚度,涂上润滑脂				制动片厚度: ≥1.6 mm	制动片厚度: ＿＿＿＿＿ mm
12	检查左前制动盘、制动活塞及橡胶圈,按规定扭矩紧固制动钳销螺栓和分泵螺栓					
13	检查左前轮胎状态、胎压和胎纹深度				胎压: 锋范1.8 L:230 kPa 其余车型:220 kPa 胎纹深度:≥1.6 mm	胎压: ＿＿＿＿＿ kPa 胎纹深度: ＿＿＿＿＿ mm
14	检查左后轮轴承间隙					
15	检查左后减振器、制动油管和轮速传感器线束					
16	检查、清洁左后制动片(蹄),测量厚度,涂上润滑脂				制动片厚度(盘式): ≥1.6 mm 制动蹄片厚度(鼓式):≥1.0 mm	制动片(蹄)厚度: ＿＿＿＿＿ mm
17	检查左后制动盘(鼓)、制动活塞及橡胶圈,按规定扭矩紧固制动钳销螺栓(部分车型)和分泵螺栓					

作业顺序	作业项目 A/B（项目 1～31、64、65、67、68、69、73、74、75 由作业者 A 完成；项目 32～63、66、70、71、72、76 由作业者 B 完成。）	检查描述			标准值/极限值	检测值
		检查结果	调整	更换新件		
18	检查左后轮胎状态、胎压和胎纹深度				胎压:210 kPa 胎纹深度:≥1.6 mm	胎压:_____ kPa 胎纹深度:_____ mm
19	紧固车轮螺母					
20	检查制动助力、手刹行程、手刹与制动系统指示灯				齿数 6～10	齿数:_____
21	检查空调系统各开关按钮、各工作模式状况					
22	操作加速踏板,检查发动机转速表					
23	检查各挡位指示灯、车内前部灯光和遮阳板					
24	检查主电动车窗开关、中控锁、天窗、左右后视镜和车内后视镜					
25	检查全部安全带					
26	检查礼仪灯、车门灯和车内后部灯光					
27	检查其余电动车窗开关					
28	检查空调滤芯(部分车型)、清洁烟灰缸					
29	润滑各车门、发动机盖、尾厢及加油口盖铰链,清洁、润滑电瓶电极					
30	检查机油量					
31	按压车身检查左侧减振器					
32	检查、清洁雨刮片					
33	观察喷水状态、雨刮动作					
34	检查车外灯光					
35	检查发动机、变速器底部状况及下部橡胶支座,检查各管路及管路接头状况					
36	检查底盘前悬架各种接头、球笼及半轴防尘套和油封					
37	检查转向横拉杆防尘套及球头护罩					
38	放机油、更换机油滤清器					
39	更换放机油螺栓垫片、按规定扭矩装回放油螺栓					
40	检查右后轮轴承间隙					

作业顺序	作业项目 A/B（项目 1～31、64、65、67、68、69、73、74、75 由作业者 A 完成；项目 32～63、66、70、71、72、76 由作业者 B 完成。）	检查描述			标准值/极限值	检测值
		检查结果	调整	更换新件		
41	检查右后减振器、制动油管和轮速传感器线束					
42	检查、清洁右后制动片（蹄），测量厚度，涂上润滑脂				制动片厚度（盘式）：≥1.6 mm 制动蹄片厚度（鼓式）：≥1.0 mm	制动片（蹄）厚度：_____ mm
43	检查右后制动盘（鼓）、制动活塞及橡胶圈，按规定扭矩紧固制动钳销螺栓和分泵螺栓					
44	检查右后轮胎状态、胎压和胎纹深度				胎压：210 kPa 胎纹深度：≥1.6 mm	胎压：_____ kPa 胎纹深度：_____ mm
45	检查右前轮轴承间隙、横拉杆球头间隙					
46	检查右前减振器、制动油管和轮速传感器线束					
47	检查、清洁右前制动片，测量厚度，涂上润滑脂				制动片厚度：≥1.6 mm	制动片厚度：_____ mm
48	检查右前制动盘、制动活塞及橡胶圈，按规定扭矩紧固分泵螺栓、制动钳支架安装螺栓					
49	检查右前轮胎状态、胎压和胎纹深度				胎压：锋范 1.8 L：230 kPa 其余车型：220 kPa 胎纹深度：≥1.6 mm	胎压：_____ kPa 胎纹深度：_____ mm
50	按规定添加机油					
51	检查离合器液（部分车型）、制动液、玻璃清洁液和冷却液					
52	检查皮带张紧度					
53	检查电瓶电压				启动电压值：≥9.6V	启动电压值：_____ V
54	检查制冷剂量、散热器风扇和冷凝器风扇					
55	检查发动机、变速器上部橡胶支座					
56	检查 PCV 阀					
57	检查发动机舱内各管路及接头					
58	检查变速器油量					

续表

作业顺序	作业项目 A/B (项目 1～31、64、65、67、68、69、73、74、75 由作业者 A 完成; 项目 32～63、66、70、71、72、76 由作业者 B 完成。)	检查描述			标准值/极限值	检测值
		检查结果	调整	更换新件		
59	清洁空气滤清器滤芯					
60	检查尾厢内部灯光					
61	检查备胎				胎压:270 kPa 胎纹深度:≥1.6 mm	胎压: _____ kPa 胎纹深度: _____ mm
62	检查机油泄漏					
63	按压车身检查右侧减振器					
每间隔 20 000 km 保养增加项目(20 000 km 保养项目序号为:1～66)						
64	更换空调滤清器滤芯(部分车型)					
65	检查火花塞				08 飞度、锋范 1.5 L: 1.2～1.3 mm 其余: 1.0～1.1 mm	火花塞间隙: _____ mm
66	更换空气滤清器滤芯					
每间隔 40 000 km 保养增加项目(40 000 km 保养项目序号为:1～71)						
67	更换手/自动变速器油					
68	检查气门间隙					
69	更换火花塞(部分车型)					
70	检查传动皮带					
71	更换燃油滤清器滤芯					
每间隔 60 000 km 保养增加项目(60 000 km 保养项目序号为:1～66、72)						
72	更换制动液					
每间隔 100 000 km 保养增加项目(100 000 km 保养项目序号为:1～66、73、74)						
73	更换发动机冷却液					
74	更换火花塞(部分车型)					

注:
　①根据车辆本身技术状况和行驶工况,有部分项目应酌情提前进行,如空气滤清器、空调滤清器、机油滤清器、燃油滤清器、制动液、冷却液、离合器液、手/自动变速器油及火花塞的检查或更换;
　②每 10 000 km 经用户同意进行轮胎换位;
　③请使用广汽本田纯正零部件。

作业者 A:_____　　　　　作业者 B:_____

表 A-3　捷达轿车定期保养确认单

序号	定期保养项目——按月份(每隔月)		12	24	
	定期保养项目——按里程(每隔 1 000 km)	7.5	15	30	60
1	更换发动机机油及机油滤清器	√	√	√	√
2	更换燃油滤清器*		√	√	√
3	检查点火正时,必要时调整*		√	√	√
4	检查调整怠速及 CO 含量*		√	√	√
5	清洗空气滤清器壳体,必要时,更换滤芯		√		
6	更换空气滤清器滤芯及燃油滤清器			√	√
7	目测检查发动机润滑系统、冷却系统、燃油系统、空调系统和转向系统是否泄漏	√	√	√	√
8	检查蓄电池固定情况,电解液液面高度,必要时添加蒸馏水(非免维护蓄电池)	√	√	√	√
9	检查蓄电池固定情况,电眼颜色(免维护蓄电池)	√	√	√	√
10	检查多楔皮带是否损坏,必要时更换皮带		√	√	√
11	检查 V 形皮带张紧度及是否损坏,必要时调整张紧度或更换皮带*	√	√	√	√
12	检查空调空气滤清器,必要时更换滤芯		√	√	√
13	检查冷却液浓度,如必要,添加冷却液或调整浓度	√	√	√	√
14	检查助力转向机构液压油油位,如必要,添加液压油		√	√	√
15	检查风窗清洗液液面高度,必要时添加清洗液	√	√	√	√
16	检查前风窗前端流水槽内是否有树叶等杂物,如有则清除。同时疏通排水孔	√	√	√	√
17	检查风窗刮水器/清洗器的工作状态。如必要调整喷嘴	√	√	√	√
18	检查制动系统是否有泄漏和损坏,检查制动液液位高度,如必要添加制动液	√	√	√	√
19	检查制动摩擦衬块厚度	√	√	√	√
20	检查调整手动制动器		√	√	√
21	检查排气系统是否泄漏或损坏		√	√	√
22	目测检查变速器,主减速器及等速万向节防护套有无泄漏或损坏	√	√	√	√
23	检查手动变速器内的齿轮油油位,如必要,添加齿轮油	√	√	√	√
24	检查自动变速器润滑油(ATF)油位,如必要,添加 ATF		√	√	√
25	检查转向横拉杆球头的间隙,紧固程度及防尘套状况	√	√	√	√
26	检查四轮轴承间隙,必要时调整或更换		√	√	√

序号	定期保养项目——按月份(每隔月)		12	24	
	定期保养项目——按里程(每隔1 000 km)	7.5	15	30	60
27	检查所有轮胎(包括备胎)的胎纹深度及磨损形态,按要求检查轮胎气压,必要时校正	√	√	√	√
28	进行轮胎换位	√	√	√	√
29	检查车轮螺栓拧紧力矩	√	√	√	√
30	润滑发动机罩铰链及锁舌	√	√	√	√
31	润滑车门限位器及车门铰链	√	√	√	√
32	检查大灯光束,如必要,调整大灯光束		√	√	√
33	检查灯光,点烟器、喇叭及电器元件的工作状况	√	√	√	√
34	检查安全带及安全气囊罩壳是否损坏		√	√	√
35	更换火花塞			√	√
36	更换 V 形皮带*			√	√
37	查询自诊断系统故障存储器	√	√	√	√
38	试车:检查脚、手制动器,变速器,离合器,转向、空调等功能	√	√	√	√

注:
①带 * 项目仅适用于捷达化油器车;
②每 7 500 km 柴油滤清器进行排水;
③每 2 年按一汽大众标准更换制动液;
④每 60 000 km 更换一次自动变速器润滑油(ATF);
⑤每 60 000 km 更换 5 V 发动机正时皮带及皮带张紧器;
⑥每 80 000 km 更换 2 V 发动机正时皮带,检查张紧器,必要时更换;
⑦每 90 000 km 更换柴油发动机正时皮带,检查张紧器,必要时更换。

［1］ 夏长明.现代汽车维护与保养［M］.北京:机械工业出版社,2008.

［2］ 武长河,高洪一.汽车检测与诊断技术［M］.北京:北京交通大学出版社,2008.

［3］ 张金柱.汽车维修技术［M］.北京:机械工业出版社,2010.

［4］ 范爱民,成伟华.汽车维护与保养［M］.北京:清华大学出版社,2010.

［5］ 谭本忠.汽车维护与保养图解教程［M］.北京:机械工业出版社,2008.

［6］ 董元虎,王耀斌.汽车运行材料［M］.北京:人民交通大学出版社,2008.

［7］ 戴汝泉,郝晨声.汽车运行材料［M］.北京:机械工业出版社,2008.

［8］ 陈中一.汽车运行材料［M］.北京:人民交通出版社,1998.

［9］ 孙凤英,臧杰.汽车运行材料［M］.北京:人民交通出版社,2006.

［10］ 张滨友.汽车燃料和润滑剂［M］.北京:北京理工大学出版社,2003.

［11］ 王毓民.汽车燃料、润滑油及其应用［M］.北京:人民交通出版社,1994.

［12］ 刘金华.汽车使用与保养［M］.北京:北京理工大学出版社,2010.